河合塾
SERIES

マーク式
基礎問題集
倫理
六訂版

河合塾講師
昼神洋史・都築貴博
…[共著]

河合出版

はじめに

「倫理」の思考力を磨こう

“思想家の名前や基本用語を暗記しさえすれば何とかなる”と思っている人はいませんか？　もしいたら，今すぐにでも，このような安易な発想は捨ててください。キーワードには各思想家の基本的な考え方が凝縮されているわけですから，キーワードの内容を理解することが何よりも重要です。この問題集に取り組む際にも，このことを忘れないでください。

問題集への“取り組み方”に気をつけよう

大学入試に備えるには，問題演習が不可欠です。ただし，何となく取り組んでいたのでは，高得点は望めません。実力アップを図るためには，以下の2点に気をつける必要があります。

① 解答する際に，それぞれの選択肢のどこが正しく，どこが間違っているかをできるだけ緻密に考えること。この労力を惜しんでいては，いつまでたっても本当の実力はつきません。“カン”に頼って解答するなど，もってのほかです。

② 答え合わせをする際に，自分の判断基準のどこが曖昧であったかを丹念に追求すること。とくに，“これだ！”と思って選択したにもかかわらず，結果的に失点したケースでは，その原因を徹底的に解明することが必要です。

本書を最大限に活用しよう

この問題集は，「倫理」の過去問をもとに編集・作成したものです。しかも，高得点を取るための工夫がしてあります。各単元とも，「***step 1***」と，「***step 2***」からなっています。「***step 1***」は，それぞれの分野の重要な思想についての基本的な知識をまとめて試すための設問配列にしてあります。これに取り組むことで，基礎的な力を系統的に養成できるはずです。そして，「***step 2***」では，レベルをやや上げて，各分野の本格的・実践的な総合問題が取り上げられています。このような“ツーステップ”方式を採用することで，より効果的な入試対策ができるはずです。本書を活用して，皆さんが知識のステップアップを図り，自分の志望をかなえることができるよう，心から願っています。

目　次

第　1　章

青年期と現代社会の諸課題

step 1

第1節　人間性の特質

問1　人間性の特徴を示す次の**ア**～**エ**の言葉は，**A**～**D**のどれを表したものか。その組合せとして正しいものを，下の①～⑧のうちから一つ選べ。［1］

ア　ホモ・ファーベル　　**イ**　ホモ・ルーデンス
ウ　ホモ・サピエンス　　**エ**　ホモ・レリギオースス

A　人間は知恵をもち，理性的な思考能力をそなえた存在である。
B　人間は道具を使って自然に働きかけ，ものを作り出す存在である。
C　人間は自らを超えるものに目を向け，宗教という文化をもつ存在である。
D　人間は日常から離れて自由に遊び，そこから文化を作り出す存在である。

①	ア－A	イ－B	ウ－C	エ－D
②	ア－A	イ－C	ウ－B	エ－D
③	ア－B	イ－D	ウ－A	エ－C
④	ア－B	イ－A	ウ－D	エ－C
⑤	ア－C	イ－B	ウ－D	エ－A
⑥	ア－C	イ－D	ウ－B	エ－A
⑦	ア－D	イ－C	ウ－A	エ－B
⑧	ア－D	イ－A	ウ－C	エ－B

問2　人間の文化についての説明として**適当でないもの**を，次の①～④のうちから一つ選べ。［2］

①　文化は，物質文化，精神文化，制度的文化の3種類に分類されるのが一般的である。
②　文化は，人間によって生みだされ，社会によって共有されたすべての行為様式である。
③　文化は，伝達することができないが，それは人種によって規定されているためである。
④　文化を意味する英語 culture の語源は，「耕作」を意味するラテン語である。

第2節　人間の発達

問1　次の**ア**・**イ**は，子どもについて考察した人物の説明であるが，それぞれ誰のことか。その組合せとして正しいものを，後の①～⑥のうちから一つ選べ。 3

ア　現在のような「子ども」という概念が誕生したのは中世末期から近代にかけてであり，それ以前は「小さな大人」とみなされていたと考えた。

イ　青年期に，心身が大きく変化して児童期とは質的に異なる発達が始まることを，「第二の誕生」と呼んだ。

① **ア**　アリエス　**イ**　ハヴィガースト
② **ア**　アリエス　**イ**　ルソー
③ **ア**　ハヴィガースト　**イ**　アリエス
④ **ア**　ハヴィガースト　**イ**　ルソー
⑤ **ア**　ルソー　**イ**　アリエス
⑥ **ア**　ルソー　**イ**　ハヴィガースト

問2　乳児から高齢者に至る発達課題を理論化したエリクソンの考えとして正しいものを，次の①～④のうちから一つ選べ。 4

① 人間が自己を確立していく過程は人生において8段階あり，各段階には達成すべき心理的・社会的課題が設定されていると考えた。
② ライフサイクルのなかで，青年期の発達課題は他者に対する基本的信頼を獲得することにあり，それが自己肯定感の基盤になると考えた。
③ アイデンティティ確立後も，人は多くのことを学び，成長していくが，人にはそれを可能にしている一次的欲求があると考えた。
④ 成熟した人格の確立には，他者からの視点を意識しつつ，物事を客観的に捉(とら)える脱中心化が不可欠であると考えた。

問3　成人期は，これまでの自分のあり方に危機を感じたときに，いったん確立した自己の問い直し，再確立が求められる時期である。これに関して，自我同一性を見失っている心理状態の例として最も適当なものを，次の①～④のうちから一つ選べ。［ 5 ］

① 定年で，仕事を辞め，空虚さを感じていた時もありました。今，これまでの人生を振り返って自分史を書き始めています。思いのほか，たくさんの人にお世話になってきた自分を改めて感じています。

② 結婚を前提に特定の人と付き合っている友だちがおり，すごく生活が充実しているようにみえます。結婚を焦る気持ちも正直ありますが，今，仕事が充実しており，しばらく仕事をがんばろうかなと思っています。

③ 小学生の子どもがいます。学校に行ったり行かなかったりで，友だちとトラブルがあったのではないかと心配です。自分の会社での仕事も忙しく，大きな仕事の責任者となっています。いろいろと考えることが多いです。

④ 子どもも大学に入り，家を出ていきました。心の中にぽっかりと穴が空いた感じが続いています。自分の人生っていったい何だったのだろうか，自分の存在意義って何なのだろうか，いろいろと思い悩んでいます。

問 4　コールバーグは，成長に伴い道徳的判断の理由付けが変化していくことを指摘し，その変化を，次の**表**に示す３つのレベルに区分した。彼によると，各々のレベルに達してはじめて獲得される道徳的視点がある。この**表**に基づくと，「なぜ盗んではいけないか」という問いに対してどのような回答がなされると想定できるか。レベルと，そのレベルに適合する回答例の組合せとして最も適当なものを，後の①～④のうちから一つ選べ。［ 6 ］

表　道徳的判断の理由付けのレベル

レベル	そのレベルではじめて獲得される道徳的視点	時期の目安
レベル１：前慣習的道徳性	単純な快不快に影響される。罰を避けるためや，具体的な見返り（他者からの好意や報酬）を得ようとするために，指示や規則に従う。	青年期より前
レベル２：慣習的道徳性	他者の期待を満足させたり，社会的役割を果たしたり，秩序を守ったりすることを重視して，既存の権威や規則に従順に従う。	青年前期
レベル３：脱慣習的道徳性	慣習的な規則や法を改善することも考慮しつつ，幸福増進や個人の尊厳など，皆に受け入れ可能で自らの良心にもかなう原理に従う。	青年後期以降

① レベル２：盗みをすると，相手の幸せを脅かし，誰でも認めるはずの普遍的な道理に逆らうことになるから

② レベル２：盗みをすると，親に厳しく叱られて，自分が嫌な思いをすることになるから

③ レベル３：盗みをすると，警察に逮捕され，刑務所に入れられてしまうかもしれないから

④ レベル３：盗みをすると，所有者を人として尊重していないことになり，自らの内面的な正義の基準に反するから

第3節 適応と個性の形成

3－1 社会の中でのパーソナリティの形成

問1 次のア～ウは，他者との関わりについての記述である。その正誤の組合せとして正しいものを，下の①～⑧のうちから一つ選べ。 7

ア 他者と良好な友人関係を築きたいと思う一方で，他者を傷つけてしまうのを恐れるあまり，結果的に親密な関係を築けない場合がある。こうした状況は，パラサイト・シングルと呼ばれる。

イ 青年期は，親からの独立を求める気持ちが生まれるなど，家族との関係を再構築する時期でもある。ホリングワースはこうした心理過程を，心理的離乳と呼んだ。

ウ 他者との関係を積極的にもとうとする社交的な人について，ユングは，心的エネルギーの向きにより人を類型化したうえで，外部の世界に関心をもちやすい外向型とした。

①	ア	正	イ	正	ウ	正
②	ア	正	イ	正	ウ	誤
③	ア	正	イ	誤	ウ	正
④	ア	正	イ	誤	ウ	誤
⑤	ア	誤	イ	正	ウ	正
⑥	ア	誤	イ	正	ウ	誤
⑦	ア	誤	イ	誤	ウ	正
⑧	ア	誤	イ	誤	ウ	誤

問2 次のア・イは，マズローが考えた欲求の理論についての説明である。その正誤の組合せとして正しいものを，下の①～④のうちから一つ選べ。 8

ア 他者と関わり親密な関係を築きたいという，愛情と所属の欲求が満たされると，承認(自尊)の欲求が生じるようになる。

イ 生理的欲求，安全の欲求などの欠乏欲求が満たされると，自己実現の欲求という，より高次の欲求が生じるようになる。

①	ア	正	イ	正
②	ア	正	イ	誤
③	ア	誤	イ	正
④	ア	誤	イ	誤

問3 心理学者のスタンバーグは，恋愛感情が「親密性：相手との親しさや結び付き」「熱情：相手に感じる身体的魅力や性的欲求の感情」「コミットメント(決意・関与)：相手との関係を維持しようとする決意」の3要素から構成されるとする「愛の三角理論」を提唱し，これら3要素のそれぞれの高低を組合せて，恋愛感情のタイプを8種類に分類している。

次の**表**には，恋愛に関(かか)わる四つの種類の心理状態と，恋愛感情の3要素の度合いが高・低で示されている。空欄の**ア**～**エ**に当てはまる高・低の組合せとして最も適当なものを，次ページの①～⑤のうちから一つ選べ。 9

表 恋愛に関わる心理状態と3要素の高低

恋愛に関わる心理状態	親密性	熱情	コミットメント
アルバイト先で，一目見て相手のことを好きになり，その人のことをずっと思っている。でも，まだ声さえかけられずにいる。	低	高	低
最近，旅行中に知り合ってから，付き合いが始まり，デートを重ねている。今は相手に夢中だ。ただ，先のことは分からない。	高	**ア**	**イ**
幼なじみで，一緒にいると楽しいし，これからも付き合っていきたい。ただ，相手に強い身体的・性的魅力は感じない。	高	**ウ**	**エ**
付き合い始めて2年になる。相手との結び付きも強く，身体的・性的魅力も感じている。結婚をして，ずっと一緒にいたい。	高	高	高

① **ア**－高　**イ**－低　**ウ**－低　**エ**－高
② **ア**－低　**イ**－低　**ウ**－高　**エ**－低
③ **ア**－低　**イ**－高　**ウ**－高　**エ**－低
④ **ア**－低　**イ**－低　**ウ**－低　**エ**－高
⑤ **ア**－高　**イ**－低　**ウ**－低　**エ**－低

3－2 葛藤と防衛機制

問1　葛藤が生じるのは，複数の互いに相容(あいい)れない欲求が等しい強さで同時に生じている場合である。葛藤の基本的な型には，(A)接近したい二つの欲求対象の狭間(はざま)で生じる葛藤，(B)回避したい二つの欲求対象の狭間で生じる葛藤，(C)一つの対象に対して接近と回避の相反する欲求が生じる葛藤の三つがある。次のア～エに示す具体例は，それぞれ，A～Cのどの葛藤と考えられるか。その組合せとして最も適当なものを，下の①～⑥のうちから一つ選べ。 10

ア　体重を気にしている甘党のMさんは，友達のくれたケーキを食べようかどうか迷っている。
イ　運動好きのNさんは野球部と卓球部から入部を誘われ，どちらにするか迷っている。
ウ　歯痛で困っているOさんは治療が怖いため，歯医者に行くかどうかで迷っている。
エ　自分の行きたい大学への進学をなかなか親が認めてくれないことにPさんはいらだっている。

① A－ア　B－エ　C－ウ
② A－ア　B－イ　C－エ
③ A－イ　B－ウ　C－エ
④ A－イ　B－ウ　C－ア
⑤ A－ウ　B－イ　C－ア
⑥ A－ウ　B－ア　C－イ

問2　防衛機制の種類とその説明として最も適当なものを，次の①～④のうちから一つ選べ。 11

① 抑圧：自身で認め難い自らの観念や欲求が，自分には無いかのように思い込んでいること
② 投影：身近な他者が抱いている欲求を，あたかも自分自身のものとして映しだすこと
③ 代償：攻撃性や性的な衝動などの欲求を，社会的に価値ある活動への欲求に転化すること
④ 合理化：合理的な判断によって，適切な問題解決に向けて自分自身を導いていくこと

第４節　科学技術の発達と倫理的課題

４－１　生命・医療をめぐる問題

問１　医療技術の進歩に伴って生じている事態についての記述として**適当でないもの**を，次の①～④のうちから一つ選べ。［12］

① 遺伝情報の解読により，将来かかりうる病気が予測できると期待されているが，就職や保険加入の際の新たな差別の恐れや，プライバシーの権利の保護をめぐる問題も生じている。

② 体外受精などの生殖技術の登場によって，不妊を治療の対象とみる捉え方が広まってきたが，同時に，この技術によって家族のあり方に今後根本的な変化が起きる可能性が生まれている。

③ 高度な先端医療の発達によって，生命を技術的な手段で延長することが可能になり，生命の質や患者の意思を重視する従来の考え方から，患者の延命を第一とする考え方への変化が生じてきている。

④ 抗生物質の発達により感染症は減少したが，院内感染の問題をきっかけに厳密な管理体制の必要性が認識され，医療機関における衛生上の管理規則や取扱い業務の体制が改められつつある。

問２　次の**ア**～**ウ**は，生命倫理における生命の尊厳や患者の意思の尊重に関わる考え方についての説明である。その内容として正しいものを**ア**～**ウ**から全て選んだとき，その組合せとして最も適当なものを，後の①～⑦のうちから一つ選べ。［13］

ア　SOL は，生命が絶対的な価値と尊厳を有するという立場と関連し，終末期医療において，患者の回復の見込みがなくても生命を維持する治療を行う根拠と見なされている。

イ　パターナリズムは，患者が十分な説明を受けて，理解した上で治療の方針や方法に同意することを指し，患者の知る権利や，生命や身体に関する自己決定権を尊重する立場を背景とする。

ウ　QOL は，望ましい生き方や生命の質を重視する立場と関連し，終末期医療の治療選択の場面では，患者の意思を尊重する根拠となり得るが，質が低いとされる生命の軽視につながるという批判もある。

① ア　② イ　③ ウ　④ アとイ
⑤ アとウ　⑥ イとウ　⑦ アとイとウ

問3　次の**ア**・**イ**は，生殖技術についての説明である。その正誤の組合せとして正しいものを，後の①～④のうちから一つ選べ。［14］

ア　iPS細胞は，様々な細胞に分化する可能性を持ち，再生医療への応用が期待されているが，人の受精卵や胚を破壊して作製されることから，倫理的な問題が指摘されている。

イ　クローン技術を使って，全く同一の遺伝子を持つクローン個体を作り出すことが可能になっているが，日本ではクローン技術規制法によってクローン人間を作ることは禁止されている。

① **ア** 正　**イ** 正　　② **ア** 正　**イ** 誤
③ **ア** 誤　**イ** 正　　④ **ア** 誤　**イ** 誤

問4　個体を産みだすクローン技術を，優生学(優生思想)の立場から人間に応用しようとする発想に反対する考え方として最も適当なものを，次の①～④のうちから一つ選べ。［15］

① その技術により生まれてくる人間は，同じゲノムをもつ人の一生を知ることで自分の一生が分かり，「知らずにいる権利」を侵害される可能性があるため，そのような技術は禁止されるべきである。

② 不確かで危険性が高い技術であり，その技術により生まれてくる人間の安全な生存と成長を保証することができないため，そのような技術は禁止されるべきである。

③ 男女両性の関与のない生殖が行われるようになることで，男女の結び付きや人間の生殖の尊さが損なわれる可能性があるため，そのような技術は禁止されるべきである。

④ 「価値ある」遺伝形質をもつ人間を人為的に産み出すことは，遺伝形質に基づいた人間の選別・序列化につながるおそれがあるため，そのような技術は禁止されるべきである。

4－2 情報技術の発達

問1 情報技術の発達に伴う社会の変化についての記述として最も適当なものを，次の①～④のうちから一つ選べ。 16

① 企業や公的機関に大量の個人情報が集積されるようになったため，プライバシーが侵害される危険が大きくなっている。

② 公的な情報は市民の共有財産であるという考え方が定着し，国や自治体のもつあらゆる情報が市民に公開されるようになっている。

③ 情報技術の発達によって情報の違法な複製が困難となったため，知的所有権が侵害される危険は少なくなっている。

④ インターネットを使って個人が直接情報を得られるようになり，マスメディアが情報操作を行う危険は少なくなっている。

問2 情報社会についての記述として**適当でないもの**を，次の①～④のうちから一つ選べ。 17

① マスメディアによる紋切り型の報道によって，特定の国や民族などに対するステレオタイプ的なイメージが与えられる危険がある。

② ソーシャルメディアなどの普及により，情報のインタラクティブ(双方向的)な発信が，旧来のメディアよりも活発に行われるようになった。

③ 情報の増加・多様化に従い，個々人が自ら主体的かつ批判的に判断し取捨選択するデジタル・デバイドの重要性が指摘されるようになった。

④ インターネットの普及に伴い，他人のコンピュータへの不正アクセスや，オンラインショッピングにおける詐欺などのサイバー犯罪が急増している。

問3 インターネットはどのような性格・傾向を備えていると考えられるか。その記述として**適当でないもの**を，次の①～④のうちから一つ選べ。 18

① ネットでは，匿名性を利用して，公然と口にすることが不適切だと思われるような攻撃的・差別的思想や偏見・悪意をまきちらすことができる。

② ネットでは，誰でも情報発信を許され，どんなに誤った認識でも無責任に公開でき，検索でそうしたサイトへ簡単にたどり着くことができる。

③ ネットでは，他者との関係持続の必要がなく，自分たちの主張と異なる立場のサイトを攻撃したり，共感する者同士だけで集まることができる。

④ ネットでは，その全体がつねに一元的に管理されているので，一部の人々が恣意的に特定の情報を大量に発信することができる。

問４　デジタル・デバイドの具体例を挙げた生徒の発言として最も適当なものを，次の①～④のうちから一つ選べ。［19］

① ネット上では，本人の同意なく個人情報が書き込まれ，しかもそれが容易には削除されない，という問題が起こっています。

② インターネットに接続しにくい地域に住んでいるために，教育や就職の機会において不利になっている人がいます。

③ ネット上では，考えを共有する人同士が結び付き，意見が違う人を無視したり排除したりして，極端で攻撃的な方向に走る危険があります。

④ 企業，報道機関，政府などが情報を隠したり不正確な情報を流したりして，情報の受け手が適切に行動するのが難しくなることがあります。

第５節　現代社会の変容と倫理的課題

５－１　大衆化・管理化の進行

問１　ウェーバーが挙げた官僚制の特徴についての記述として最も適当なものを，次の①～④のうちから一つ選べ。［20］

① 組織の構成員の個性や自発性が重視され，その個性の多様な発展によって組織が積極的な活動を行うことが期待される。

② 組織の構成員の非専門性が特徴であり，非熟練労働者を効率的に利用することを目指している。

③ 組織の構成員は，個人的な感情や価値観をもちこまず，規則に従って効率的に仕事をこなすことを求められる。

④ 組織の構成員は通常，心理的な柔軟性をもたず，権威に依存しやすい性格の人々である。

問２　大衆についての記述として最も適当なものを，次の①～④のうちから一つ選べ。［21］

① 有名店に行列を作る人々のように，同時代の他人の考え方や社会的行動に同調しようとする人々によって形成される。

② 新聞の読者のように，空間的に散在していても争点をめぐる討論を通じて世論を担いうる人々によって形成される。

③ 地縁共同体に生きる人々のように，伝統的文化に基づいた一つの歴史的現実を担う人々によって形成される。

④ たまたま同じ劇場に集まった観客や，暴徒化した攻撃的な集団のように，空間的に近接した人々によって形成される。

5－2 家族や地域社会の変容・少子高齢化

問1 現代の家族に関する次の文章中の［ a ］・［ b ］に入る語句の組合せとして最も適当なものを，後の①～④のうちから一つ選べ。［ 22 ］

従来は生活の基礎集団だった家族だが，血縁のない親子や兄弟姉妹を含む［ a ］が増加するなど，そのあり方は多様化している。生活環境の快適さを意味する［ b ］も，家族ではなく行政や企業が提供する場面が増えており，人々の生き方が所得や地域の格差から受ける影響は複雑化している。

① a ディンクス　b アメニティ
② a ディンクス　b ユニバーサルデザイン
③ a ステップ-ファミリー　b アメニティ
④ a ステップ-ファミリー　b ユニバーサルデザイン

問2 「男は仕事，女は家事・育児」というような性別役割分担については，それが性による差別や抑圧をもたらすものになっているという認識から，その是正を強く求める議論が高まってきている。この例として最も適当なものを，次の①～④のうちから一つ選べ。［ 23 ］

① 分業は社会的効率を高める方法であり，効率重視の現代社会では，性別による分業も効率性の観点から再編成すべきである。
② 個人の選択の余地なく与えられる性別役割は，しばしば個人の人生の可能性に対する重大な侵害になるので解消すべきである。
③ これまで男性優位に作られていた性別役割分業を，女性優位のあり方へと積極的に転換すべきである。
④ 自然的適性が明確である子育てなどの少数の事例以外，ただ偏見に基づく多くの性別役割分担を撤廃すべきである。

問３　現在の日本社会において家族を取り巻く状況についての記述として正しいものを，次の①～④のうちから一つ選べ。 24

① 婚姻率の低下により未婚者が増え，成人後も両親との同居を続ける人が多くなっており，一人で住んでいる人の割合は低下している。

② 育児・介護休業法が制定されたため，労働者は男女を問わず，法的には育児や介護のための休業を取得できるようになった。

③ 結婚後も旧姓を名乗ることを望む女性が増えたため，夫婦同姓か別姓かを選ぶことのできる選択制が導入された。

④ 介護保険制度など，高齢者の介護を社会全体で担う体制が整備されてきたため，高齢者の単独世帯数は減少している。

問４　支援をめぐる日本の現状についての記述として最も適当なものを，次の①～④のうちから一つ選べ。 25

① 家事や育児を支援する仕組みが社会的に整備されているにもかかわらず，結婚や出産を経ても働き続ける女性の比率は減少してきている。

② 高齢者の介護を社会全体で支えていくため，2000 年から介護保険制度が施行されたが，さらなる支援体制の整備が必要とされている。

③ 身体的・精神的障壁を取り除こうとする考え方は，イニシエーションと呼ばれ，誰もが暮らしやすい社会を構築するための理念となっている。

④ 高齢社会を迎えた日本では，若者の就業を支援し，その機会を確保する観点から，高齢者の再雇用を抑制するような社会的取組が求められている。

5－3 ボーダレス化をめぐる問題

問１　異文化理解についての記述として**適当でないもの**を，次の①～④のうちから一つ選べ。 26

① 古代ギリシア人たちが異民族を「バルバロイ」と呼んで蔑(さげす)んだように，人は往々にして，自民族や自文化の価値観を絶対のものとみなした上で他の民族や文化について判断を下そうとする，エスノセントリズムに陥りがちである。

② どの文化もそれぞれに固有の価値を備えており，互いの間に優劣の差をつけることはできない，とする文化相対主義は，人が文化の多様性を認め，寛容の精神に基づく異文化の理解へと歩を進める上で，一定の役割を果たしうる。

③ パレスチナ生まれの思想家サイードは，近代において西洋の文化が自ら

を東洋と区別し，東洋を非合理的で後進的とみなすことで西洋自身のアイデンティティを形成した過程を指摘し，その思考様式をオリエンタリズムと呼んだ。

④ 一つの国家や社会の中で異なる複数の文化が互いに関わり合うことなく共存できるよう，その障害となる諸要素を社会政策によって除去する必要がある，と考える多文化主義の立場は，それ以前の同化主義への反省から生まれた。

問 2 ユネスコ憲章の文章を，次の①～④のうちから一つ選べ。 27

① われらは，平和を維持し，専制と隷従，圧迫と偏狭を地上から永遠に除去しようと努めている国際社会において，名誉ある地位を占めたいと思う。われらは，全世界の国民が，ひとしく恐怖と欠乏から免かれ，平和のうちに生存する権利を有することを確認する。

② 戦争は人の心の中で生まれるものであるから，人の心の中に平和のとりでを築かなければならない。相互の風習と生活を知らないことは，人類の歴史を通じて世界の諸人民の間に疑惑と不信をおこした共通の原因であり，この疑惑と不信のために，諸人民の不一致があまりにもしばしば戦争となった。

③ すべての者は，特に人種，皮膚の色，性，言語，宗教，政治上その他の意見，国民的若しくは社会的出身，財産，門地その他の地位によるいかなる差別をも受けることなく，この宣言に掲げる権利と自由とを享有することができる。

④ 総会は，国際の平和及び安全の維持についての協力に関する一般原則を，軍備縮小及び軍備規制を律する原則も含めて，審議し，並びにこのような原則について加盟国若しくは安全保障理事会又はこの両者に対して勧告をすることができる。

問３　一つの国家だけではなく，世界全体で取り組まなくてはならない問題と，その対応についての記述として最も適当なものを，次の①～④のうちから一つ選べ。 28

①　地球環境問題に対応するため，1992年の地球サミットでは，「持続可能な開発」という理念が共有され，「リオ宣言」が採択された。

②　テロリズムへの対応で重要なのは，エスノセントリズムを支持しつつ，テロ行為の歴史的・文化的背景を理解することである。

③　非人道的兵器である地雷の廃絶を訴える国際世論の高まりを受けて，アメリカや中国を中心に，1997年に対人地雷禁止条約が結ばれた。

④　女性の地位向上を目指し，国際人口・開発会議では，雇用機会均等を確立するために，リプロダクティヴ・ヘルス／ライツを宣言した。

問４　文化や宗教に関する説明として適当なものを次の**ア**～**ウ**から全て選んだとき，その組合せとして正しいものを，後の①～⑦のうちから一つ選べ。 29

ア　ホモ・レリギオーススという言葉は，神に祈りをささげるという宗教的な営みに重きを置く人間のあり方を，端的に表現したものである。

イ　日本の高校で茶道を教え，自国と他国の文化の優劣を明確にすることは，文化相対主義の考え方に基づいて文化の共生を促すことになる。

ウ　現代の世界で文化間の摩擦が増してくる中では，西洋とイスラームの衝突は不可避であるとするカルチャー・ショックの思想が説かれる。

①　**ア**　　②　**イ**　　③　**ウ**　　④　**アとイ**
⑤　**アとウ**　　⑥　**イとウ**　　⑦　**アとイとウ**

第6節　地球環境をめぐる倫理的課題

問1　深刻化していく環境問題への対応を考えるうえで，ふまえておくべき概念の説明として正しいものを，次の①～④のうちから一つ選べ。 30

① 生態系：地球上の生物とその周囲の無機的環境とから作り出される様々な関係の総体としてのシステムを意味し，ピラミッド状を成すその頂点に人間が位置している。

② 環境難民：汚染された土地や環境が破壊されてしまった土地に暮らし続けている人々のことで，安全な土地へと移住することができるよう早急に対策を立てる必要がある。

③ 世代間倫理：現在どのような行動をとるかによって次の世代の生存が危うくなることもありうるのだから，今生きている世代は生まれてくる世代に対しても責務を負っている。

④ 循環型社会：環境のことを考えてリサイクルを積極的に推進する社会のことで，経済や消費の水準をさらに高めながら，同時に環境をも守ろうとする発想に基づいている。

問2　環境に関わる問題や思想についての記述として最も適当なものを，次の①～④のうちから一つ選べ。 31

① 人間中心主義を見直し，自然にもそれ自体の価値を認めようという考え方から，自然の生存権が主張されるようになった。

② 20世紀半ば以降に生じた急激な地球温暖化は，フロンガスなどによるオゾン層の破壊を主たる原因としている。

③ 有限な環境で自由な利益追求を認めると全員の損害になるので，その予防のために自由を制限すべきだとする，予防原則の考え方が登場した。

④ 原子力エネルギーの利用によって発生する放射性物質は，酸性雨を引き起こす主たる原因である。

問３　次の**資料**は，授業で気候変動についての議論のために配布されたものであり，後の**ア〜ウ**は，**資料**の下線部Ⓧとⓨのいずれかに当てはまる事例である。**資料**の趣旨を踏まえて，Ⓧに当てはまる事例を**ア〜ウ**のうちから全て選んだとき，その組合せとして最も適当なものを，後の①〜⑧のうちから一つ選べ。
32

資料

ほとんど誰もが，次の基本的な道徳原理を認識している。Ⓧ他の人に危害を及ぼすのであれば，自分自身の利益になることであってもすべきではない。……そして通常は，ⓨ危害を引き起こすときはいつでも，その被害を受けることになる人に補償をすべきだ。……車の運転，電力の使用……これら全ての活動は，気候変動の一因となる温室効果ガスを生じる。……基本的な道徳原理は，他の人に危害を及ぼす行動をやめる努力をし，私たちが危害を及ぼすであろう人々に補償をしておくべきだ，と告げる。

（J.ブルーム「気候変動の倫理」より）

ア　化石燃料で動く交通・輸送手段の利用で二酸化炭素が放出されるため，生活者たちが，それらの使用を控えるべく，生活や仕事の場を近くに集約させるとともに，できる限りその地域で生産した物を消費する。
イ　牛や羊は，ゲップやおならによって二酸化炭素の数十倍の温室効果を持つメタンを出すので，消費者や企業が，こうした動物の肉・乳や毛・革の過剰な売買と利用をやめて，温室効果ガスの排出量を減少させる。
ウ　気候変動の影響で海面が上昇するため，温室効果ガスを大量に排出した人々や企業が，高波の危険に曝（さら）される人々のために防波堤の設置や，海の近くに住めなくなる人々の生活や移住の支援のために，資金を拠出する。

①　ア　　②　イ　　③　ウ　　④　アとイ
⑤　アとウ　　⑥　イとウ　　⑦　アとイとウ　　⑧　なし

問4 環境破壊の問題に関して，いちはやく警告を発した学者にレイチェル・カーソンがいる。カーソンの考え方についての記述として最も適当なものを，次の①～④のうちから一つ選べ。 33

① 殺虫剤や化学薬品の乱用の危険性を指摘し，自然は人間の生活に役立つために存在すると考えるのは思い上がりであると論じた。

② 地球環境は有限であるとし，その状況のもとでは，各人が自由に個人的利益を追求し続けると，結果的に全員の最大損失がもたらされると論じた。

③ 内分泌を乱す化学物質の危険性を指摘し，そうした物質は，人類を人類たらしめている豊かな可能性を奪い取る力をもっていると論じた。

④ 地球は一つの閉ざされた世界「宇宙船地球号」であるとし，地球的視点・人類的視点から環境問題に取り組むべきだと論じた。

step 2

1　過去の歴史をどう書くべきか

高校生ＰとＱが交わした次の会話を読み，下の問い（問１～８）に答えよ。なお，会話と問いのＰとＱは各々全て同じ人物である。

Ｐ：昨日の世界史の小テスト，難しかったよね。ⓐ歴史を覚えるのは苦手だなぁ。
Ｑ：そう？　楽勝だったけどな。それにしても，「歴史を覚える」だなんて言っちゃって，歴史の本質が分かってないね。だからテストもできないんだよ。
Ｐ：意地悪なⓑ性格だなぁ。過去の事実を正しく記録したのが歴史でしょ？
Ｑ：いや，この前，倫理の先生と歴史について議論したんだけど，歴史って，過去をありのままに書いたものではなく，見方次第で様々に書けるんだって。
Ｐ：嘘（うそ）の歴史を作るの？　ⓒマスメディアで話題のフェイクニュースみたいに？
Ｑ：違う違う，過去の「どの」出来事を「どう」書くべきかに正解がないってこと。
Ｐ：過去の理解が人によって違うって話？　世界史のテストが楽勝だった誰かさんには，昨日は良い日だっただろうけど，自分には最悪の日だったように。
Ｑ：過去の理解が人によって違うだけじゃないよ。一つの過去でも多様に理解できるんだ。例えば，世界史ではⓓ落ち込んだけど，昨日はＰが得意な英語のテストもあったよね。英語にも目を向けたら，同じ昨日を違う仕方で語れるよ。
Ｐ：そんなのは個人の次元の話じゃないか。国や社会の歴史も自由に書くの？　それだと正しい歴史がなくなってしまうよ。
Ｑ：正しい歴史なんて一つに決められる？　国の偉い人が決めたら正しいの？
Ｐ：いやいや，ⓔ立場や境遇が異なる様々な人が議論していくのが大切だよ。
Ｑ：ほら，立場の違いに応じて歴史の書き方が複数あると認めているじゃないか。
Ｐ：でも，史料を厳密に研究するとか，正しさを高めることはできるはずだよ。
Ｑ：史料の意義は否定しないよ。でも，史料の取捨選択や解釈は避けられないよ。
Ｐ：だとしても，何でも恣意的に取捨選択していいの？　例えば，戦争などのⓕ犠牲者を歴史から消してはダメだよ。ⓖ記憶すべき事実はあると思うな。
Ｑ：うーん，それは確かに…。ただ，過去を多様に書くというのは，忘れられつつある人々に新たに光を当てて歴史を書くことにもつながるんじゃないかな。
Ｐ：そうか，過去を多様に書けるからこそ，よりよく書くこともできるわけか。
Ｑ：いやぁ，ⓗ歴史をどう書くべきかは難しいね。自分ももっと考えないと。

問1　下線部ⓐに関連して，歴史の捉え方や，歴史の中で生きる人間のあり方に関して考察した思想家についての説明として最も適当なものを，次の①～④のうちから一つ選べ。 1

① リオタールは，「小さな物語」が乱立し，歴史の全体が様々な立場から説明される状況を批判し，統一的な「大きな物語」の復権を説いた。

② フーコーは，真理が発見されるに至った歴史的過程を描くことで，人間が普遍的理性に基づく絶対的な真理を探求する「知の考古学」を提唱した。

③ レヴィ=ストロースは，人間の社会が未開から文明へ発展するという文明史観に基づいて，未開社会を生きる人々の思考の独自性を強調した。

④ ヨナスは，時間の経過の中で現在の行為が将来にも影響を与えるため，現在の世代が将来世代に対して責任を持つとした。

問2　下線部ⓑに関連して，次の**ア**・**イ**は，パーソナリティを分類した人物についての説明であるが，それぞれ誰のことか。その組合せとして正しいものを，下の①～④のうちから一つ選べ。 2

ア　精神分析の理論に基づき，パーソナリティを心のエネルギーや関心の方向性に応じて，内向型と外向型の２つに分類した。

イ　人生において何に価値を置いているかに従い，パーソナリティを，理論型，経済型，審美型，社会型，権力型，宗教型の６つに分類した。

① **ア** ユング　**イ** シュプランガー
② **ア** ユング　**イ** オルポート
③ **ア** クレッチマー　**イ** シュプランガー
④ **ア** クレッチマー　**イ** オルポート

問３　下線部ⓒに関して，マスメディアについて考察した人物にリップマンがいる。例えば，ある街で起きた事件が報道された結果，その街全体が危険であるかのような誤った印象が広まることがある。マスメディアがこうした印象を生じさせる要因は，リップマンの主張に従うと，どのように考えられるか。次のア～ウのうち，正しい要因の組合せとして最も適当なものを，下の①～④のうちから一つ選べ。［ 3 ］

ア　マスメディアが提供する情報は，常に人々から疑いの目を向けられ，本当らしい情報としては受け取られないから。

イ　マスメディアが伝達するものは，多くの場合，選択や加工，単純化などを経たイメージであるから。

ウ　マスメディアが提供するイメージによって形成される世界は，人間が間接的にしか体験できないものだから。

①　アとイ　　②　アとウ　　③　イとウ　　④　アとイとウ

問４　下線部ⓓに関して，次の文章は，青年期における様々な葛藤やストレスについての説明である。文章中の［ a ］・［ b ］に入る語句の組合せとして最も適当なものを，下の①～⑥のうちから一つ選べ。［ 4 ］

フロイトは，［ a ］の対立を調整しようとすると考えた。しかし，それができないことで葛藤が生じると，無意識的にバランスを取って心の安定を図る機能が働く。防衛機制の理論は，このような考え方から生み出された。

無意識の重要性を説いた精神分析に対して，意識の側に着目した昨今のストレス理論では，様々なストレスを抱えた場合の対処方法が幾つかあると言われている。「ストレスとなる問題や状況に目を向けて，それらを変える方法を模索する対処」は問題焦点型対処と呼ばれ，他方，「状況そのものを変えられない場合に，ストレスとなる状況に伴う情動を軽減することを試みる対処」は情動焦点型対処と呼ばれる。

例えば，世界史の小テストの成績が悪かったＰが，［ b ］場合，それは問題焦点型対処に該当する。

①　a　エス（イド）が自我と超自我
　　b　「落ち込んでも仕方ない」と気持ちを切り替えようとする
②　a　エス（イド）が自我と超自我
　　b　「今回は運が悪かった」と思い込もうとする
③　a　エス（イド）が自我と超自我

b　勉強不足が原因だと分析し，計画的に勉強しようとする

④　a　自我がエス(イド)と超自我
　　b　「落ち込んでも仕方ない」と気持ちを切り替えようとする

⑤　a　自我がエス(イド)と超自我
　　b　「今回は運が悪かった」と思い込もうとする

⑥　a　自我がエス(イド)と超自我
　　b　勉強不足が原因だと分析し，計画的に勉強しようとする

問 5　下線部ⓔに関連して，数人の高校生が，様々な人に配慮したバリアフリーの実例を，自分たちの周りに見付けられないか話し合った。その実例を説明した発言として**適当でないもの**を，次の①～④のうちから一つ選べ。［5］

①　信号機が青になったら音声でも知らせてくれると，目の不自由な人や色が見分けにくい人にも横断歩道を渡ってよいことが分かりやすいね。

②　空港などのベンチの真ん中に手すりや仕切りを作ることで，ベンチで横になって寝ることができなくなっているんだね。

③　車椅子に乗っていて手の届かない人のために，お金の投入口が高い位置だけではなく，低い位置にもある自動販売機を見たことがあるよ。

④　手の不自由な人にとっては，取っ手を握って開閉するドアよりも，手を使わずに済む自動ドアの方が出入りしやすいね。

問６　下線部ⓕに関連して，次の**図**と文章は，ある大学病院に置かれた石碑の写真と，それをめぐるＰとＱの会話である。26ページの会話も踏まえて，文章中の［ a ］・［ b ］に入る記述の組合せとして正しいものを，下の①～④のうちから一つ選べ。［ 6 ］

図　実験動物慰霊碑

Ｑ：この石碑，いろんな動物のイラストがかわいいね！

Ｐ：ちゃんと石碑の文字を読んだ？　これは，薬の開発などで，大学病院で実験の犠牲となった動物のために造られた慰霊碑みたいだよ。

Ｑ：そうか…。動物実験のことなんて意識していなかったよ。この石碑を見て，犠牲者の歴史については［ a ］というＰの立場を思い出したよ。

Ｐ：それだけじゃなく，動物も慰霊の対象にしようという発想を知って，「自然の生存権」の基礎にある，［ b ］という考え方も思い出したよ。

①　a　正しい書き方は決められず，その書き方は全て自由にするべきだ
　　b　現代の人間にとって有用な自然を優先的に保護する

②　a　正しい書き方は決められず，その書き方は全て自由にするべきだ
　　b　人間だけでなく自然そのものにも価値があることを認める

③　a　恣意的な取捨選択に委ねず，忘れることなく書かれるべきだ
　　b　現代の人間にとって有用な自然を優先的に保護する

④　a　恣意的な取捨選択に委ねず，忘れることなく書かれるべきだ
　　b　人間だけでなく自然そのものにも価値があることを認める

問7　下線部ⓖに関連して，次の文章は，記憶の定着の度合いに関する**実験の手順と結果**を説明したものであり，次ページの**表**と**図**は，**結果**を図表化したものである。文章中の［a］～［d］に入る記号や語句の組合せとして正しいものを，次ページの①～⑥のうちから一つ選べ。［7］

実験の手順と結果

手　順

Ⅰ．大学生に，ある課題文を5分間読ませた。

Ⅱ．その後，大学生を2つの群に分けた。A群の大学生には，同じ課題文を更に3回繰り返し読ませた。B群の大学生には，課題文を読み直させず，思い出して書き出す作業を3回行わせた。

Ⅲ．「思い出す自信（1週間後のテストで課題文をどれだけ思い出せそうか）」について尋ね，7点満点で評価させた。

Ⅳ．手順Ⅲの5分後に，2つの群に対して課題文の記憶テストを実施し，どれくらい覚えていたかを確かめた。

Ⅴ．1週間後に，手順Ⅳと同様のテストを実施した。

結　果

「思い出す自信」の平均値は**表**のようになり，5分後と1週間後の正答率は**図**のようになった。**表**によれば，1週間後のテストで「思い出す自信」について，A群の大学生の方がB群の大学生より［a］評価をしていた。また，課題文の記憶テストについては，**図**の［b］によれば，5分後では，A群の大学生の方がB群の大学生よりテストの成績は良かったが，**図**の［c］によれば，1週間後では，B群の大学生の方がA群の大学生よりテストの成績は良かった。

以上から，1週間後のテストで「思い出す自信」の高い群と，1週間後のテストの結果が良かった群は［d］ことが分かった。

表　「思い出す自信」の平均値

（7点満点。数値が高いほど自信があると評価している。）

	A　群	B　群
1週間後のテストで課題文をどれだけ思い出せそうか	4.8	4.0

図　5分後および1週間後の記憶テストの正答率(%)

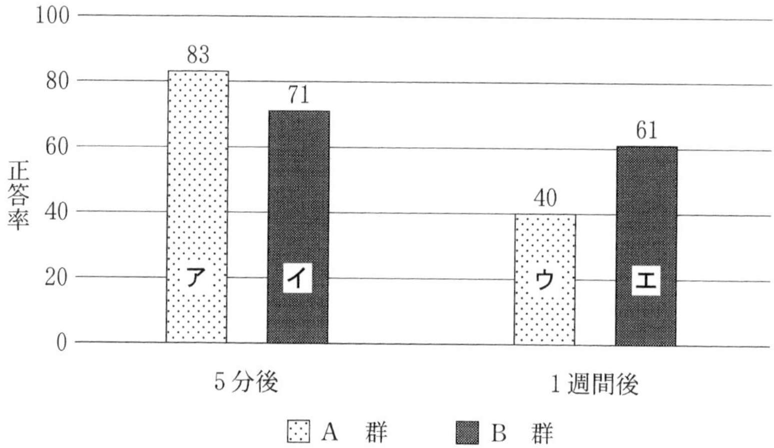

（資料）　H.L.Roediger, Ⅲ & J.D.Karpicke, *Psychological Science*, 2006より作成。

①	a　低　い	b　アとイ	c　アとウ	d　一致する
②	a　低　い	b　アとイ	c　ウとエ	d　一致する
③	a　低　い	b　ウとエ	c　アとイ	d　一致する
④	a　高　い	b　アとイ	c　ウとエ	d　一致しない
⑤	a　高　い	b　ウとエ	c　アとイ	d　一致しない
⑥	a　高　い	b　ウとエ	c　アとウ	d　一致しない

問 8　下線部ⓗに関連して，倫理の授業の中で，思想家ベンヤミンが歴史の書き方について論じた次の文章を踏まえて，各自が自分の考えをレポートにまとめることになった。下の(1)・(2)に答えよ。

> 年代記を書く人は，様々な出来事を，大小の区別を付けずにそのまま列挙していく。そのことによって，かつて起こったことは何一つ歴史にとって失われてはならない，という真理を考慮に入れているのだ。ただ，人類が自らの過去を完全な姿で手中に収めることができるのは，人類が解放されたときである。……そのとき，人類の生きたあらゆる瞬間が，呼び戻されることになるのだ。
>
> （「歴史の概念について」より）

(1)　次の会話は，この文章を読んだＰと先生Ｔが交わしたものである。会話中の下線部①～④のうちから，マルクスについての説明として**適当でないもの**を一つ選べ。[8]

Ｐ：先生，ベンヤミンが言う「解放」って何のことですか？

Ｔ：そこには様々な意味が込められていますが，この言葉の背後にある思想の一つは，マルクス主義です。マルクスの歴史観を覚えていますか？

Ｐ：マルクスは，①歴史を弁証法的に捉えるヘーゲルの影響を受けているんでしたね。そして，彼は②物質的な生産関係という上部構造が歴史を動かす原動力になると言っていたはずです。その上で彼は，③対立する階級間の闘争によって歴史は発展すると考えたんでした。だとすると，「解放」は，マルクスが④労働者階級による革命が起こることで資本主義が打破されると主張したことと関係がありそうです。

Ｔ：よく理解していますね。でもね，一つだけ間違いがありましたよ。

Ｐ：あれぇ，どこだろう。

(2)　次の**レポート**は，Ｐがベンヤミンの文章を読んだ上で書いたものである。26ページの会話を踏まえて，**レポート**中の［ａ］～［ｃ］に入る記述を下の**ア**～**ウ**から選び，その組合せとして最も適当なものを，下の①～⑥のうちから一つ選べ。［９］

> **レポート**
> 　ベンヤミンは，ファシズムの時代の中でそれに抵抗し，歴史について考察した人です。彼の文章は，歴史について考えを深める良い機会となりました。この文章を読みながら，先日，Ｑと議論したことを思い出しました。もともと私は，［ａ］と考えていました。ですが，Ｑとの議論を通して私は，［ｂ］という考えを学ぶことができました。それを踏まえてベンヤミンの文章を読んでみると，［ｃ］という彼の主張は，私たち二人の議論を深めるものだと感じました。

ア　歴史は，様々に書くことができるものであり，だからこそ，忘れられつつある人々を再び思い出させる歴史を書くこともできる
イ　歴史は，どの出来事にも意味があるものであり，現時点ではその全てを書くことはできないにせよ，過去のどの出来事も忘れられてはならない
ウ　歴史は，過去に起こった様々な出来事を正しく記録したものであり，そこには正しい書き方が存在する

①　ａ－ア　　ｂ－イ　　ｃ－ウ
②　ａ－ア　　ｂ－ウ　　ｃ－イ
③　ａ－イ　　ｂ－ア　　ｃ－ウ
④　ａ－イ　　ｂ－ウ　　ｃ－ア
⑤　ａ－ウ　　ｂ－ア　　ｃ－イ
⑥　ａ－ウ　　ｂ－イ　　ｃ－ア

2 共同体の言語と価値観

高校生RとWが交わした次の会話を読み，下の問い(問１～９)に答えよ。なお，会話と問いのRとWは各々全て同じ人物である。

R：次の授業は英語。ネイティブの先生だなんてⓐグローバル化の時代だね。
W：先生は日本語が苦手だけど，もっと日本語を学んでほしいな。
R：日本にいるなら日本語を話せっていうのは，ⓑ外国から来た人には酷だよ。
W：使い慣れた母語を使えずに外国で暮らすのにⓒ葛藤はあるだろうけど，日本で生活するなら日本語を身に付けないと。それが先生のためにもなるよ。
R：それだったら，私たちが英語を習得すればいいでしょ？
W：なぜ私たちの方が英語を学ばなきゃならないのかな。英語が嫌いとか苦手というわけじゃないけど，私は日本で生きていくつもりだし，英語はいらないよ。
R：私は留学してⓓ先端医療を研究するのが夢なんだ。世界で活躍するためには共通のⓔ言語として英語が必要だし，みんなが英語を習得すれば便利じゃない？　言語はまずⓕコミュニケーションのための道具として必要でしょ？
W：だけど，言語をただの道具のように扱うのはⓖ不満だなぁ。
R：どうして？　「人間は言語や記号を使う動物」だって習ったよね。
W：人間はⓗ共同体の中で生まれて，その共同体の言語に囲まれて育っていくよね？　言語は共同体の習慣や価値観と切り離せないものだと思うな。例えば，「いただきます」も，単なる挨拶ではなく，「いのちをいただく」ということで生命への感謝を表す文化的な背景を持つ言葉だって聞いたことがあるよ。
R：なるほど。確かに，「いただきます」を英語に翻訳するのは難しいなぁ。
W：ね，言語は道具以上のものだよ。だから，単に便利だからといって，みんなが英語を学べばいいというのはおかしいんじゃないかな。母語として馴染(なじ)んできた言語を尊重するべきだよ。
R：そっかぁ。だけどさ，英語の先生が日本に来たみたいに，国境を越えて人が移動する時代なんだから，母語だけを尊重してたら，ⓘ異なる言語を話す人たちと一緒に暮らすことが難しくなるよ。
W：それもそうだね。私も自分の共同体の言語や価値観だけにこだわり過ぎていたかも。それだと，習慣や価値観が異なる人と一緒に暮らすのが難しくなるね。

問1　下線部ⓐに関して，次の**ア**・**イ**は，グローバル化が進む現代の社会についての説明である。その正誤の組合せとして正しいものを，下の①～④のうちから一つ選べ。［1］

ア　ムスリムの人々が多く訪れるようになった日本でも，ハラールと呼ばれる，イスラームの戒律を守った料理を提供することが増えつつある。

イ　グローバル化が進み，出自の異なる人々との共生が説かれる一方，特定の民族などへの差別や憎悪を表現するヘイトスピーチが問題となっている。

① **ア**　正　**イ**　正
② **ア**　正　**イ**　誤
③ **ア**　誤　**イ**　正
④ **ア**　誤　**イ**　誤

問 2　下線部ⓑに関連して，日本において，「まだまだ自分たちの生活水準を上げることを考えるべきだ」という意見と，「自分たちの生活水準が多少落ちても，外国を助けるべきだ」という意見の，どちらに自分の気持ちが近いかを，様々な年齢の人に尋ねた調査がある。次の**図**は，20 歳代から 50 歳代の人たちについての，1993 年と 2013 年の結果である。この**図**を見て交わされた次ページの会話を読み，［ a ］・［ b ］に入る記述の組合せとして最も適当なものを，①～④のうちから一つ選べ。［ 2 ］

図　国際貢献に対する意識

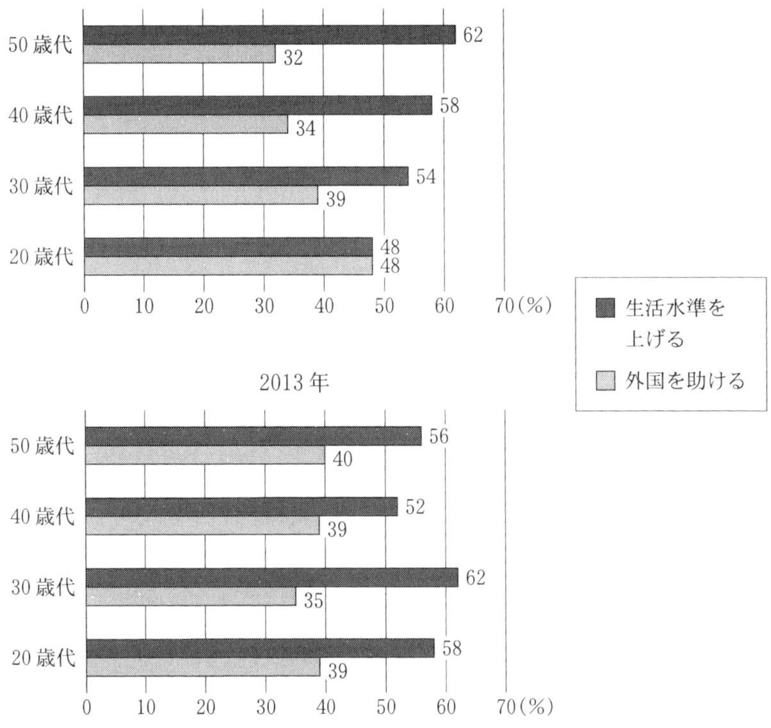

（注）　**図**の数値は項目ごとに，回答した人の割合(%)を表す。「その他・無回答」を除いているために，総和は 100 とならない。

（資料）　統計数理研究所「国民性の研究」(2016 年)より作成。

R：全体的に，自分たちの生活水準を上げることを優先させる人が多いようだね。

W：1993年と2013年の間には大きな災害が何度もあって，被災地を助けるボランティアに注目が集まったりもしたけど，まだまだみんな自分中心なのかな。

R：でも，その間も，日本は［ a ］であるODAを通じて途上国への援助をしてきたことなんかも忘れちゃいけないんじゃないかな。

W：もう少しグラフを細かく見てみると，［ b ］ということも言えるね。

R：どうしてかな。経済状況や労働環境とか，いろんな社会的な要因があるからなのかな。

① a 政府による開発援助
　b 20年間で，生活水準を上げるべきだと考える人の割合は，20歳代と30歳代では増えている一方で，40歳代と50歳代では減っている

② a 政府による開発援助
　b 20年間で，生活水準を上げるべきだと考える人と，外国を助けるべきだと考える人との割合の差は，全ての年代で大きくなっている

③ a 民間による開発援助
　b 20年間で，外国を助けるべきだと考える人の割合は，20歳代と30歳代では減っている一方で，40歳代と50歳代では増えている

④ a 民間による開発援助
　b 20年間で，生活水準を上げるべきだと考える人と，外国を助けるべきだと考える人との割合の差は，全ての年代で小さくなっている

問3 下線部ⓒに関連して，次の**ア**・**イ**は，レヴィンによる葛藤の分類に従って，葛藤の実例を記述したものである。**ア**・**イ**と葛藤の種類との組合せとして正しいものを，下の①～⑥のうちから一つ選べ。 3

ア 第一志望の大学には，自分が関心のあることを学べる学部があるのだけれど，遠隔地にあって通学が大変になるので受験しようか悩んでいる。

イ 買い物に付き合ってほしいと友人に頼まれた。興味がないことに付き合わされるのは嫌だが，断って友人との関係を悪くしたくないと悩んでいる。

① **ア** 接近－接近　**イ** 接近－回避
② **ア** 接近－接近　**イ** 回避－回避
③ **ア** 接近－回避　**イ** 接近－接近
④ **ア** 接近－回避　**イ** 回避－回避
⑤ **ア** 回避－回避　**イ** 接近－接近
⑥ **ア** 回避－回避　**イ** 接近－回避

問4 下線部ⓓに関連して，先端医療技術についての説明として**適当でないもの**を，次の①～④のうちから一つ選べ。 4

① 医療に応用可能な技術の一つとして，遺伝子の特定の箇所を探し当てた上で，その箇所を変更しようとするゲノム編集がある。

② 生殖補助医療の一つとして近年よく用いられる顕微授精は，女性の体内にある卵子に精子を直接注入する技術である。

③ 障がいや遺伝病の有無を出生前に診断することが可能になっているが，この技術が命の選別につながるという指摘もある。

④ iPS細胞には，様々な再生医療の可能性が広がることへの期待があるが，同時に過剰な生命操作につながることへの懸念もある。

問5 下線部ⓔに関連して，言語についてのウィトゲンシュタインの考え方の説明として最も適当なものを，次の①～④のうちから一つ選べ。 5

① 言語とは世界のあり方を写し取るものである，と考える写像理論によれば，言語に対応する事実を確定できない神や倫理のような事柄については，真偽を問うことができない以上，沈黙しなければならない。

② 言語とは世界のあり方を写し取るものである，と考える言語ゲーム論によれば，日常生活における具体的な言語使用の実践を離れて，万人に妥当する普遍的な言語の規則を決定しなければならない。

③ 言語の規則は言葉の使用を通じて形成される，と考える写像理論によれば，言語に対応する事実を確定できない神や倫理のような事柄については，真偽を問うことができない以上，沈黙しなければならない。

④ 言語の規則は言葉の使用を通じて形成される，と考える言語ゲーム論によれば，日常生活における具体的な言語使用の実践を離れて，万人に妥当する普遍的な言語の規則を決定しなければならない。

問6 下線部ⓕに関連して，次の**ア**・**イ**は，他者との関わりやコミュニケーションに関して考えた思想家についての説明であるが，それぞれ誰のことか。その組合せとして正しいものを，下の①～⑥のうちから一つ選べ。 6

ア 様々な立場にある具体的な他者との関わり合いの中で，次第に「一般化された他者」の視点を身に付け内面化していくことを通じて，人間の社会的自我が形成されると考えた。

イ 「コミュニケーション的理性(対話的理性)」に基づいて，論拠を示しながら意見を述べ合い，互いに合意を形成していく自由な討議によって，多様な価値観が共存し得る社会が形成されると考えた。

① **ア** G・H・ミード　**イ** ソシュール
② **ア** G・H・ミード　**イ** ハーバーマス
③ **ア** ソシュール　**イ** G・H・ミード
④ **ア** ソシュール　**イ** ハーバーマス
⑤ **ア** ハーバーマス　**イ** G・H・ミード
⑥ **ア** ハーバーマス　**イ** ソシュール

問7 下線部ⓖに関連して，欲求不満を解消するための適応についての説明として最も適当なものを，次の①～④のうちから一つ選べ。 7

① 失敗した試験の結果を分析した上で次回に向けて努力する場合のように，

目標達成に向けて筋道を立てて行動することを合理的解決という。
② テストの点数が悪かったことを先生の教え方のせいにする場合のように，自分の行動を正当化しようとすることを退行という。
③ 友人とけんかした後でマンガを読むことに没頭する場合のように，空想の世界などに逃げ込んで不安を解消することを昇華という。
④ 失恋した作家が創作活動に集中する場合のように，欲求や感情を社会的に価値があると認められる活動に向け変えることを投射という。

問8 下線部ⓗに関連して，共同体主義(コミュニタリアニズム)の思想を踏まえた上で，現代の思想家チャールズ・テイラーの次の文章を読み，その内容の説明として最も適当なものを，下の①～④のうちから一つ選べ。 8

> 言語は，それを共に話す人々の間にのみ存在し，そこでのみ維持される。そしてこのことは，自我というものについての，ある重要な特徴を指し示している。……自分が何者なのかは，言葉を発する自分の立ち位置から明らかとなる。例えば，家族関係，社会的な空間，社会的地位や役割の位置関係，愛する人たちとの親密な関係における，自分の立ち位置である。中でも特に重要なのは，自分の道徳や精神のあり方が方向付けられるような空間であり，そこにおいてこそ，自分が何者であるのかを規定する最も重要な諸関係が立ち現れてくるのである。……この意味において，人は自分一人では自我であることはできない。人は，特定の対話者たちとの関係においてのみ，自我たり得るのである。
>
> (『自我の源泉』より)

① 自分が何者かは，同じ言語を話す人々との対話を通じて明らかになる，とテイラーは考えている。これは，公正としての正義という普遍的原理に基づいて社会のルールを決めるべきだと考える共同体主義に反する。
② 人の精神のあり方は，共同体における個人の立ち位置とは無関係に決定される，とテイラーは考えている。これは，自分が属する共同体の伝統や文化が個人のアイデンティティを作っていくと考える共同体主義に反する。
③ 言語は，それを共に話す人々の間に存在し，そうした人々との関係の中で自我が成り立つ，とテイラーは考えている。これは，個人は社会から独立した自由な存在であるという考えを批判する共同体主義に通じる。
④ 自我は，同じ言語を話す共同体の人々との自由な対話により作られる，とテイラーは考えている。これは，個人の自由を最大限に尊重し，国家の強制的な課税による福祉政策を批判する共同体主義に通じる。

問９ 下線部ⓘに関して，次の**図**と文章は，倫理の先生がある町で見掛けた看板のイラストと，それをめぐって先生とＲとＷとが交わした会話である。35ページの会話も踏まえて，文章中の［ａ］～［ｄ］に入る記述を次ページの**ア**～**エ**から選び，その組合せとして最も適当なものを，①～④のうちから一つ選べ。［９］

図 ある町で見掛けた看板

先生：この看板を見てください。３種類の表記があります。日本語，ブラジル人の母語であるポルトガル語，そして，そのポルトガル語の発音をカタカナにしたものです。

Ｒ：ポルトガル語の発音がカタカナで書いてあるのって，不思議ですね。

先生：この町で暮らすブラジル人家庭の子供にも配慮したものですよ。家では親とポルトガル語で話しているけど，その読み書きを十分に学ぶ機会がない子供もいます。その中にはポルトガル語の文章を十分に読めない子供もいますが，その子たちも日本の学校に通ってカタカナを学んでいるので，カタカナの部分を読むと，何が書いてあるのか分かるのです。

Ｗ：うーん，なるほど…。私は，［ａ］と思いました。

Ｒ：確かに。私は，［ｂ］と思いました。

Ｗ：私は，［ｃ］ということが分かりました。

Ｒ：私も勉強になりました。私は，［ｄ］ということが分かりました。

Ｗ：この看板のような工夫が，様々な人々の共存につながるんですね。

ア　現代は人が国境を越えて移動する時代だと言ったけれど，母語が異なる人々が一緒に暮らしていくためには工夫が必要だ

イ　外国から来た人も，生活していくためには自分がいま暮らしているその国の言語を学ぶべきだと言ったけれど，そう単純な話ではない

ウ　みんなが英語を学べばよいと思っていたけれど，言語は共同体固有の価値観を反映しているものだから，それぞれの母語を尊重することも大事だ

エ　自分の母語である日本語を大切にすべきだと思っていたけれど，それだけでは異なる言語を話す人々の価値観を理解して共生することは難しい

① a－ア　b－イ　c－ウ　d－エ

② a－ア　b－イ　c－エ　d－ウ

③ a－イ　b－ア　c－ウ　d－エ

④ a－イ　b－ア　c－エ　d－ウ

3 「不公平」について

以下は，プロ野球選手の契約更改のニュースを一緒に見ている友人AとBの会話である。これを読み，次の問い(問1～7)に答えよ。

A：わあ，推定年俸6億円だって！　この選手，親も有名な元プロ野球選手だし，やっぱり ⓐ遺伝的素質や家庭環境に恵まれている方が，人生は有利だよね。

B：こういう高額所得者にはたくさん税金を納めてもらって，福祉や教育に関わる制度や政策を通じて，恵まれない人にも還元してもらわないとね。

A：私がこの選手なら，きっと ⓑ不満だろうな。自分の欲しいサービスを買うためにお金を出すのは分かるけど，ⓒ税金は他人のためにも使われるわけでしょ。それではまるで，他人のために不必要に働かされているようなものだよ。

B：君も言うように，家庭環境に恵まれている方が人生は有利だよね。その裏で，同じ素質があっても家が貧しいために ⓓ成功できない人がいるのは，不公平だよ。不公平な競争での勝利を自分の功績だと考えるのは，自惚(うぬぼ)れだよ。

A：でも，裕福な親が自分のお金で子どもの素質を伸ばしてやるのは，何も悪いことじゃないでしょう？ ⓔ女性差別のように，いわれなく誰かを不利に扱うのは明らかに悪いことだし，そうした不公平は国が是正すべきだけど。

B：確かに親は悪くない。それでも，家庭環境の違いのせいで人生に有利・不利が発生するのは，不公平だよ。本人には何の落ち度も責任もないのだし。

A：不運な人は気の毒だとは思うよ。でも，人生に運・不運はつきものだし，何より誰も悪いことはしてないよね。それが不公平だとはとうてい思えないし，国がお金持ちから多額の税金を搾り取る理由にはならないよ。

B：不公平だよ。それに，国が支援しなければ不運な人は救われないでしょう？

A：いや，不運な人の救済は，お金持ちが自分のお金で慈善団体をつくって自主的にやるべきだよ。今は ⓕボランティア活動も盛んだし，うまくいくよ。

B：本当にそれが望ましい社会だと思うの？　不運な人が富裕層の施しを受けなければ活躍できない不平等な社会よりも，国の制度で平等な機会が保障される社会の方が，より公平で連帯感の強い社会になると思うんだけどな。

問1　下線部ⓐに関して，遺伝子の応用技術をめぐる問題についての記述として**適当でないもの**を，次の①～④のうちから一つ選べ。［1］

① 遺伝子組み換え技術は，植物などの遺伝子を操作することにより，除草剤や害虫に強い作物を作り出すという利点がある反面，生態系のバランスを崩す危険性がある。

② 着床前診断は，受精卵の遺伝子を調べることにより，子どもの重篤な遺伝性疾患の有無や発症の確率を事前に予測できるという利点がある反面，優生思想につながる危険性がある。

③ 遺伝子は，命の設計図とも言われるように，個人のパーソナリティを決定する。クローン人間の作成は，ある個人と完全に同じ性格の個人をもう一人作り出すことで，かけがえのない個人の尊厳を損なう危険性がある。

④ 遺伝情報は，究極のプライバシーとも言われるように，慎重な取扱いを必要とする。遺伝子診断は，個人の将来の病気のかかりやすさが予測されることで，就職や保険加入や結婚の場面での差別を生み出す危険性がある。

問2　下線部ⓑに関連して，欲求不満に対する反応についての記述として最も適当なものを，次の①～④のうちから一つ選べ。［2］

① 欲求が満たされないことに対して，代わりのものを欲求の対象に置き換え，それを満たすことで欲求不満の解消を試みることを，回避という。

② 欲求が満たされないことに対して，もっともらしい理由や理屈をつけて，欲求が満たされないこと自体を正当化することを，投射という。

③ 欲求が満たされないことに対して，欲求自体を抑え込み，不快な記憶を残したり，自責の念に駆られたりしないようにすることを，逃避という。

④ 欲求が満たされないことに対して，他人に八つ当たりするなど，短絡的・衝動的に欲求不満を解消させようとすることを，近道反応という。

問３　下線部ⓒに関連して，ここに示されているような税金についての見方を批判する，法学者リーアム・マーフィーと哲学者トマス・ネーゲルによる次の文章を読み，ここから読み取れる内容として最も適当なものを，次の①～④のうちから一つ選べ。 3

私たち各々が最初から「もって」おり，政府が私たちから公平に取り上げなければならないような，課税前所得なるものがあるわけではない。……租税システムは，あらかじめ適法であると見込まれた財産保有の分配・分布状態への侵入ではない。むしろ，それは，一連の財産保有が創出されるための条件の一部なのであり，またその財産保有の適法性は，租税も含めたシステム全体の公正さを検討することでしか，評価され得ない。そうしたシステムを背景とする限り，労働，投資，贈与といった通常の方法で実現される所得に対して，人々が適法的な権利を有していることは間違いない。しかし，租税システムは，その背景の本質的な部分――雇用契約やその他の経済上の取引から何を期待してよいかを決める――を構成しており，後から割り込んでくるものではない。

（『税と正義』より）

① 「ある人の課税前所得は当人の保有物であり，それを政府が課税によって奪い取っている」という見方は幻想である。元来，課税前所得のすべては政府のものであり，個人が所有権を主張できるものではない。

② ある人が何に対して適法な所有権をもつかは，税制を含めた背景的なシステムを通じて決められるべき事柄である。そのため，課税前所得のすべてがあたかも自分のものであるかのように仮定することはできない。

③ 「ある人の課税前所得は当人の保有物であり，それを政府が課税によって奪い取っている」という見方は幻想である。労働や投資の結果として生み出される所得は，すべての国民に対して均等に分配されなければならない。

④ ある人が何に対して適法な所有権をもつかは，税制を含めた背景的なシステムを通じて決められるべき事柄である。しかし，どのような租税システムが公正であるかは，市場での経済上の取引の結果によってしか決まらない。

問4　下線部ⓓに関して，次の二つの**図**は，13歳から29歳までの男女を対象として，「社会に出て成功するのに最も重要な要因」と，「昇給や昇進を決めるのに最も望ましい方法」について調査した結果である。これらの**図**から読み取れることとして最も適当なものを，下の①～④のうちから一つ選べ。

| 4 |

図1　社会に出て成功するのに最も重要な要因

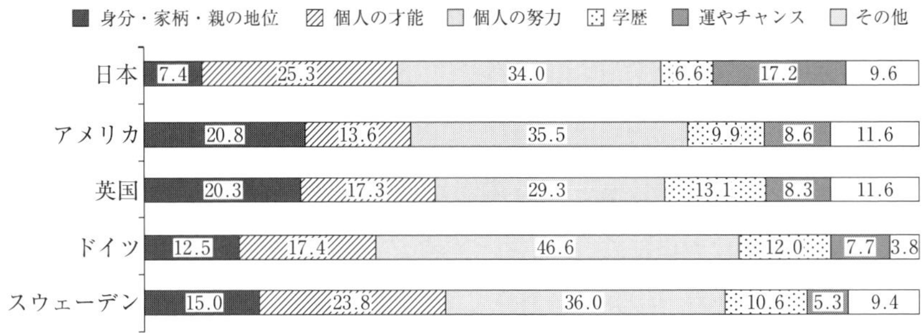

図2　昇給や昇進を決めるのに最も望ましい方法

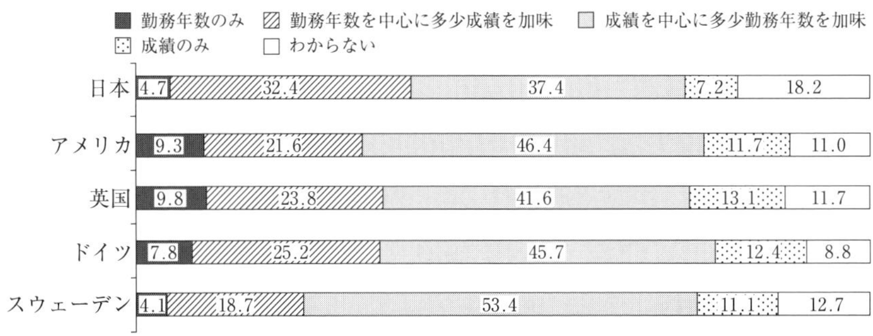

(注)　**図1**・**図2**の数値は%を表す(国ごとに総和は100であるが，小数点以下第2位で四捨五入しているために，総和が100とならない項目もある)。
(資料)　内閣府『我が国と諸外国の若者の意識に関する調査』(平成25年度)より作成。

①　成功要因のうち，「身分・家柄・親の地位」と「個人の才能」は，個人の努力では容易に変更し難い要因である。いずれの国においても，これら2要因の割合の合計は，「個人の努力」の割合よりも小さい。よって，本調査対象者については，いずれの国においても個人の努力が最も重要な成功要因と考える傾向が高いと言える。

②　成功要因として「学歴」が最も重要と回答された割合は，多くても

13.1％である。いずれの国においても，「その他」の項目を除いて，5項目のなかで下から1番目か2番目に低い割合である。よって，本調査対象者については，学歴が社会での成功を決定づけると考える者の割合は，相対的に低いと言える。

③ 昇給・昇進の方法について，成績を重視する2項目の割合を合計した値が最も大きい国はスウェーデンであり，次いでアメリカとドイツが並ぶ。これらの3か国は，成功要因として「個人の努力」を挙げる割合も上位であることから，努力の度合いが昇給・昇進に直結すべきだと考える傾向が高いと言える。

④ 昇給・昇進の方法について，日本は，成績を重視する2項目の割合を合計した値が，5か国のなかで最も低い。逆に，勤務年数を重視する2項目の割合を合計した値が，5か国のなかで最も高い。よって，日本では昇給・昇進について成績を重視すべきだと考える割合が，勤務年数を重視すべきだと考える割合よりも低いと言える。

問5　下線部ⓔに関して，いわれのない差別への対策の一つに，アファーマティブ・アクションと呼ばれる措置がある。アファーマティブ・アクションについての記述として最も適当なものを，次の①～④のうちから一つ選べ。
5

① 人種やジェンダーの差異の積極的な承認に向けて集団的権利を保障する措置である。

② 人種的マイノリティや女性に対して就職や結婚の機会を保障するための措置である。

③ 社会における人種やジェンダー等の構造的差別の解消に向けて実施される，暫定的な措置である。

④ 社会における根絶不可能な構造的差別を不断に是正するために実施される，恒久的な措置である。

問6　下線部ⓕに関して，ボランティア活動についての記述として最も適当なものを，次の①～④のうちから一つ選べ。 6

① 地域社会でのボランティア活動が高まった結果として，近年では，高齢者介護や子育て支援のための公的な福祉制度・サービスを充実する必要性は，徐々に減少しつつある。

② 東日本大震災の発生直後，大勢の人々が被災地へと駆けつけ，被災者への支援を提供した結果，東日本大震災が発生した2011年は，ボランティア元年と呼ばれつつある。

③ インドで孤児や病人に対する救済活動に生涯を捧(ささ)げたレイチェル・カーソンの実践は，キリスト教に基づく人間愛や社会的弱者への共感を背景としており，ボランティアの精神と通じるところがある。

④ ボランティアは，意志や好意などを意味するラテン語を語源としており，自発性(自主性)，社会性(福祉性)，および，対価としての報酬を求めないことが，顕著な特徴として指摘されている。

問7　次の**ア**～**ウ**は，本文の内容についての記述である。その正誤の組合せとして正しいものを，下の①～⑧のうちから一つ選べ。 7

ア　Aは，家庭環境に恵まれずに不利な人生を送る人がいるのは不公平であり，民間の慈善事業を通じて救済されるべきだと考えている。Bは，家庭環境に恵まれずに不利な人生を送ることは親の責任なので不公平であり，国がその責任を肩代わりして不公平を是正することが必要だと考えている。

イ　Aは，家庭環境に恵まれずに不利な人生を送る人に対しては同情の余地があるかもしれないが，国が税金を用いて是正すべき不公平ではないと考えている。Bは，家庭環境に恵まれずに不利な人生を送ることは本人の責任ではないので不公平であり，国による課税を通じた是正が必要だと考えている。

ウ　Aは，家庭環境の差によって人生に有利・不利が生じることは不公平ではなく，恵まれない人の救済は民間の慈善事業を通じて行うべきだと考えている。Bは，そうした人生の有利・不利は，たとえ誰一人悪いことをした結果でなくとも不公平であり，国がそれを是正する必要があると考えている。

① **ア** 正　**イ** 正　**ウ** 正
② **ア** 正　**イ** 正　**ウ** 誤
③ **ア** 正　**イ** 誤　**ウ** 正
④ **ア** 正　**イ** 誤　**ウ** 誤
⑤ **ア** 誤　**イ** 正　**ウ** 正
⑥ **ア** 誤　**イ** 正　**ウ** 誤
⑦ **ア** 誤　**イ** 誤　**ウ** 正
⑧ **ア** 誤　**イ** 誤　**ウ** 誤

4　テクノロジーと芸術作品

以下は，大学生AとBの会話である。これを読み，次の問い(問1～7)に答えよ。

A：最近話題の映画を観(み)に行ったけれど，命の尊さっていうテーマはいいのに，中身はいろんな名作を継ぎ接(は)ぎしただけで，がっかりしたなあ。

B：継ぎ接ぎ自体は悪くないと思うよ。何をどこから選んでくるのか，それをどうアレンジするのか，そのアイディア自体はオリジナルなんだから。

A：それでも，他人のアイディアに頼っていることには変わりないよ。できあいのアイディアに頼らずに，自力で頑張った人間だけが，しっかりした ⓐ<u>自己を確立する</u>ことができる。そういう人が ⓑ<u>芸術家</u>になれるんだと思うな。

B：個人の力を過信しているなあ。使えるものは何でも使うべきだよ。例えば，映像でもサウンドでも，テクノロジーの力を借りれば，表現の幅も拡(ひろ)がるしね。

A：規格化されたテクノロジーに頼っていたら，型にはまった発想にしかならないよ。その現実から ⓒ<u>逃避</u>していたら，真の芸術なんて生まれないよ。

B：真の芸術かどうかなんて，どうでもいいよ。いい作品だったら ⓓ<u>インターネット</u>なんかでも評判が拡がっていくだろうし，それで十分じゃないのかな。

A：ネットでは独り言をつぶやくか，仲間内で馴(な)れ合っているだけでしょ。自分と考えの違う人たちとも，意見をやりとりすることが大事だと思うな。

B：だからこそネットをもっと使うべきじゃないの？　ネット上なら世界中の人と意見を言い合えるんだから，とっても民主的で，いいと思うけれどね。

A：いや，ネットで流れている評判は，そう簡単には信じられないなあ。実際，個性のない作品であっても，結構たくさんの人たちに受けたりするわけだから。

B：同じ ⓔ<u>世代</u>なのに頭が堅いね。受け手を大衆と見下すべきじゃないよ。作品に意味を与えるのは受け手だし，受け手の役割は思った以上に大きいよ。

A：たいていの人は， ⓕ<u>メディアから情報を受け取って消費している</u>だけだよ。

B：消費しているだけでも目は肥えていくし，優れた作品に刺激されて自分が作り手になることもある。そういう可能性をもっと考えてもいいと思うな。

問１　下線部ⓐに関連して，次の**ア**～**ウ**は，自己の確立について考察した人物の説明である。その正誤の組合せとして正しいものを，下の①～⑧のうちから一つ選べ。［ 1 ］

ア　小此木啓吾は，一人前の人間として自立することを回避して大人になろうとしない青年期の人間を，「モラトリアム人間」と呼んだ。
イ　アリエスは，自立を図ろうとするあまり自己主張が強くなって大人と軋轢を起こすような青年期の人間を，「小さな大人」と呼んだ。
ウ　アドラーは，子どもと大人の集団の境目に位置していて心理的に不安定になりがちな青年期の人間を，「マージナル・マン」と呼んだ。

①	ア	正	イ	正	ウ	正
②	ア	正	イ	正	ウ	誤
③	ア	正	イ	誤	ウ	正
④	ア	正	イ	誤	ウ	誤
⑤	ア	誤	イ	正	ウ	正
⑥	ア	誤	イ	正	ウ	誤
⑦	ア	誤	イ	誤	ウ	正
⑧	ア	誤	イ	誤	ウ	誤

問2　下線部ⓑに関連して，次の**ア**～**ウ**は，美術の分野で活躍した芸術家の作品と思想についての説明であるが，それぞれ誰のものか。その組合せとして正しいものを，下の①～⑧のうちから一つ選べ。 2

ア　代表作「春」,「ヴィーナスの誕生」などで，躍動する生命と自由に生きる人間の美を生き生きと描き出し，人文主義の精神を体現した。

イ　坐禅で得た寂静の境地を表現したとされる山水図などの作品で，墨の濃淡だけで枯淡や幽玄の美を描き，水墨画を日本において大成した。

ウ　ナチス・ドイツによる一般市民への無差別爆撃を描いた壁画「ゲルニカ」を発表し，人類の引き起こす戦争の悲惨さや残虐さを告発した。

①	**ア**	セザンヌ	**イ**	尾形光琳	**ウ**	ゴーギャン
②	**ア**	セザンヌ	**イ**	尾形光琳	**ウ**	ピカソ
③	**ア**	セザンヌ	**イ**	雪　舟	**ウ**	ゴーギャン
④	**ア**	セザンヌ	**イ**	雪　舟	**ウ**	ピカソ
⑤	**ア**	ボッティチェリ	**イ**	尾形光琳	**ウ**	ゴーギャン
⑥	**ア**	ボッティチェリ	**イ**	尾形光琳	**ウ**	ピカソ
⑦	**ア**	ボッティチェリ	**イ**	雪　舟	**ウ**	ゴーギャン
⑧	**ア**	ボッティチェリ	**イ**	雪　舟	**ウ**	ピカソ

問3　下線部ⓒに関連して，防衛機制としての逃避に当てはまる事例として最も適当なものを，次の①～④のうちから一つ選べ。 3

①　本当は好意をもっているクラスメートに，わざと意地悪なことを言ったり，無関心を装って冷たい態度を取ったりする。

②　溺愛していた一人息子が海外留学に出かけてしまって寂しくなった夫婦が，代わりに小犬を飼うことで心の隙間を埋めようとする。

③　自分がいつまでもレギュラー選手になれないのは，自分のせいではなく，選手の実力を把握できていない監督のせいだと考える。

④　部活動が苦痛になってきた生徒が，普段は何ともないのに部活動の時間が近づくと体調を崩し，このところ部活動を休んでいる。

問4 下線部ⓓに関して，次の**図**は，平成25年の1年間にインターネットを利用した成人について，世代別利用目的・用途をまとめたものである。**図**から読み取れることとして最も適当なものを，下の①～④のうちから一つ選べ。 **4**

図 インターネットの世代別利用目的・用途

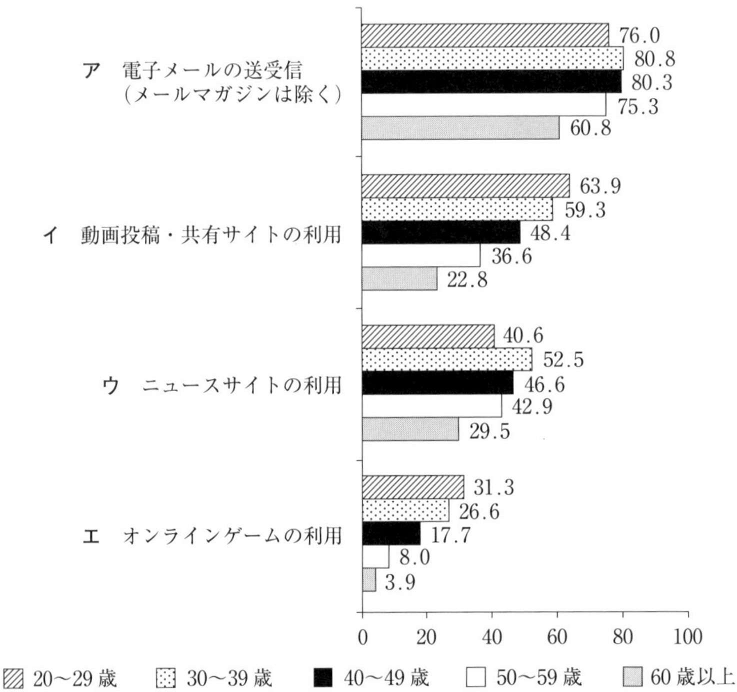

(注) 数値は，当てはまると回答された場合(%)。複数回答可能。
(資料) 総務省「平成25年通信利用動向調査」より作成。

① 当てはまると回答された割合を表す数値は，すべての世代で，項目**エ**が最も低く，2番目に低いのが項目**ウ**，3番目が項目**イ**であり，項目**ア**が最も高い。このことから，いずれの世代でも，遊び・娯楽以外でインターネットを利用する傾向が強いと言える。

② 当てはまると回答された割合が最も高い項目**ア**と最も低い項目**エ**の間の数値の差は，20～29歳，30～39歳，40～49歳，50～59歳，60歳以上の順に大きくなっていく。このことから，世代が高くなるにつれて，インターネットの利用目的・用途が特定の項目に集中していくと言える。

③ 40～49歳，50～59歳，60歳以上のいずれの世代でも，項目**ア**を除き，

他の３項目の数値が50％未満である。このことから，これら三つの目的・用途での利用者の割合が少ない40歳以上の各世代でも，インターネット利用者の半数以上が電子メールを利用していると言える。

④　30～39歳，40～49歳，50～59歳，60歳以上の世代では，項目**イ**の数値と項目**ウ**の数値が，いずれも項目**エ**の数値の２倍以上となっている。このことから，30歳以上の各世代では，インターネット利用者の間で，芸術や社会の動向に注目する傾向が強いと言える。

問５　下線部ⓔに関連して，現在世代と将来世代とのあるべき関係をめぐる考え方についての説明として最も適当なものを，次の①～④のうちから一つ選べ。
5

①　持続可能な開発(発展)という理念によれば，現在世代の人々は自分たちの欲求の充足をできるだけ抑制し，将来にわたって高い経済成長率が確実に維持されるよう努めなければならない。

②　持続可能な開発(発展)という理念によれば，将来世代の人々の享受すべき利益を損なうことなく，しかも現在世代の人々の欲求をも充足させるような開発が目指されなければならない。

③　世代間倫理という考え方によれば，現在世代の活動とまだ生まれていない将来世代の活動とは互いに密接に絡み合っているので，両世代の人々は相互に責任や義務を負わなければならない。

④　世代間倫理という考え方によれば，現在世代はまだ生まれていない将来世代に対して責任を負う必要はなく，自分の世代の問題については同世代の人々の間で責任を分担しなければならない。

問6　下線部ⓕに関連して，情報社会や消費社会をめぐる問題についての説明として最も適当なものを，次の①～④のうちから一つ選べ。［ 6 ］

① ボードリヤールによれば，消費社会のなかで人々は，メディアから提供される情報を手がかりにしながら，もっぱら有用性の観点から商品を購入し，ただ大量に消費することそれ自体を目的としている。

② リップマンによれば，人々はメディアの情報から一定のイメージを思い浮かべ，それに従って現実を理解しているので，メディアによって情報が意図的に操作されると，世論が操作される危険がある。

③ ブーアスティンによれば，現代のメディアが提供しているのは，物語としての迫真性をそなえた「本当らしい」出来事にすぎず，視聴者の側はメディアから流される情報に関心をもたなくなっている。

④ マクルーハンによれば，近代社会では活字メディアが支配的だったが，20世紀に入って映画やテレビのようなメディアがそれに取って代わった結果，人間の感覚や想像力は貧困なものになっている。

問7　本文の内容に合致する記述として最も適当なものを，次の①～④のうちから一つ選べ。［ 7 ］

① Aは，テクノロジーの力を借りて優れた芸術作品を生み出すことは難しいと考える。また，Aによれば，芸術作品の優劣を左右するのはもっぱら作り手であり，多くの受け手は作品を消費する存在にすぎず，そうした受け手の受動的な心性を助長するメディアは過信すべきではない。

② Aによれば，他者の手を借りずに自らの力でオリジナルな発想を獲得することこそが，優れた芸術作品の必要条件となる。それゆえ，Aは，個々人が自己の内面を見つめ，それを作品へと結実させることが肝心だと考え，他者と意見を交換し合うことには積極的な意義を認めない。

③ Bは，テクノロジーのもたらす新たな表現を肯定し，そこに優れた芸術作品が生まれる可能性を見いだす。また，Bによれば，インターネットなどのメディアに流れる意見のなかには優れた意見もあり，そうした少数意見の持ち主こそが芸術の能動的な担い手になることができる。

④ Bによれば，たとえ他者の発想を借りたとしてもオリジナルな芸術作品を生み出すことは可能であり，むしろ他者の力を借りることで芸術の可能性は拡がっていく。また，Bは，ある作品が真の芸術と言えるかどうかについては，多くの人々の意見を集約することで判定できると考える。

第　2　章

東西の源流思想

step 1

第1節 ギリシア哲学

1－1 自然哲学とソフィスト

問1 次のア～ウは，万物の変化について考えた古代ギリシアの自然哲学者たちの説明であるが，それぞれ誰のものか。その組合せとして正しいものを，下の①～⑧のうちから一つ選べ。 1

ア 生成変化し流動する万物には，根源(アルケー)があり，生命の源となる水がその根源であると考えた。

イ 万物はそれ以上に分割することのできない原子(アトム)から成り，原子は空虚のなかを運動すると考えた。

ウ 火・空気・水・土という四つの元素が愛・憎によって結合・分離することで，万物は変転すると考えた。

①	ア ヘラクレイトス	イ デモクリトス	ウ エンペドクレス
②	ア ヘラクレイトス	イ デモクリトス	ウ アナクシマンドロス
③	ア ヘラクレイトス	イ ピュタゴラス	ウ エンペドクレス
④	ア ヘラクレイトス	イ ピュタゴラス	ウ アナクシマンドロス
⑤	ア タレス	イ デモクリトス	ウ エンペドクレス
⑥	ア タレス	イ デモクリトス	ウ アナクシマンドロス
⑦	ア タレス	イ ピュタゴラス	ウ エンペドクレス
⑧	ア タレス	イ ピュタゴラス	ウ アナクシマンドロス

問2 ソフィストに関する記述として**適当でないもの**を，次の①～④のうちから一つ選べ。 2

① 謝礼金をとる職業的教師として，青年たちに弁論術や一般教養を教えた。
② 社会制度や法律の由来をノモスとピュシスの対比によって説明した。
③ 相手との論争に打ち勝つことを目的とし，詭弁を用いるようになった。
④ 原子が虚空の中を運動し結合することで万物が形成されると考えた。

問 3 ソフィストの一人であるプロタゴラスに関する記述として最も適当なものを，次の①～④のうちから一つ選べ。 3

① ロゴスを重視し，世界理性に従って，怒りや肉体的欲望などの情念を抑制する禁欲主義の立場にたって生きることを理想とした。

② 民主政治が堕落しつつあるアテネにおいて，自らの無知を自覚すること，すなわち，いわゆる「無知の知」を哲学の出発点とした。

③ あらゆる物事の判断基準は，判断する人間それぞれにあるとし，各人の判断以外に客観的真理が存在することを否定した。

④ 万物の根本原理を「調和」の象徴としての「数」に求め，宗教と学術が一体となった教団を組織したが，当時の為政者に弾圧された。

1－2 ソクラテス，プラトン，アリストテレス

問 1 対話相手に自らの無知を自覚させるためにソクラテスが用いた方法の説明として最も適当なものを，次の①～④のうちから一つ選べ。 4

① 相手との問答を通して，相手の考えの矛盾を明らかにするという方法

② 神託に謙虚に従い，魂がそなえるべき徳に関する知へ誘(いざな)うという方法

③ 善に関する真理を教授し，知を愛することを手助けするという方法

④ 魂を主題とする問答を通して，互いの優れた考えを学び合うという方法

問 2 次の**資料**は，授業で先生が示したものである。高校生Aと先生が交わした後の会話を読み，会話中の a ・ b に入る記述の組合せとして最も適当なものを，後の①～⑥のうちから一つ選べ。 5

> **資料** プラトン『プロタゴラス』におけるソクラテスの発言
>
> 知識とは立派なものであり，人間を支配する力を持つのであって，仮に人が善きことと悪(あ)しきことを知ったなら，他の何かに左右されて知識が命じる以外のことをなすなどということは決してない。……しかし，多くの人が主張するには，最善のことを知りながら，そうしようとせずに他のことをする人が沢山いるというのだ。

Ａ　：**資料**におけるソクラテスの主張は，［ａ］ということです。

先生：そして，授業でも紹介したように彼の弟子のプラトンは，行為を導く原理としての魂を，［ｂ］からなるとしました。例えば，なすべき行為をなさなかったといった過ちは，魂の部分間の調和が取れていないこととして説明することができます。

① ａ　多くの人は，知識が行為に及ぼす力を過信している
　ｂ　理性・気概・欲望
② ａ　善いことを本当に知っているならば，人は善い行為をとる
　ｂ　理性・信仰・欲望
③ ａ　最善のことを知りながら，それを行わないという事態があり得る
　ｂ　理性・気概・欲望
④ ａ　知というものは，本来その所有者の行為を必然的に決定する力を持つ
　ｂ　理性・信仰・欲望
⑤ ａ　最善のことを知りながら，それを行わないという事態はあり得ない
　ｂ　理性・気概・欲望
⑥ ａ　知識以外の何らかの力が，知識よりもその人の行為を決定する
　ｂ　理性・信仰・欲望

問３　欲望に関するアリストテレスの考え方の説明として最も適当なものを，次の①～④のうちから一つ選べ。［６］

① 欲望を理性に従わせるためには，理性がそう命じるだけでは不十分であり，実際に欲望を抑制できるような性格の形成が必要である。
② 魂の理性的部分がイデアを観想してさえいれば，そのような魂は自らの欲望的部分を制御することができる。
③ 魂の平安のために，空腹を満たすことなどへの自然で必要な欲望だけをもち，贅沢（ぜいたく）や権力などへの空（むな）しい欲望は捨てるべきである。
④ 中庸の態度を保ちつつ生きるためには，禁欲的な生活を通じて欲望を排除し，魂を浄化することが必要である。

1－3 ヘレニズム期の思想

問1 高校生AとBが次の会話Ⅰを交わした翌日，Bは後の**資料**を見付け，Aに見せた。これをもとにした後の会話Ⅱを読み，会話中の［ a ］・［ b ］に入る記述の組合せとして最も適当なものを，後の①～④のうちから一つ選べ。［ 7 ］

会話Ⅰ

Ａ：浮かない顔をしているね。

Ｂ：うーん。実は，友達とあることについて話していたら，言い争いになったんだよね。向こうは「自分の考えの方が正しい，真理なんだ」って言い張っていて，嫌になっちゃったよ。

Ａ：それでどうしたの？

Ｂ：ただ黙ってやり過ごしたよ。議論にも礼儀やマナーが必要だし，あれだけ強く言われると，相手にするのが面倒くさくなっちゃった。

Ａ：それはダメでしょ。とにかく，異なった見方や考えを持った相手に対しては，議論に勝って，自分の正しさを示さないと。

Ｂ：そうかな？　黙って受け流した方がいいと思うけど…。その方が相手を傷つけることもなくて人間の生き方としてふさわしいと思うし，こっちも不快な思いをしなくて済むしね。

資料

もし誰かが私の理解と行いが正しくないと批判し，そのことを示してくれるならば，ありがたく過ちを正そう。なぜなら，私は真理を求めているのであり，誰も真理によって害されたことはないのだから。対して，自己への欺きと無知にとどまる者こそ，害を被っているのである。

（マルクス・アウレリウス『自省録』より）

会話Ⅱ

Ｂ：この**資料**によると，私は自分が面倒なことを背負い込んだり，不快な思いをしたりするのが怖くて，議論を避けたわけだから，［ａ］ってことになるね。

Ａ：なるほど。確か，ローマ皇帝のマルクス・アウレリウスって，ストア派の哲学者でもあったんだよね。ストア派って，［ｂ］って考えたって授業で習ったよね。

Ｂ：そうした思想が，この**資料**の背景にあるのかもしれないね。

①　a　真理を見ようとせず，無知による害を受けかねない
　　b　喜怒哀楽の情念に惑わされない人間が賢者である
②　a　真理を見ようとせず，無知による害を受けかねない
　　b　人間は情念をありのままに受け入れて，惑わされないようにすべき
③　a　無益な議論を避けることで，自分にとっての真理に対して誠実だった
　　b　理性を持つ人間は，自然の理法に平等にあずかることができる
④　a　無益な議論を避けることで，自分にとっての真理に対して誠実だった
　　b　人間は理性によって情念を従わせ，幸福になることができる

問2 理性に従った生き方を主張したストア派について述べた次の文章を読み，文章中の［ a ］・［ b ］に入れる語句の組合せとして正しいものを，下の①～⑨のうちから一つ選べ。［ 8 ］

紀元前3世紀に［ a ］によって創始されたストア派は，宇宙は万物の根源が自らの理法に従って自己展開したものであるから，宇宙の一部である人間も，理性に従うことで理法と一致した生き方をすべきであると主張した。また，彼らはそのような考え方に基づき，社会のあり方についても言及し，［ b ］を唱えた。

① a セネカ　b 世界市民主義
② a セネカ　b 社会有機体説
③ a セネカ　b 配分的正義
④ a キケロ　b 世界市民主義
⑤ a キケロ　b 社会有機体説
⑥ a キケロ　b 配分的正義
⑦ a ゼノン　b 世界市民主義
⑧ a ゼノン　b 社会有機体説
⑨ a ゼノン　b 配分的正義

問3 エピクロスの倫理思想の記述として最も適当なものを，次の①～④のうちから一つ選べ。［ 9 ］

① 美のほとんどが便宜・効用という観念から生まれるのだから，快楽や苦痛は，美や醜の観念に必然的に伴うだけでなく，美や醜の本質をなす。
② いかなる快楽をも貪(むさぼ)る人は放埒(ほうらつ)だし，あらゆる快楽を遠ざける人は逆に無感覚な人になる。私たちは，双方の中庸である節制を目指すべきである。
③ 快楽や苦痛は，その強さ，持続性，確実性，遠近性などと，それが及ぶ人々の数を考慮に入れることによって，その総計を計算することができる。
④ 私たちが人生の目的とすべき快楽は，放蕩(ほうとう)者の快楽でも性的な享楽でもなく，身体に苦痛のないことと，魂に動揺のないことにほかならない。

第2節　仏教の成立と展開

2－1　古代インドの思想

問1　次の**資料**は，授業で先生が示したものである。高校生Aと先生が交わした後の会話を読み，会話中の［a］・［b］に入る記述の組合せとして最も適当なものを，後の①～④のうちから一つ選べ。［10］

> **資料**　『ダンマパダ』より
> 物事は，心を先とし，心を主人とし，心によって作り出される。もし汚(けが)れた心で話したり行動したりするならば，苦はその人に付き従う。車を牽(ひ)くものの足跡に車輪がついて行くように。……もし清らかな心で話したり行動したりするならば，安楽はその人に付き従う。影が身体から離れないように。

先生：これは，行為とそれに伴う事柄について説明した仏教の**資料**です。

A　：この**資料**に基づいて考えると，［a］になりそうですね。でも，心を清らかにしていくためにはどのようにしたらよいのでしょうか？

先生：例えば，授業で紹介したように仏教では［b］が勧められています。

① a　例えば，嘘(うそ)をつくという行為を生み出す，嘘をつこうと思う汚れた心が問題の根源であるということ
　b　苦楽の両極端に偏らない生活を実践すること

② a　例えば，嘘をつくという行為によって，心が汚されるという問題が引き起こされること
　b　中庸を心掛けた正しい生活を実践すること

③ a　例えば，人を助けようという清らかな心をもって人を助けると，自分に幸福が付いて回ること
　b　苦しみから離れ，快楽を追求する生活を実践すること

④ a　例えば，人を見捨てようという汚れた心をもって困っている人を見捨てると，自分に苦しみが付いて回ること
　b　快楽から離れ，苦しみに耐える生活を実践すること

問2　インドの諸思想における苦行についての説明として**適当でないもの**を，次の①～④のうちから一つ選べ。 11

①　ウパニシャッド哲学では，アートマンとブラフマンとが同一だと知る手段の一つとして，苦行が捉えられた。

②　原始仏教では，悟りを得る手段としての苦行を否定し，中道としての八正道を正しい修行法とした。

③　大乗仏教では，自らの悟りを第一に求める求道者（ぐどうしゃ）である菩薩が，苦行によって悟りに到達できるとした。

④　ジャイナ教では，輪廻から解脱するには厳しい苦行のほかに，不殺生などの戒めを守ることが求められた。

問3　古代インドでは世界を貫く真理について様々な仕方で考えられてきたが，その説明として正しいものを，次の①～④のうちから一つ選べ。 12

①　竜樹(ナーガールジュナ)は，存在するすべてのものには実体がないという思想を説いた。

②　ウパニシャッド哲学では，人間だけでなくすべての生あるものが成仏できる可能性をもつと説かれた。

③　世親(ヴァスバンドゥ)は，梵我一如の体得によって輪廻の苦しみから解脱することを説いた。

④　ジャイナ教では，世界のあらゆる物事は人間の心によって生み出された表象であると説かれた。

2－2　ブッダの思想

問1　ブッダの教えの説明として最も適当なものを，次の①～④のうちから一つ選べ。 13

①　煩悩に苦しむ他者を救済することができて，はじめて自らが煩悩から解放されることになる。そのため，他者への慈悲心に基づいて，布施，持戒，忍辱，精進，利他，智慧の六波羅蜜を実践すべきである。

②　煩悩に苦しむ衆生の有り様は，大河に流され必死に漂流物にしがみついている姿に譬（たと）えられる。この漂流物とは，絶えず変転する物質世界のなかで永続する自己を意味しており，その理解によって人は煩悩から解放される。

③　道諦は苦の滅却に至る道筋についての真理であり，具体的には八正道として示されている。この解脱に至る修行過程は，出家した修行者でさえ耐

え難いほどの苦行であるので，煩悩から解放される者は極めて少数である。

④ もろもろの煩悩は苦しみや悲しみを引き起こすが，その根本原因は，無常や無我に関する無知にある。それゆえ，この世を貫く理法を正しく悟ることによって，煩悩から解放されることになる。

問2 高校生Aは，『スッタニパータ』の一節である次の**資料**をBに示し，後の発言をした。Aの発言中の［ a ］・［ b ］に入る記述の組合せとして最も適当なものを，後の①～④のうちから一つ選べ。［ 14 ］

> **資料**
> ある者たちは……他の教えに善は無いと説く。自分が依拠する教えが善であることを説きながら，それぞれ別々の真理に固執している。……論争が修行者たちの間に起きると，勝利の驕(おご)りと敗北の落胆がある。人はこれを見て論争をやめるべきである。称賛の獲得以外に何にもならないからである。……称賛されると，……喜び，心高ぶる。心の高ぶりによって，彼が害されることになる。

A：**資料**を見てよ！ ブッダは，［ a ］って言ってるよ。倫理の授業でブッダは［ b ］って習ったよね。**資料**はそれと関係してるのかな。

① a 論争は称賛を得ること以外には何の役にも立たず，称賛は心の高ぶりを生み出すことで人を害するため，人は論争すべきではない
　b 自己への執着が苦しみの原因であると主張した

② a 論争の勝者には驕りが生じ，論争の敗者は失意に陥ることになるため，論争は勝者のためにも，敗者のためにもならない
　b 身体を苦しめる修行によって真の自己を見いだせると主張した

③ a 論争は自らが真理であると思う事柄を批判的に吟味するためには有益であるが，勝敗に一喜一憂することは避けなければならない
　b 自己への執着が苦しみの原因であると主張した

④ a 論争においては，自らが真理であると思う事柄を守るために，相手からの厳しい批判を受けるが，その苦しみに耐え続けなければならない
　b 身体を苦しめる修行によって真の自己を見いだせると主張した

問3　ゴータマ・ブッダが説いた教えとして最も適当なものを，次の①～④のうちから一つ選べ。 15

① 人間の肉体や精神を含めて，この世のものはすべて変化してとどまることがないという真理を悟り，自己やその所有物に対する欲望を捨て，平静な安らぎの境地に達するべきである。

② 人間の肉体を含めて，この世のものはすべて変化してとどまることがないという真理を悟り，この世のものに対する肉体的な欲望に囚（とら）われず，真の自己である不滅の霊魂のことを気遣うべきである。

③ 宇宙の根源にある永遠の原理と，真の自己である不変の原理とが究極的には一体であるという真理を悟り，個別的な自己やその所有物に対する欲望を捨て，輪廻の苦悩から解脱すべきである。

④ 輪廻は行為の結果に対する執着と欲望によるという真理を悟り，生まれついた身分に与えられた仕事にひたすら邁進（まいしん）することによって，輪廻の苦悩からの解脱を目指すべきである。

2－3 仏教の発展

問1　大乗仏教の「慈悲」に関する次の文章中の a ～ c に入る語句の組合せとして最も適当なものを，下の①～④のうちから一つ選べ。 16

「慈悲」とは，衆生に a を与える「慈」，衆生の b を取り除く「悲」から成る，生けるものすべてに向かった普遍的な心の在り方を表している。 c を目的とすると言われる上座部仏教に対して，大乗仏教では利他の心としてこの慈悲が強調される。そして，菩薩はこの慈悲の姿の理想であり，衆生の救済に努めるとされる。

① a 楽　b 苦　c 自他の解脱
② a 楽　b 苦　c 自己の悟り
③ a 福　b 厄　c 自他の解脱
④ a 福　b 厄　c 自己の悟り

問2 大乗仏教の特色として最も適当なものを，次の①～④のうちから一つ選べ。 17

① 瞑想(めいそう)を通して，自己の中に自己を超えた宇宙の原理ブラフマンを直観することを追求した。

② 輪廻から離れることを目指す者は出家して精進すべきだとして，出家者のみに悟りの可能性を認めた。

③ 汚れある物質が身体に入るのを防ぐため，断食などによって身体を浄化することを説いた。

④ 一切衆生悉有仏性という考え方に立ち，救済の可能性を広く認める修行論を説いた。

問3 恥じ入ることを「慚愧(ざんき)に堪えない」と言うが，後の**資料**は，上座部仏教の思想家が，「慚」と「愧」という恥に関わる概念について論じたものである。高校生XとYは，会話Ⅰを交わした後，この**資料**を読み，会話ⅠにおけるXの恥の感じ方について会話Ⅱを交わした。会話Ⅱ中の a ・ b に入る語句の組合せとして最も適当なものを，下の①～④のうちから一つ選べ。 18

会話Ⅰ

X：いやぁ，さっきの授業での発表，間違えてしまって，恥ずかしいなぁ。

Y：気にしなくていいんじゃない？　たとえ間違えたとしても，みんなの参考になるという意味では，クラスという共同体への貢献だし。周りの評判を心配して，恥ずかしがることではないでしょ。

X：うーん。周りの評判は関係なくて…。正直に言うと，準備を怠けていたことに気付いて，恥ずかしくなるんだよね。もっと頑張るべきだったって。

Y：なるほど。恥は，他人の目線がなくても，自分の足りないところに気付いたり，自分の理想的な生き方に反したときにも感じるんだね。恥は自分の外にも内にも原因を持ち得るってことか。

X：恥って，なんとなく嫌だなあって思ってたけど，調べてみると面白いかも。

資料

……慚は自己に由来し，愧は(他者という)外的な原因を持っている。慚は自分自身によって引き起こされ，愧は外的な世界によって引き起こされる。慚は慎みという人間の内的な本性に根ざし，愧は(他者への)恐れという本性に根ざしている。

(ブッダゴーサ『アッタサーリニー』より)

会話Ⅱ

Y：Xは，[a]恥ずかしくなったと言っていたね。

X：うん，そうなんだ。これは，**資料**の言葉を使えば，[b]が働いていたと言えるね。

Y：他人の目を恐れたのではなく，自分自身を謙虚に振り返ることで，恥を感じたんだね。立派だねえ。

X：いや，それほどでも。そうだ，せっかく恥についてここまで調べたんだから，レポートにまとめてみようっと。

① a 失敗した発表についての周りの評判が悪かったので b 慚
② a 失敗した発表についての周りの評判が悪かったので b 愧
③ a 十分に準備をした上で発表に臨めていなかったので b 慚
④ a 十分に準備をした上で発表に臨めていなかったので b 愧

第3節　キリスト教とイスラーム教

3－1　ユダヤ教とイエスの教え

問1　旧約聖書に関する記述として**適当でないもの**を，次の①～④のうちから一つ選べ。 19

① 世界の創造者である神ヤハウェへの信仰を基礎としている。『創世記』や『出エジプト記』などから成り，様々な形で神ヤハウェによる人類全体への平等な愛を説いていることが特徴である。

② 『創世記』や『出エジプト記』といった多くの歴史書，預言の書などから成り立っている。ヘブライ人のエジプト寄留と脱出，またモーセの十戒などの話は，この『創世記』や『出エジプト記』に記されている。

③ ユダヤ教およびキリスト教の聖典とみなされている。イスラエルの民だけが神ヤハウェから使命を帯びて選ばれたとする選民思想や，神の言葉としての律法を遵守しなければならないとする考え方がその特徴である。

④ 主にヘブライ語で書かれており，旧約とは本来，「旧(ふる)い契約」という意味である。ここで「契約」とは，神ヤハウェとイスラエルの民とのモーセを通じた契約を意味している。

問2　罪についてのイエスの考え方の説明として最も適当なものを，次の①～④のうちから一つ選べ。 20

① イエスは，神の意志に反する行為を実際に行ってしまう人間の傾向を罪とみなし，その罪からの救済が誰に起こるかは，人間を超えた神の意志によって予定されていると主張した。

② イエスは，たとえそれを実行せずとも，人間が心のなかで悪しき思いを抱くことそれ自体を罪とみなし，自らが罪人(つみびと)であることを自覚し，その罪を赦(ゆる)す神の愛を信じるよう説いた。

③ イエスは，原初の人間が自由意志を悪用して神に背いたことに由来する人間のあり方を罪と考え，自由意志を正しく用いて自己自身を高めることで，その罪から脱却できると説いた。

④ イエスは，人間が神なしでも自力で生きていけると考えている傲慢(ごうまん)を根源的な罪であると考え，その罪は，律法を厳格に遵守することでのみ，神から義とされて赦されると主張した。

問3 次の**ア**～**ウ**は，キリスト教における，人間の欲望についての考え方である。その正誤の組合せとして正しいものを，下の①～⑧のうちから一つ選べ。 21

ア パウロは，分かっていながら欲望のために悪を行ってしまう人間のあり方に悩み，そこからの救済は福音への信仰によるほかにないと考えた。

イ アウグスティヌスは，生まれつき人間にそなわっている自由意志により，欲望から悪を犯してしまう傾向を克服できると考えた。

ウ イエスは，欲望を抱いて女を見る者は，心のなかで既に姦淫(かんいん)をしていると述べ，情欲を克服した善き人だけが，他者を裁くことができると主張した。

① **ア** 正 **イ** 正 **ウ** 正
② **ア** 正 **イ** 正 **ウ** 誤
③ **ア** 正 **イ** 誤 **ウ** 正
④ **ア** 正 **イ** 誤 **ウ** 誤
⑤ **ア** 誤 **イ** 正 **ウ** 正
⑥ **ア** 誤 **イ** 正 **ウ** 誤
⑦ **ア** 誤 **イ** 誤 **ウ** 正
⑧ **ア** 誤 **イ** 誤 **ウ** 誤

3－2 キリスト教の発展

問1 次の**メモ**は，信仰を「恥」と関連付けるパウロの言葉を，高校生Xが書き出したものである。空欄 a ～ c に入る語句の組合せとして正しいものを，下の①～④のうちから一つ選べ。 22

メモ

パウロは，「わたしは a を恥としない。 a は， b ，信じる者すべてに救いをもたらす神の力だからです」と述べ，そして「人が義とされるのは c の行いによるのではなく，信仰による」と説いた。

① a 福音 b ギリシア人ではなく，ユダヤ人であれば c 律法
② a 福音 b ユダヤ人をはじめ，ギリシア人にも c 律法
③ a 律法 b ギリシア人ではなく，ユダヤ人であれば c 福音
④ a 律法 b ユダヤ人をはじめ，ギリシア人にも c 福音

問２　先生は高校生Ａに次の**資料**を示し，後の会話を交わした。アウグスティヌスの思想を踏まえて，会話中の［a］・［b］に入る記述の組合せとして最も適当なものを，後の①～④のうちから一つ選べ。［23］

資料

友人の意志は，目に見えず，耳で聞こえず，あなたの心の中で内的に感知されるものでもないが，信じられるべきだ。あなたの人生がいかなる友愛もなく荒廃し，あなたに支払われた愛が，あなたから返されないという事態にならないように。……愛そのものは見えないのだから，もし見えないものを信じるべきでないとすれば，誰がお互いの好意によって他者から大切にされるのであろうか。そのとき，友愛は完全に消滅してしまう。なぜならそれは，相互の愛がなければ存続しないからである。

（アウグスティヌス「見えないものへの信仰」より）

Ａ　：この**資料**のアウグスティヌスって，［a］思想家でしたね。

先生：そうです。彼はこの作品で神への信仰の正当性を論じたのですが，ここで［b］と主張されているように，友人や友愛についての考察を基に議論を展開しているのが，興味深いですね。

① a　新プラトン主義の影響を強く受けた
　 b　友人の意志は目に見えないため，それは信じるに値しない

② a　マニ教の教義を，キリスト教に積極的に取り込んだ
　 b　友人から受け取った愛は，返すべきものである

③ a　自らの心の内を見つめることを通して，神と出会う道を見いだした
　 b　友人の意志を信じないとき，友愛は成立し得ない

④ a　教会は神の代理にはなり得ないとして，その権威を斥(しりぞ)けた
　 b　友愛は相互的な関係において成立するものである

問3　トマス・アクィナスに関する記述として最も適当なものを，次の①～④のうちから一つ選べ。 24

① 信仰と理性は相互に分離された異質な領域に属しており，神にかかわる信仰的実践を哲学によって基礎づけることはできないとした。

② 信仰と理性の区別を体系的に論じて，信仰の優位のもとで両者の統合を試み，倫理思想に関しても自然的徳は神の恩恵によって完成されるとした。

③ 一切は神から必然的に生じるものであり，倫理的問題に関しても，永遠の相のもとで事物を考察することによって判断されなければならないとした。

④ 人間の救済と滅びは神によってあらかじめ決定されており，人間は合理的で正しい行為によってもその決定を変更することはできないとした。

3－3 イスラーム教

問1　次の会話は，高校生Xとムスリムの留学生Zが，イスラームの戒律に則（のっと）った経済活動について交わしたものである。会話中の a ・ b に入る語句の組合せとして最も適当なものを，下の①～⑥のうちから一つ選べ。 25

X：今日，授業でイスラームについて習ったんだけど， a が禁止されているんだよね？　お金を集めたいときはどうするの？

Z：確かに， b シャリーアでは a が禁止されているよ。でも，例えばイスラーム銀行という機関もあって，事業者のためにお金を集める役割を担っているんだ。資金提供者は，共同事業者という位置付けが強くて，事業による損益を契約に従って配分するんだよ。

X：なるほど。イスラームの世界にはそういうお金の集め方があるのか。

①	a	寄　付	b	クルアーン（コーラン）やスンナなどに基づく
②	a	寄　付	b	ムハマンドの言行録のみに基づく
③	a	寄　付	b	神の啓示のみを記録した
④	a	利　子	b	クルアーン（コーラン）やスンナなどに基づく
⑤	a	利　子	b	ムハマンドの言行録のみに基づく
⑥	a	利　子	b	神の啓示のみを記録した

問2 イスラーム教の教えに関する記述として**適当でないもの**を，次の①～④のうちから一つ選べ。 26

① アッラーはムハンマドの死後も，新たな啓示をカリフに伝え，それを記録したものがクルアーン(コーラン)とされる。

② アッラーの定めた戒律は，神と人間との関係，および人間同士の関係の両方を規定しており，結婚や遺産相続にまで及んでいる。

③ イエスは神の子であると信じるキリスト教を批判して，三位一体説を認めず，唯一神への信仰を説いている。

④ メッカのカーバ神殿への巡礼は，ムスリムに課せられた務めの一つであり，巡礼月には世界各地から巡礼者が集まってくる。

問3 次の**ア**～**ウ**は，イスラーム教の内容についての記述である。その正誤の組合せとして正しいものを，下の①～⑧のうちから一つ選べ。 27

ア ムハンマドは，神から啓示を与えられた唯一の預言者であり，彼の受けた啓示の言葉がクルアーン(コーラン)である。

イ イスラーム教徒が実践すべき宗教上の義務として，カーバ神殿と預言者ムハンマドの聖墓への巡礼があり，五行の一つに数えられている。

ウ ムスリムが「服従する者」を意味するように，イスラーム教では，神の教えを守り，シャリーアに従うことが求められる。

①	**ア**	正	**イ**	正	**ウ**	正
②	**ア**	正	**イ**	正	**ウ**	誤
③	**ア**	正	**イ**	誤	**ウ**	正
④	**ア**	正	**イ**	誤	**ウ**	誤
⑤	**ア**	誤	**イ**	正	**ウ**	正
⑥	**ア**	誤	**イ**	正	**ウ**	誤
⑦	**ア**	誤	**イ**	誤	**ウ**	正
⑧	**ア**	誤	**イ**	誤	**ウ**	誤

第4節　中国の思想

4－1　諸子百家の思想

問1　次のア～ウは，古代中国における礼をめぐる説明である。その正誤の組合せとして正しいものを，後の①～⑥から一つ選べ。 28

ア　孔子は，自分勝手な欲望や感情を抑制し，自らの行為や態度を礼という規範に従わせる克己復礼を唱え，それが仁であると考えた。

イ　孟子は，井戸に落ちかけている幼児を見掛けたとき，損得勘定なしにとっさに幼児を救おうとする惻隠の心を成長させていけば礼になると考えた。

ウ　墨子は，死後の親に対する礼として華美な葬祭を実行することが，社会全体の富を増やし人民を幸福にすることにつながると主張した。

①	ア	正	イ	正	ウ	誤
②	ア	正	イ	誤	ウ	正
③	ア	正	イ	誤	ウ	誤
④	ア	誤	イ	正	ウ	正
⑤	ア	誤	イ	正	ウ	誤
⑥	ア	誤	イ	誤	ウ	正

問2　秩序や規範に対する考え方をめぐって，中国においてなされた議論の説明として**適当でないもの**を，次の①～④のうちから一つ選べ。 29

①　韓非子は，人間の善意に基礎をおく儒家の仁愛の教えを批判し，法や刑罰によって社会秩序が維持されるべきだと説いた。

②　老子は，自他の分け隔てなく人を愛する墨子の兼愛説を批判し，兼愛による限り親疎の区別に基づく孝・悌が損なわれると説いた。

③　荀子は，孟子の性善説を批判し，孔孟の徳治主義に対して，性悪説の立場から礼による人間の教化を目指す礼治主義を唱えた。

④　王陽明は，朱子の説が世界を貫く規範である理を事物の内に求める傾向にあると批判し，理は自らの心の内にあると唱えた。

問3　次のア〜エは，悪い行為の抑制方法について考えた中国の思想家たちの主張であるが，それぞれ誰（だれ）の思想であるか。その組合せとして正しいものを，下の①〜⑥のうちから一つ選べ。 30

ア　現実の人間は，本性としてそなわっている理が気によって妨げられているため，私欲が生じる状態にある。私欲が勝つと天理を滅ぼすことになるので，本性の涵養（かんよう）と事物の理の探究によって本来の理を発現すべきである。

イ　特定の人間のみを愛するとその人間だけの利益をはかるようになり，その結果，争いが生じる。それゆえ，正義を望む天の意志にかなうよう，人間は国や身分の違いを超えて分け隔てなく愛し合うべきである。

ウ　私的な欲望を増大させることは人間の最大の罪悪であり，戦争もまたここから生じる。それゆえ，争いのない平和な社会のためには，人がつくった道徳を排し，あるがままの素朴な生活に満足することが大切である。

エ　人間は利己的で打算的な存在であるため，社会秩序を志向するようにはできていない。道徳によって人間を善へ教化するのは幻想にすぎず，信賞必罰を旨とする法律と刑罰によって秩序を維持すべきである。

①	ア　朱　子	イ　孟　子	ウ　孔　子	エ　荀　子
②	ア　王陽明	イ　墨　子	ウ　老　子	エ　荀　子
③	ア　朱　子	イ　墨　子	ウ　老　子	エ　韓非子
④	ア　王陽明	イ　孟　子	ウ　孔　子	エ　荀　子
⑤	ア　朱　子	イ　孟　子	ウ　老　子	エ　韓非子
⑥	ア　王陽明	イ　墨　子	ウ　孔　子	エ　韓非子

4－2　儒家の思想

問1　孔子の説いた仁の実践として最も適当なものを，次の①〜④のうちから一つ選べ。 31

① 人間の道徳性を現実化しようとする，根源的な気力を養い育てていく。
② 柔和でへりくだった態度をとり，周囲の人と極力争わないように努める。
③ 名称とそれが示す具体的な事柄とを一致させて，社会秩序を強固にする。
④ 自分勝手な欲望に打ち勝ち，古（いにしえ）の理想的な行動基準に自分を従わせる。

問 2　高校生Aと先生は次の**資料**に基づいて後の会話を交わした。会話中の[a]に入る記述として最も適当なものを，後の①～④のうちから一つ選べ。[32]

> **資料**
>
> 天下の優れた人物を友としても，なお飽き足らないときは，さらに時代を遡（さかのぼ）って，昔の人物を研究するのです。その詩を暗唱し，その書物を読んだところで，その人物を知らないままでよいのでしょうか。そこで，その人物の活動した時代背景を研究しないといけません。これこそ，時代を遡って昔の人物を友とする，ということです。
>
> （『孟子』より）

先生：この**資料**は，昔の賢人を友とすることを説いたものです。ここで孟子は，現実の人間関係において優れた人を友としても満足できないときは，時代を遡って，[a]ことができると主張しています。

A　：私は，この**資料**を読んで，現代を生きる私たちも，友達が置かれている状況や，友達のこれまでの歩みを考えることで，より深い友人関係を築いていくことができるのではないか，と思いました。

先生：なるほど，それはよい気付きですね。

① 昔の賢人が残した詩や書物を，その人が生きた時代背景から切り離して，自分に向けられた言葉とみなすことによって，その賢人を友とする
② 昔の賢人が残した詩や書物のみならず，その人が活動した時代背景やその人となりをも理解することによって，その賢人を友とする
③ 昔の賢人が残した詩や書物を通じて，友との関わり方は自由であることを理解することによって，その賢人を友とする
④ 昔の賢人が残した詩や書物を，現実の人間関係そのものを改善するための助言とすることによって，その賢人を友とする

問 3　朱子（朱熹）の学説についての記述として最も適当なものを，次の①～④のうちから一つ選べ。[33]

① 人間を含む天地万物を気による運動体と見なした上で，死物の条理である天理よりも，身近な日常の人倫を重視するよう説いた。
② 心が弛（ゆる）むのを警戒し常に覚醒（かくせい）させようとする敬の実践と，事物に内在する理（り）を体験的に窮めてゆく実践とをともに重視するよう説いた。

③ 知ることと行うこととを一つのことと見なし，あらゆる場で心の理である良知を十分に発揮させることを重視するよう説いた。

④ 孝は万物を生成し秩序づける宇宙の根源であり，あらゆる人々に等しく内在する心情であるとし，その実践を何よりも重視するよう説いた。

4－3 老荘思想

問1 高校生AとBは，次の**資料1**・**資料2**を見付け，先生と3人で後の会話を交わした。会話中の下線部①～④は，それぞれ**資料1**・**資料2**から読み取れる内容の説明，ならびに老子・旧約聖書についての説明である。その内容として**適当でないもの**を①～④のうちから一つ選べ。 34

資料1 『老子』からの引用

有と無，難と易，長と短……(という対立する言葉や概念)は，互いに依存し合い相対的な関係にある。ゆえに，聖人は無為を決め込み，言葉に依(よ)らない教えを実行するのだ。

資料2 旧約聖書「ヨブ記」からの引用

主はヨブに言われた。非難する者が全能者と言い争うのか。……ヨブは主に答えた。私は取るに足りない者。何を言い返せましょうか。……それゆえ，私は自分を退け塵(ちり)と灰の上で悔い改めます。

A ：**資料1**も**資料2**も，黙することの大切さを説いているようだね。

B ：**資料1**では，①様々な言葉や概念は相対的なものにすぎないから，聖人は言葉に依らない教えを行うと言われているよ。

A ：授業で，②老子は，人々が道から外れて，文明や道徳を人為的に作ったことを批判したって習ったね。**資料1**はそれと関係しているのかな。

B ：**資料2**はどうだろう。旧約聖書の「ヨブ記」は，様々な不幸に見舞われたヨブが，全能者である神にその理由を問いかける物語らしいね。

A ：③「旧約」って，古くからの伝統に基づく神との契約という意味で，ユダヤ教徒自身が誇りを持ってそう呼ぶようになったんだよね。

B ：**資料2**では，④ヨブが自らの卑小さを忘れて，その神と言い争おうとした自分を反省している様子が描かれているね。

A ：うーん，むやみに議論を追い求めるのが正しいわけでもないのか…。

先生：一か所誤りもありますが，**資料1**・**資料2**を基によく考えていますね。

問2 老子が説いた道についての記述として最も適当なものを，次の①～④のうちから一つ選べ。 35

① 道とは人間の従うべき道徳の規範であり，忠恕に基づいた礼の実践により体得されるものである。

② 道とは万物を生育する根源であり，絶えず移り変わる人間の幸不幸を超えた絶対的なものである。

③ 道とは万物を貫いている理法のことであり，天から我々に授けられた生まれながらの本性でもある。

④ 道とは差別がなく万物が斉(ひと)しい境地であり，自己の心身を忘れ去ることで体得されるものである。

問3 高校生Xは，荘子が，儒家や墨家を厚顔無恥と批判する次の**資料**を見付けた。諸子百家の思想を踏まえて，この**資料**から読み取れる内容として最も適当なものを，下の①～④のうちから一つ選べ。 36

資料

今の世の中では，死刑を科された者が重なり合い，首かせ足かせをはめられた者がひしめき合い，刑罰を受けた者が至る所にいる。それなのに儒家や墨家はまたことさら変わった振る舞いをして，そうした罪人たちの中で腕まくりをして威勢を振るっている。ああ，ひどいことだ。彼らの厚顔無恥は甚だしい。聖人や知恵が首かせ足かせを留める楔(くさび)となっているのではないか。仁や義が手かせ足かせを固める錠前となっているのではないか。

（『荘子』より）

① 孔子は，周公旦の政治を理想としていたが，この**資料**で荘子は，聖人を範とすることが，多くの刑罰をもたらしていると考えている。

② 孟子は，徳を養えば誰でも優れた人物になれると説いたが，この**資料**で荘子は，人々が仁や義を欠くことで罪人になっていると嘆いている。

③ 墨家は，儒家と同様に仁と礼の思想を重んじたが，この**資料**で荘子は，儒家と墨家の思想の親近性を見て取り，まとめて批判している。

④ 老子は，「大道廃れて仁義あり」と述べて儒家を批判したが，この**資料**で荘子は，そうした老子とは異なり，仁や義に積極的な意義を認めている。

step 2

1 「正義」について

高校生ＡとＢが登校中に交わした次の会話を読み，後の問い(問１～８)に答えよ。なお，会話と問いのＡとＢは各々全て同じ人物である。

Ａ：倫理の授業のことだけど，自分たちが生きているのとは異なる時代や社会における ⓐ様々な正義の考え方が出てきて，覚えるのが大変だよね。

Ｂ：確かに。すぐには理解できないものもあるけど，色んな正義がそれぞれ実際に ⓑ人々の生き方と密接に関わってきたんだよね。

Ａ：そうだね。そうした正義によって，みんなが調和して暮らせるような社会を築こうとしていたのかな。

Ｂ：ひょっとしたら，正義は ⓒ人間相互の関係の中で必然的に求められるものって考えられるかもしれないよ。

Ａ：それは，正義を私たちの ⓓ共存のために必要なものとして捉えるってこと？

Ｂ：そう，そうすれば今の私たちが正義と思うものとの共通点が見えてくるかも。例えば，人々を対等な関係にあるものとして扱う ⓔ平等の観点なら，私たちになじみのない正義の中にも見いだせそう。

Ａ：なるほど。でも，それなら，異なる正義観が生じるのはどうしてなんだろう…。人間の捉え方がそもそも異なるとか？

Ｂ：というと？

Ａ：つまり，人間相互の関わりの中で正義を見るなら，そもそも ⓕ人間の本性がどう考えられているかが大事で，そこから正義の考え方の違いも生じているんじゃないかって。

Ｂ：確かに，そこが違えば，正義の意味やあり方も違ってくる。

Ａ：そう，だから正義について学ぶときには，ⓖ人間の本性を踏まえた上で，人はどう振る舞うべきだと考えられてきたのかを見る必要があると思う。あれ…，授業で学んだことを再確認したくなってきたぞ…。

Ｂ：よし，放課後，図書館に行って，正義や人間の本性についてもう少し調べてみよう。

問1 下線部ⓐに関連して，様々な宗教において正しいとされる事柄についての説明として最も適当なものを，次の①～④のうちから一つ選べ。 1

① イスラームにおいては，ムハマンドが啓示を受ける以前のアラビア社会の宗教的伝統を遵守して暮らすように厳しく命じられている。

② ヒンドゥー教では，バラモン教で形成された身分制度は否定され，全ての人を平等とみなし，宗教的義務を果たすことが要求された。

③ 仏教の在家信者には，不妄語，不偸盗などの五戒が行為規範として課せられていたが，出家信者にはさらに多くの戒律が課せられていた。

④ ユダヤ教の十戒においては，唯一神ヤハウェ以外の神々を崇拝してはならないことや救世主(メシア)を待望すべきことなどが定められている。

問2 下線部ⓑに関して，様々な宗教や思想とそれに基づいた生き方についての説明として最も適当なものを，次の①～④のうちから一つ選べ。 2

① パリサイ(ファリサイ)派は，律法によって人々の生活を厳格に規定しようとする態度を批判し，ユダヤ教徒としてより柔軟な生き方を求めた。

② アリストテレスは，倫理的徳に基づいた政治的生活を送ることが人間にとって最も望ましい生き方であり，最高の幸福をもたらすと考えた。

③ ジャイナ教の信者はその多くが，不殺生の戒めを遵守することができる農業従事者として生活していた。

④ 老子は，自然に身を委ね，村落共同体のような小さな国家において素朴で質素な生活に満足する生き方を理想とした。

問３ 下線部ⓒに関して，ＡとＢは，授業で配付された次の**資料**を読み，後の会話を交わした。会話中の［ａ］・［ｂ］に入る記述の組合せとして最も適当なものを，後の①～④のうちから一つ選べ。［３］

> **資料** クルアーンより
>
> おお，信ずる者たちよ，どの民にも他の民を嘲笑させてはならない。これら(嘲笑される民)はそれら(嘲笑する民)よりもすぐれているかもしれないのだから。……おまえたち，互いに悪口を言うものではない。悪いあだなをつけあってはならない。信仰にはいったあとで邪悪な呼称をつけることは悪いことだ。……おお，信ずる者たちよ，憶測をできるだけ避けよ。ある種の憶測は罪である。互いにさぐりあったり，陰口をたたいたりするではない。……神を畏れよ。まことに神はよく憐(あわ)れむお方，慈愛あつきお方である。

Ａ：人間相互の関係に着目してみるっていう話だけど，この**資料**には，［ａ］と書いてあるね。

Ｂ：そう，授業でも，イスラームでは自らの共同体を大事にし，ムスリム同士は［ｂ］によって強く結び付いているって教わったよね。

① ａ 相手の方がすぐれているかもしれないから，人を嘲笑してはいけない
　 ｂ 仲間として貧者を救済すること

② ａ 不確かな根拠に基づいて，人の悪口を言ってはいけない
　 ｂ １日に５回，エルサレムに向かって祈ること

③ ａ 限られた情報を頼りに想像力を駆使して，人を総合的に評価すべきだ
　 ｂ 仲間として相互扶助を行うこと

④ ａ 憐れみ深く，愛に満ち溢(あふ)れたアッラーを崇敬しなければならない
　 ｂ １日に５回，ムハマンドの肖像画を拝むこと

問4 下線部ⓓに関して，次の**ア**～**ウ**は，様々な宗教や思想における共存や共生についての説明である。その正誤の組合せとして正しいものを，後の①～⑧のうちから一つ選べ。 4

ア イエスは，「敵を愛し，迫害する者のために祈りなさい」と述べ，隣人への愛が自分と共に生きている同胞に限定されてはならないとした。

イ 墨家は，広く他者を愛して互いに利益をもたらし合うべきだとし，人々が平和のうちに共存する社会を理想とした。

ウ ブッダは，自らが所有するアートマンに対する執着を捨て，他者のアートマンを尊重することで，他者と共に生きることができると説いた。

①	ア	正	イ	正	ウ	正
②	ア	正	イ	正	ウ	誤
③	ア	正	イ	誤	ウ	正
④	ア	正	イ	誤	ウ	誤
⑤	ア	誤	イ	正	ウ	正
⑥	ア	誤	イ	正	ウ	誤
⑦	ア	誤	イ	誤	ウ	正
⑧	ア	誤	イ	誤	ウ	誤

問5　下線部ⓔに関連して，ＡとＢは次の**資料1**・**資料2**を図書館で見付けた。後の**ア**・**イ**はブッダとパウロの思想についての説明，**ウ**・**エ**は**資料**の内容についての説明である。**ア**～**エ**から適当なものを全て選んだとき，その組合せとして正しいものを，後の①～⑨のうちから一つ選べ。［5］

> **資料1**　ブッダの言葉を収めた『スッタニパータ』より
> 　いかなる生き物であっても，怯(おび)えているものも動じないものも，悉(ことごと)く，……既に生まれたものも，これから生まれようとするものも，全ての生き物は，幸せであれ。
>
> **資料2**　新約聖書「ガラテヤの信徒への手紙」(パウロ)より
> 　あなたがたは皆，真実によって，キリスト・イエスにあって神の子なのです。……ユダヤ人もギリシア人もありません。奴隷も自由人もありません。男も女もありません。あなたがたは皆，キリスト・イエスにあって一つだからです。

ア　ブッダは，この世のあらゆる生き物は絶えず変化してとどまることがないため，それらの生涯は苦とも楽とも断定できないと説いた。

イ　パウロは，十字架上でのイエスの死を，人間の罪のためのいけにえとして解釈し，これによって人間の罪が贖(あがな)われたと考えた。

ウ　**資料1**では，現在生きている生き物に対してだけでなく，未来の生き物に対しても，等しく幸せを願うことが説かれている。

エ　**資料2**では，信徒は全て神の子であるため，民族や身分，性別などを問わず，平等であることが説かれている。

① アとイ　　② アとエ　　③ イとウ
④ ウとエ　　⑤ アとイとウ　　⑥ アとイとエ
⑦ アとウとエ　　⑧ イとウとエ　　⑨ アとイとウとエ

問6　下線部ⓕに関して，ＡとＢは次の**資料**を図書館で見付けた。荀子の思想と**資料**の内容についての説明として最も適当なものを，後の①～④のうちから一つ選べ。 6

> **資料**　『荀子』より
> 　ことさらに何かをせずとも自然とそうであるというのが性であり，性から発する好悪喜怒哀楽を情といい，情が発するのに対して心が判断するのを思慮といい，心が思慮して能力をはたらかせるのが偽（しわざ）（作為）である。思慮を積み重ね，能力を重ね修めて，そうして後に完成したもののことも偽という。……孟子は「人が学問(して向上しようと)するのはその性が善だからだ」と言うが，そうではない。孟子は……性と偽の区別を理解していない。性とは学んだり取り組んだりしても獲得できないものである。……礼義は聖人の偽から生じたものであり，人の性から生じたものではない。……普通の人でも，禹（う）*のようになることができる。
> *禹：中国古代の聖人

① 人間は教育によって矯正し得ない欲望を生まれつき持つとする荀子は，**資料**において，孟子が学習などにより後天的に獲得されるものを，人の生得的な性質だと勘違いしているとして批判している。

② 人間が生まれつき持つ性質は欲望であり，生得的な善を備えてはいないと考える荀子は，**資料**において，性善説を唱える孟子を批判し，礼義は学びや取り組みによって後天的に習得し得るものであるとしている。

③ 人間における善を後天的な矯正の産物であるとする荀子は，**資料**において，孟子が善を学問によって獲得できるとすることを批判し，そのようにして獲得されるものは偽物にすぎないから不要だと述べている。

④ 人間の本性は邪悪であり，善を身に付けることはできないと考える荀子は，**資料**において，人は学びを通じて礼義を習得すると考える孟子の説を，性を理解していない虚偽だと批判している。

問7 下線部ⓖに関して，AとBは図書館で見付けた次の**資料1**と**資料2**を比べ，後の**メモ**を作成した。**メモ**中の［a］～［c］に入る語句の組合せとして最も適当なものを，後の①～⑥のうちから一つ選べ。［7］

資料1 プラトン『国家』で紹介されるソフィストの思想

全ての者の自然本性は，他人より多く持とうと欲張ることを善きこととして本来追求するものなのだが，それが法によって力ずくで平等の尊重へと，脇へ逸(そ)らされているのだ。

資料2 キケロ『義務について』より

他人の不利益によって自分の利益を増すことは自然に反する。……我々が自己利益のために他人から略奪し他人を害するようになるなら，社会――これが自然に最も即している――が崩壊することは必然だ。

メモ

資料1によれば，ソフィストは［a］を重視し，これが社会的に抑圧されているとする。先生によると**資料2**の背景にも，自然の掟(おきて)を人為的な法や慣習より重視するという**資料1**との共通点があるとのことだが，**資料2**では他者を犠牲にした［b］の追求は，自然に反する結果を招くとされる。さらに調べたところ，**資料2**を書いたキケロの思想はストア派の主張を汲(く)んでおり，これは［c］の一つの源流とされているということを学んだ。

①	a	人間の欲求	b	自己の利益	c	功利主義
②	a	人間の欲求	b	自己の利益	c	自然法思想
③	a	人間の欲求	b	社会の利益	c	自然法思想
④	a	平等の追求	b	自己の利益	c	功利主義
⑤	a	平等の追求	b	社会の利益	c	功利主義
⑥	a	平等の追求	b	社会の利益	c	自然法思想

問 8 次の会話は，AとBが図書館からの帰宅中に交わしたものである。80ページの会話と次の会話の文脈を踏まえて，会話中の［a］・［b］に入る記述の組合せとして最も適当なものを，次ページの①～④のうちから一つ選べ。なお，①～④の**bの記述内容自体は全て正しいもの**となっている。［**8**］

A：これまで，教科書に色んな正義が書いてあって戸惑っていたけど，調べるほど面白いな。時代や文化を超えて正義に共通の理解みたいなものがあるって感じるし。

B：いつでもどこでも人間は共存して生きていかなければならないってことを念頭に置くと，それは当然のことなのかもしれないね。登校中に話し合ったように，［a］。

A：でも，そもそも正義は時代や文化，さらには人によって全く異なっていて，正しい答えなんてないっていう考え方に惹(ひ)かれている人って，結構多そうな気がする。

B：自分が置かれた環境の中でどうにもうまくいかない状況にある場合には，そういう考え方は自分の思うままに振る舞うことへの言い訳になるからかもしれないね。

A：そうだね。そういう考え方も，一方では自分を取り巻く規則や慣習を考え直すきっかけになるよね。けど他方で，自分の都合に応じて事実を捉えたり，規範なんて人間同士の約束事にすぎないものだとしたりする風潮を，そのまま肯定することにつながりかねないよ。

B：そうした風潮に流されず，むしろしっかりと向き合った上で，それを乗り越えることを目指して，私たちは，本当の正義や真理の探求を続ける必要があると思うな。例えば［b］ようにね。

A：その思想家は，私たちがそうした営為を通じて正義の混乱を乗り越えられると期待したのかもしれないね。本当の正義とは何かっていうことについては，これからも私たち自身で考え続けていかなきゃいけない課題だよね。

① a 時代や場所に関係なく，誰もが合意し遵守してきた絶対的な正義というものが存在しているというのは確かだね
b 孟子が，王の権威を相対化した上で，武力によって民衆を支配しようとする覇者たちの行為を否定するために，王道政治を求めた
② a 人間の本質をどのように考えるかによって，正義についての考え方が異なってくるというのも分かるけどね
b プロタゴラスが，どんな事柄についてであっても，相互に対立するような二つの言論を成り立たせることができるとした
③ a 特定の正義概念が，あらゆる社会や文化を超えて全ての人々の生き方を規定しているというわけだ
b 荘子が，善悪や是非と言われるものは，立場が変われば，その価値が反転するようなものにすぎないと考えた
④ a やっぱり正義は，人と人との関わり合いがあれば，そこに不可欠なものとして求められるものなんだと思う
b プラトンが，感覚を通じて得られた事柄をそのまま受け入れる態度を批判し，魂を向け変えて事物の真の姿を探求するべきだとした

2 「自然と人間」について

以下を読み，下の問い(問1～8)に答えよ。なお，会話と問いのAとBは各々全て同じ人物である。

Ⅰ 次の会話は，大学のオープンキャンパスでの模擬授業中に，講師Aと高校生Bが交わしたものである。

A：それでは，「自然と人間」の授業を始めます。まず，動植物を含む自然に照らして，ⓐ人間のあり方を考察しましょう。

B：自然に照らして人間のあり方を考えるって，どういうことですか？

A：人間を含むⓑ森羅万象を見つめながら，人間のあり方について考えていくということです。古今東西の思想家たちも，様々に考えてきました。例えば，ⓒ中世キリスト教の聖人フランチェスコは，狼(おおかみ)が人間を襲うのは人間の罪のせいでもあり，悔い改め，狼と正しい関係を結ぶことで獰猛(どうもう)な狼とも共存できると説きました。孔子は，活発な知者はⓓ水の自由な動きを楽しみ，泰然とした仁者はどっしりとした山を楽しむと述べて，人間の理想の境地を自然の風景に見いだしました。

問1 下線部ⓐに関して，人間のあり方について説かれた様々な教えや思想の説明として最も適当なものを，次の①～④のうちから一つ選べ。［1］

① ホメロスの叙事詩では，人間の生き方や世界の諸事象は，神々と無関係であるとする世界観が展開されている。

② ソクラテスは，良さや卓越性を意味する徳(アレテー)について，人間の徳は生まれが社会的に高貴であるかどうかに基づいて成立すると考えた。

③ 大乗仏教では，菩薩が実践すべき徳目の一つとして「布施」が説かれ，悟りに役立つ教えを授けることと財(財物)を与えることが推奨された。

④ ウパニシャッド哲学では，人間はカルマ(業)によって決まる境遇に永遠に生まれ変わり続け，その連鎖から抜け出すことは不可能だと考えられた。

問2 下線部ⓑに関連して，森羅万象について説かれた様々な教えや思想の説明として最も適当なものを，次の①～④のうちから一つ選べ。 2

① イスラームとキリスト教では，ともに万物は神の被造物であり，世界は終末に向かって進んでいると考えるが，キリスト教とは異なり，イスラームに最後の審判という考えはない。

② プラトンは，感覚によって捉えられるものは全て，イデアという真実在の模像であると考え，全てのイデアを秩序付け，統一するものとして善のイデアを構想した。

③ 朱子(朱熹)は，万物が理と気の二元によって構成されていると考え，理が万物の物質的な元素であるのに対し，気は万物を貫き成り立たせる根拠であると捉えた。

④ 大乗仏教では，無著(アサンガ)と世親(ヴァスバンドゥ)の兄弟が，この世の全てのものは，心の働きである識と物質である色(しき)の二元から構成されていると説いた。

問3 下線部ⓒに関して，次の会話は，Aの説明に疑問を持ったBの質問と，それに対するAの答えである。 a ・ b に入る語句や記述の組合せとして最も適当なものを，下の①～⑥のうちから一つ選べ。 3

B：「創世記」には，神が a に，「生き物全てを支配せよ」と言ったと書いてあります。「支配」というのは先ほどのフランチェスコの教えと食い違うように思うのですが。

A：それは良いところに気が付きましたね。確かに，「創世記」のその箇所は，自然に対する人間の支配を正当化しているように読めるため，キリスト教の教えが環境破壊につながると批判されることもあります。しかし，この箇所から b というスチュワードシップの思想を読み取ろうとする解釈もあります。キリスト教の伝統には，人間と他の動植物との関係について，様々な見方が含まれているんですね。

① a イエス
　b 人間は特別な被造物であり，他の動植物を人間の都合で利用してよい

② a イエス
　b 人間も被造物の一員として，他の動植物の世話をする責任を負う

③ a イエス
　b 人間も被造物の一員であるが，他の動植物に隷属すべき存在である

④ a 最初に創造された人間

b　人間は特別な被造物であり，他の動植物を人間の都合で利用してよい

⑤　a　最初に創造された人間

b　人間も被造物の一員として，他の動植物の世話をする責任を負う

⑥　a　最初に創造された人間

b　人間も被造物の一員であるが，他の動植物に隷属すべき存在である

問4　下線部ⓓに関連して，Aは，人間のあり方を水になぞらえた言葉を伝える次の**資料1・2**を紹介した。孔子や老子の思想を踏まえて，**資料**から読み取れる内容として最も適当なものを，下の①～④のうちから一つ選べ。［ 4 ］

資料1　〈孔子の言葉〉

そもそも水は，広く万物に生命を与えながらそれ以上の余計なことをしないという点が，徳ある人のようだ。

（『荀子』より）

資料2　〈老子の言葉〉

最上の善とは水のようなものだ。水は万物に利益を与えて争うことがなく，誰もが嫌がる低湿地に落ち着く。

（『老子』より）

①　自分のわがままを抑え，人の心を思いやることに基づく社会秩序を追求した孔子は，**資料1**によると，徳ある人は，あらゆるものに生命を与える水のあり方に譬（たと）えられると考えた。

②　自然の現象を超えた神秘的な現象を解き明かすことを目指した孔子は，**資料1**によると，徳ある人は，あらゆるものに必要以上に関わる水のあり方に譬えられると考えた。

③　万物の根底にある道に従って生きることを本来の生き方だと考えた老子は，**資料2**によると，誰もが嫌がる場所を避けて流れ行く水のあり方を，最上の善と表現した。

④　他人にへりくだることのない自然な生き方を説いた老子は，**資料2**によると，あらゆるものに利益を与えながらも軋轢（あつれき）を生じさせることのない水のあり方を，最上の善と表現した。

Ⅱ　次の**レポート**は，オープンキャンパスに参加したBが，高校の課題で，担任の先生に提出したものの一部である。

> **レポート**
>
> 私は，オープンキャンパスで「自然と人間」という模擬授業に参加し，自然に照らした人間のあり方に興味を持ち，更に調べてみました。
>
> ⓔ古代ギリシアでは，哲学者が自然を観察することで世界の根源を探究し始め，相互に議論を重ねていきました。私は，人間が存在するこの世界を，自然探究を通じて把握しようとした点に引き付けられました。
>
> 古代インドでは，ウパニシャッド哲学の輪廻の思想がⓕ仏教やジャイナ教にも受け継がれ，人間は動物などと同様に生と死を繰り返すと考えられました。ⓖイスラームでは，神は創造主であり，人間を含む万物の全てが神に委ねられているとされています。私は，古代インドでもイスラームでも，どちらでもそれぞれの仕方で，人間と自然の間に共通性があると考えられている点が面白いと思いました。

問5　下線部ⓔに関して，世界の根源を探究した古代ギリシアの思想家についての説明として最も適当なものを，次の①～④のうちから一つ選べ。 **5**

① ヘラクレイトスは，この世界は常に不変不動であり，そこには静的な秩序が維持されていると考えた。

② ヘラクレイトスは，この世界は絶え間なく運動変化しており，そこにはいかなる秩序も存在しないと考えた。

③ ピタゴラス(ピュタゴラス)は，この世界には調和的な秩序が実現されており，そこには調和を支える数的な関係があると考えた。

④ ピタゴラス(ピュタゴラス)は，この世界は無秩序であることを特徴としており，そこには調和は見いだせないと考えた。

問 6　下線部ⓕに関して，次の**メモ**は，仏教の世界観について更に調べたBが作成したものである。[a]・[b]に入る記述の組合せとして最も適当なものを，下の①～④のうちから一つ選べ。[6]

> **メモ**
> インドにおける仏教の縁起思想の中には，全てのものは[a]という考えがあることが分かった。「先生」を例にして考えてみると，[b]と理解することができる。

① a　独立して存在するから，固有の本性を持つ
　b　先生は，宇宙の根本原理(ブラフマン)の一つであり，先生としての固有の本性を持つ
② a　独立して存在するから，固有の本性を持つ
　b　先生は，先生自身の努力だけで先生としての能力を保ち続けているのであり，先生としての固有の本性を持つ
③ a　他に縁(よ)って存在するから，固有の本性を持たない
　b　先生は，宇宙の根本原理(ブラフマン)から生じたものであり，根本原理に縁っているため，先生としての固有の本性を持たない
④ a　他に縁って存在するから，固有の本性を持たない
　b　先生は，生徒など他のものに縁って先生たり得ているのであり，先生としての固有の本性を持たない

問 7　下線部ⓖに関連して，ムハンマドについての説明として最も適当なものを，次の①～④のうちから一つ選べ。[7]

① ムハンマドは，商業都市メッカの商人で，神の啓示を受けて自分は神の子であると自覚し，唯一神アッラーへの絶対的な帰依を説いた。
② ムハンマドは，血縁的なつながりを重んじる部族社会を発展させるために，唯一神アッラーへの服従を唱えた。
③ ムハンマドは，人間が絶対的に帰依すべき唯一神アッラーは，モーセが説いた神と同一であるが，イエスの説いた神とは異なると主張した。
④ ムハンマドは，当時メッカで受け入れられていた多神教と偶像崇拝を否定したために，メッカの人々から反発を受けた。

問8　次の文章は，92ページのBの**レポート**の続きである。[a]の前後の文脈を踏まえて，[a]に入る記述として最も適当なものを，下の①～④のうちから一つ選べ。なお，①～④の記述自体は正しいものとなっている。[8]

> **レポート**(続き)
> ただその一方で，古今東西の思想を調べると，人間という存在の独自性についても注目されていたようです。例えば，[a]。このように，人間を他の自然物とは異なる存在であると考えた人もいたのです。こうした考察にも目を向けることで，人間とはどのような存在なのかについて更に深く考えることができると思いました。

① 古代ギリシアの哲学者であるタレスは，人間を含むいかなる生命の生成にも水が重要な役割を果たしていることを観察し，万物の根源は水であり，この世界全体を生きたものとして捉えたと言われています

② 人間の理性と信仰の調和を追求したトマス・アクィナスは，神が世界を支配する法は自然界をあまねく貫いており，理性を持つ人間は，被造物でありながら，その法を自然法として捉えることができると考えました

③ 仏教では，大乗仏教の時代になると，「一切衆生悉有仏性」という思想が生まれ，生きとし生けるものは，悟りを開き，ブッダと等しい境地に到達する可能性を備えていると考えられました

④ 道家の荘子は，「あれ」と「これ」の区別は相対的な捉え方にすぎないとし，人間と自然の間にも二元対立などなく，万物は全て斉(ひと)しいとする万物斉同という世界観を説きました

3 「生」を律する規範

次の文章を読み，問い(問１～９)に答えよ。

私たちは，個々の規律に反発を感じることがある。しかし，規律が人間の生にとって全く必要ないと考える人も少ないであろう。私たちの生を律する規範的なものがもつ意味について，先哲たちはどのように理解してきたのだろうか。

生を律するものがなければ，社会秩序の実現は難しいと先哲たちは考えた。例えば，性悪説の立場をとったⓐ儒家の荀子は，人間をありのままに放置するならば，争乱が生じてしまうので，礼を通じて人間の性質を人為的に矯正し，社会の秩序を構築すべきであると説いた。また，イスラーム教では，ムスリムの生と社会を正しく律するものとしてⓑシャリーアが定められている。シャリーアがなければ，人間は善悪の判断ができず，過ちを犯してしまう。それゆえに，神の意志に沿った社会を築くために，法に則した生活が重視された。このように，生を律する規範的なものは，社会の安寧のために不可欠であるとされている。

さらに，規範的なものには，個々の人間をⓒよき生や理想的な境地へ導く側面もある。例えば，仏教では，人間はⓓ煩悩に囚（とら）われており，それに従って放逸な生を送るならば，苦に満ちた輪廻の生に埋没してしまうため，そこから逃れて絶対的な安らぎの境地に至る道として，様々な戒めや修行徳目が定められた。また，ストア派は，宇宙を貫く原理をⓔ理法と捉え，この理法を認識して自発的にそれに従って生きる人は，真の自律を確立すると考えた。他方，ユダヤ教では，ⓕ律法を順守することが救済につながると考えられている。さらに，この宗教的伝統のなかで活動したⓖイエスは，様々な掟（おきて）を含む律法のなかでも，神への愛と隣人愛が重要であるとみなし，これらの愛の掟を実践することによって，人間は神の永遠の命のなかに生きることができると説いた。このように，私たちの生を律するものを通じて，人間とⓗ絶対的なものとのつながりが明らかとなり，このつながりを自覚しつつ，規範に従うことによって，人間は理想的な生や境地に導かれると理解されている。

先哲たちは，規範的なものが社会維持を目的として私たちを単に束縛し，自由を奪うために存在するとは考えなかった。むしろ，規範的なものと絶対的なものとのつながりを意識し，積極的に規範の意義を捉え直すことによって，社会のあり方だけでなく，そこに住まう個々の生をも豊かにする可能性を教えているのである。

問１　下線部ⓐに関連して，次の文章は，孔子の礼についての説明である。文章中の［ a ］～［ c ］に入れる語句の組合せとして正しいものを，下の①～⑧のうちから一つ選べ。［ 1 ］

孔子は，社会を支える規範として礼を重んじたが，それは，単に外形的なものではなく，内面性に裏打ちされるべきであると考えた。つまり，他者を愛する心持ちである［ a ］が，立ち居振る舞いや表情・態度として外に現れ出たものが礼であるとしたのである。その実現には，私利私欲を抑えるとともに，他人も自分も欺くことなく，他人を自分のことのように思いやることが重要とされた。このうち，自分を欺かないことは，［ b ］と呼ばれる。このようにして礼を体得した［ c ］によって，秩序ある社会の実現も可能であると孔子は考えた。

①　a　恕　　b　忠　　c　真　人
②　a　恕　　b　忠　　c　君　子
③　a　恕　　b　信　　c　真　人
④　a　恕　　b　信　　c　君　子
⑤　a　仁　　b　忠　　c　真　人
⑥　a　仁　　b　忠　　c　君　子
⑦　a　仁　　b　信　　c　真　人
⑧　a　仁　　b　信　　c　君　子

問２　下線部ⓑに関して，次の**ア**～**ウ**は，シャリーアについての説明である。その正誤の組合せとして正しいものを，下の①～⑧のうちから一つ選べ。
［ 2 ］

ア　シャリーアは，クルアーン（コーラン）などに基づき，豚肉を食べることや酒を飲むことを禁じるなど，食生活に様々な制限を設けている。
イ　シャリーアは，結婚や相続など，ムスリムの生活全般の規則を定めており，シャリーアを守って生きることが神への信仰の体現であるとされる。
ウ　シャリーアは，神と人との関係と人間同士の関係の両方を規定しており，神に対して果たす義務である五行には，礼拝，瞑想（めいそう）などが含まれる。

①　**ア**　正　　**イ**　正　　**ウ**　正
②　**ア**　正　　**イ**　正　　**ウ**　誤
③　**ア**　正　　**イ**　誤　　**ウ**　正
④　**ア**　正　　**イ**　誤　　**ウ**　誤

⑤ ア 誤 イ 正 ウ 正
⑥ ア 誤 イ 正 ウ 誤
⑦ ア 誤 イ 誤 ウ 正
⑧ ア 誤 イ 誤 ウ 誤

問3 下線部ⓒに関連して，よき生き方を追求したソクラテスは，自らに下された死刑判決を不当としながらも，脱獄の勧めを拒み，国家の法に従って刑を受け入れた。彼の考えとして最も適当なものを，次の①～④のうちから一つ選べ。 3

① 国家は，理性に従って人々が相互に結んだ社会契約のうえに成立している。それゆえ，国家の不当な決定にも従うことが市民のよき生き方である。
② たとえ判決が不当であるとしても，脱獄して国家に対し不正を働いてはならない。不正は，それをなす者自身にとって例外なく悪だからである。
③ 脱獄して不正な者と国家にみなされれば，ただ生きても，よく生きることはできない。人々に正しいと思われることが正義であり，善だからである。
④ 悪いことだと知りつつ脱獄するのは，国家に害をなす行為である。だが，人間の幸福にとって最も重要なのは，国家に配慮して生きることである。

問4 下線部ⓓに関連して，仏教における煩悩や苦についての説明として最も適当なものを，次の①～④のうちから一つ選べ。 4

① 「無自性」とは，煩悩によって自分固有の本性を見いだせないでいる状態を指す。それを脱するためには，快楽にまみれた生活にも極端な苦行にも陥ることのない，正しい修行を実践すべきだとされる。
② 人間は現世で様々な苦しみにあうが，なかでも代表的な苦として，生きること，老いること，病になること，死を目の当たりにすることの四つが説かれた。それらは「四苦」と呼ばれる。
③ 「三帰」とは，人間の有する様々な煩悩のうち，代表的なものを指す。それらは，貪りを意味する「貪」，怒りを意味する「瞋」，真理を知らない愚かさを意味する「癡」の三つである。
④ 人間の身心を構成する，「色」という物質的要素と「受・想・行・識」という精神的要素は，それら自体が苦であると説かれた。そのことは「五蘊盛苦」と呼ばれ，八苦の一つに数えられている。

問5　下線部ⓔに関連して，次の文章は，ストア派の理法の考え方を発展させたキケロが，法の位置づけについて述べたものである。その内容の説明として最も適当なものを，下の①～④のうちから一つ選べ。［5］

まるで盗賊が寄り合って制定した規則同様に，法律という名とは関わりのない多くの有害無益な規則が諸国に制定されているのは，驚いたことだ。例えば，無知で無経験な人間が薬の代わりに致死の毒を処方した場合，それは医者の処方であるとはとうてい言えないように，国家の場合にも，たとえ国民が有害な規則を受け入れたとしても，それは法律の名には値しないのだ。したがって，法律とは正邪の区別にほかならず，同時にまた，万物の根源であるあの太古以来の自然というものの表現でもあるのだ。そして，悪人を罰し善人を守護する任を帯びた，人の世の法律は，この自然を範として定められたものだ。

（『法律について』より）

① 法律は自然に従って定められる限り，善人と悪人を公正に裁くことができる。というのも，太古以来，善人の総意によって，自然そのものが管理され，形作られてきたからである。
② 法律は自然に従って定められる限り，善悪と正邪を誤りなく区別することができる。なぜなら，法が模範とすべき原初からの自然は，あらゆるものの根源でもあるからである。
③ 法律は自然に従って定められただけでは，善人と悪人を公正に裁くことはできない。というのも，法律を用いるのは国家であり，それを構成する国民は自然とは関わりがないからである。
④ 法律は自然に従って定められただけでは，善悪と正邪を誤りなく区別することはできない。なぜなら，豊富な知識や経験に基づかなければ，法律は有害なものともなり得るからである。

問6　下線部ⓕに関して，律法の説明として**適当でないもの**を，次の①～④のうちから一つ選べ。 6

①　イスラエル人は，律法を守れば祝福が与えられ，律法を破れば裁きの神としてのヤハウェに厳しく罰せられるとされている。

②　律法の中心をなす十戒は，神の絶対性に関わる宗教的な規定(義務)と人間のあり方に関わる道徳的な規定(義務)から成り立っている。

③　イスラエル人は，エジプトに移り住む際の心構えとして神から与えられた律法を，神と民との間に結ばれた契約の徴(しるし)とみなしている。

④　律法に従って神の恩恵に応える限り，イスラエル人は神に選ばれた特別な民として，神から民族の繁栄を約束されている。

問7　下線部ⓖに関して，イエスの教えについての説明として最も適当なものを，次の①～④のうちから一つ選べ。 7

①　愛を実践する生き方の基本として，「人にしてもらいたいと思うことは何でも，あなたがたも人にしなさい」と説いた。

②　ユダヤ教の教典に書かれた律法を重視し，たとえ形式的であっても律法を厳格に順守しなければならないと説いた。

③　旧約聖書の根幹をなす「敵を愛し，迫害する者のために祈りなさい」という教えを受け継ぎ，敵をも赦(ゆる)す普遍的な愛を説いた。

④　神が与えてくれた悔い改めの機会として，安息日を忠実に守り，すべての労働を避けなければならないと説いた。

問8　下線部ⓗに関連して，絶対的なものを求める先哲の考えの説明として最も適当なものを，次の①～④のうちから一つ選べ。 8

①　アリストテレスは，あらゆるものの根源にある究極的原因を一者と呼んだ。そして，一者がすべての善の原因であり，これと一致した生に真の幸福があるとして，一者を追い求めることを勧めた。

②　ムハンマドは，アラブ世界の多神教を批判して，厳格な一神教であるイスラーム教を創始した。そして，アッラーに太陽神としての姿があることを認め，それを形にして崇拝すべきだと主張した。

③　世親(ヴァスバンドゥ)は，宇宙の究極的原理である絶対者と，個人の本質が同一であると主張した。そして，そのことを直観して輪廻から解脱するために，欲望を捨て出家し，修行生活に入るべきだと唱えた。

④　荘子は，万物はすべてひとしいとして，善悪や生死などの相対的な区別を超えるべきだと説いた。そして，天地万物の根源である道を自ら体現し，絶対自由の境地に遊ぶことを理想とした。

問9 次のア～ウは，本文の内容についての記述である。その正誤の組合せとして正しいものを，下の①～⑧のうちから一つ選べ。 9

ア 荀子の思想では，人間の邪（よこしま）な性質を矯正するために社会の構築が必要であり，また，イスラーム教では，イスラーム法に基づいて善悪の区別ができる共同体を築くべきだとされた。これらの思想では，個々の生に価値を認めることなく，絶対的な基準として規範的なものに従うことが重要とされる。

イ 仏教では，戒律によって欲望から離れることが悟りの境地に行き着くために必要であり，また，ストア派では，規範としてのロゴスに従って生きることが真の意味での自律につながると考えられた。これらの思想では，個々の人間の生を律するものが，理想的な生や境地にとって重要とされる。

ウ ユダヤ教では，救いに与（あずか）るためにトーラーを順守することが求められ，また，イエスの思想では，そのなかでも愛の掟の実践がとりわけ重視された。これらの思想では，絶対的な神と我々の生を律するものとの結び付きを意識することを通じて，よき生の実現を目指すことが重要とされる。

①	ア	正	イ	正	ウ	正
②	ア	正	イ	正	ウ	誤
③	ア	正	イ	誤	ウ	正
④	ア	正	イ	誤	ウ	誤
⑤	ア	誤	イ	正	ウ	正
⑥	ア	誤	イ	正	ウ	誤
⑦	ア	誤	イ	誤	ウ	正
⑧	ア	誤	イ	誤	ウ	誤

4 模範としての他者の生き方

次の文章を読み，問い(問1～9)に答えよ。

「あの人のようになりなさい」と言われると，自分らしさが否定されたと反発する人も多いだろう。だが，古代より，他者の生き方を模範とし，それをⓐ自らの生き方の指針とすることに積極的な意味が見いだされてきた。

誰かを模範にして生きるとはそもそもどのようなことなのかということは，どの文化でも重要な問いであった。ⓑイスラーム教では，神に従った生活を送るうえで，神に正しく導かれたムハンマドの言行が，倣うべき生きた実例とされている。孟子は，ⓒ聖人になどなれないと嘆くのは，為(な)すべきことを為していないだけだと批判し，仁の道を実際に体現した過去の聖人に倣うことで，人はみな聖人のようになれると説いた。また，徳の修得は習慣づけによって可能になると考えたⓓアリストテレスによれば，徳を身に付けるためには，実際に他者とともに生きるなかで，徳のある人に倣った行動をすることが必要である。これらの考え方からうかがえるように，人々の模範とされてきたのはⓔ理想となる生を体現した人物であり，そうした具体的な模範から人々は善き生を学ぶことができるとされた。

それでは，善き生のための模範を必要とする人間とはどのような存在だと考えられてきたのだろうか。例えば，仏教では，ブッダの生き方を模範として様々な戒律が定められているが，その背景には，煩悩に囚(とら)われ，欲望から離れられない人間のあり方への洞察があった。ⓕ修行を行う者は，自らの弱さへの自覚があるからこそ，正しい模範に倣い，戒律を守る努力をするのである。また，ⓖパウロは，人々が自分を中心に考え，欲望のままに生きてしまう罪人(つみびと)だからこそ，キリストに従って生きるべきだと説いた。彼は，キリストが人間の姿で現れ，苦難を経験したことを「謙遜」と捉え，罪人である私たちも，自分を誇ることのないキリストの謙遜の姿勢を模範にすべきだと考えたのである。このように，模範となる生を求める背後には，人間がⓗ欲望に深く囚われた弱い存在だとする考え方もみられた。

古くから人々は，善き生を体現した人物を具体的な模範にすることで，善き生を学ぶことができると考えてきた。そこには，善き生のための模範を必要とする，欲望を拭(ぬぐ)い難い人間存在への鋭い洞察もあった。私たちも優れた人間とは限らないからこそ，他者の生を模範とする生き方に学ぶべきことがあるのではなかろうか。

問1　下線部ⓐに関連して，人々に生き方の指針を示す役割を果たしてきたものには，数々の書物もある。そうした書物についての説明として最も適当なものを，次の①～④のうちから一つ選べ。［1］

① 仏教では，自らの社会的身分に即して活動したブッダの言行が，『スッタニパータ』にまとめられており，人々が生まれつきの身分にふさわしい活動をするための模範とされている。

② イスラーム教では，六信の対象の一つである諸啓典(聖典)のうちで最も重要な啓典であるクルアーン(コーラン)が，ムスリムの生活を様々な面で規定している。

③ ホメロスの『イリアス』や『オデュッセイア』は，神話的世界観を批判し，神々の登場しない人間の英雄たちの物語を描き出しており，人々の行動や考え方の指針とされた。

④ ユダヤ教やキリスト教の聖書では，預言者イザヤが当時の王国のあり方を賞賛し，民衆に神の言葉を伝えた姿が描かれており，彼の言行はあるべき信仰の模範とされている。

問2　下線部ⓑに関して，イスラーム教についての記述として最も適当なものを，次の①～④のうちから一つ選べ。［2］

① クルアーンは，ユダヤ教の聖典に倣ってヘブライ語で著された。

② すべてのモスクでは，聖地エルサレムに向かって礼拝が行われる。

③ イスラーム教は，五行の一つとして喜捨(ザカート)の義務を定めている。

④ キリスト教徒らと区別して，イスラーム教徒は「啓典の民」と自称する。

問 3 下線部ⓒに関して，聖人と小人（しょうじん）のあり方について書かれた次の荀子の文章を読み，その内容の説明として最も適当なものを，次の①～④のうちから一つ選べ。 3

およそ人間の性(性質)について言えば，あの聖天子の堯（ぎょう）や禹（う）も，暴君の桀（けつ）や大盗賊の盗跖（とうせき）*とその性は同じであり，優れた君子も，つまらない小人とその性は同じである。今，仮に礼義(社会規範)や作為の集積が人間の生まれつきの性にそなわっているものとしてみよう。それならば，またどうして聖天子の堯や禹を尊重する理由があろうか。どうして君子を尊重する理由があろうか。そもそも堯や禹やまた一般の君子を尊重するわけは，彼らがその生まれつきの性を変えて後天的な作為を起こし，その作為が起こされた結果として礼義をつくることができたからである。……人間の性の善さというのは後天的なしわざの結果である。

（『荀子』 より）

*聖天子の堯や……大盗賊の盗跖：いずれも孔子以前に存在したとされる人物

① 優れた君子にもつまらない小人にも，あらかじめ礼義や作為が性にそなわっており，小人でも生まれつきの性を善に変えることができる。
② 私たちが堯や禹を尊重する理由は，彼らの性が小人とは異なっていたからであり，彼らは小人の性を善に変える礼義をつくることができた。
③ 優れた君子もつまらない小人も，生まれつきの性は変わり得ないので，性の悪を抑えるために，礼義や作為が後からつくられた。
④ 私たちが堯や禹を尊重する理由は，彼らが生まれつきの性を後から善へと変えて，礼義をつくることができたからである。

問4 下線部ⓓに関して，アリストテレスの自然観の説明として最も適当なものを，次の①～④のうちから一つ選べ。 4

① 自然界の事物は，質料に形相が与えられることで成り立っており，事物は質料の実現という目的に向かって生成・発展していく。

② 自然界の事物は，質料と形相とが結び付いて成り立っており，事物は形相の実現という目的に向かって生成・発展していく。

③ 自然界の事物は，質料に形相が与えられることで成り立っており，形相がもつ潜在性によって，偶然的で自由な仕方で生成・発展していく。

④ 自然界の事物は，質料と形相とが結び付いて成り立っており，質料がもつ潜在性によって，偶然的で自由な仕方で生成・発展していく。

問5 下線部ⓔに関連して，理想とされた生のあり方を説明した記述として最も適当なものを，次の①～④のうちから一つ選べ。 5

① 孔子は，武力に訴えるのではなく，仁と礼に基づく覇道政治を行った聖人の生き方を理想とした。

② 孔子は，仁を重視する生き方は次善のものだとし，仁が不要となるような自然と調和した生き方を理想とした。

③ 大乗仏教では，修行者として悟りを得て，煩悩のない境地に到達した阿羅漢のあり方が理想とされた。

④ 大乗仏教では，自己の悟りを目指すだけでなく，利他行に励む菩薩のあり方が理想とされた。

問6 下線部ⓕに関して，仏教の修行法である八正道についての説明として最も適当なものを，次の①～④のうちから一つ選べ。 6

① 快楽と苦行を避け，中道に生きるための修行法が八正道であり，その一つである正業とは，悪(あ)しき行為を避け，正しく行為することを指す。

② 快楽と苦行を避け，中道に生きるための修行法が八正道であり，その一つである正業とは，人の行為と輪廻の関係を正しく認識することを指す。

③ 六波羅蜜の教えに由来する修行法が八正道であり，その一つである正業とは，悪しき行為を避け，正しく行為することを指す。

④ 六波羅蜜の教えに由来する修行法が八正道であり，その一つである正業とは，人の行為と輪廻の関係を正しく認識することを指す。

問7　下線部ⓖに関して，パウロの思想の説明として最も適当なものを，次の①～④のうちから一つ選べ。[7]

① 人間は，善を望んでいるはずなのに，望まない悪を行ってしまう。そこからの救済は，キリストへの信仰によるほかなく，人類全体の罪を担ったキリストに従い，私たちもまた，隣人への愛を実践すべきである。

② 人間は，善を望んでいるはずなのに，望まない悪を行ってしまう。そこからの救済は，キリストへの信仰によるほかなく，神と契約したキリストのように，私たちもまた，神との契約である律法を正しく遵守すべきである。

③ 人間は，肉体の情欲に引きずられ，望まない悪を行ってしまう。そこから救済されるためには，自らの運命を受け入れたキリストのように，私たちもまた，罪のない本来の自己を再発見し，それを受け入れるべきである。

④ 人間は，肉体の情欲に引きずられ，望まない悪を行ってしまう。そこから救済されるためには，苦しむ人々を癒したキリストに従い，私たちもまた，善行を積むことによって，神から義とされるよう努力すべきである。

問8　下線部ⓗに関して，次の**ア**～**ウ**は，人間の欲望をめぐる先哲たちの洞察についての記述である。その正誤の組合せとして正しいものを，次ページの①～⑥のうちから一つ選べ。[8]

ア　ブッダによれば，人間が所有欲などの欲望から離れられない原因は，自己という不変の存在を正しく把握していないことにある。

イ　プラトンによれば，不正な行為が生まれる原因は，魂のうちの欲望的部分が，理性的部分と気概的部分を支配してしまうことにある。

ウ　朱熹(朱子)によれば，人間が私欲に走る原因は，先天的にそなわっている理が，気の作用によって妨げられていることにある。

①	**ア**	正	**イ**	正	**ウ**	誤
②	**ア**	正	**イ**	誤	**ウ**	正
③	**ア**	正	**イ**	誤	**ウ**	誤
④	**ア**	誤	**イ**	正	**ウ**	正
⑤	**ア**	誤	**イ**	正	**ウ**	誤
⑥	**ア**	誤	**イ**	誤	**ウ**	正

問9 本文の趣旨に合致する記述として最も適当なものを，次の①～④のうちから一つ選べ。 9

① 他者を模範とする生き方は，理想的な生を体現した人物に倣うことで善き生につながり得るが，それでも人間の欲望を根絶することはできないと考えられてきた。そこには，模範となる生が示されても，それに学ばず，自らのあり方から目を背けてしまう人間の弱さへの洞察もあった。

② 他者を模範とする生き方は，理想的な生を体現した人物を具体的な模範とすることで，善き生を学ぶことにつながると考えられてきた。さらに，そうした人物を模範とすることを重視した背後には，人間が弱く，欲望から離れ難い存在であることに注目する考え方もあった。

③ 他者を模範とする生き方は，善き生を送った人物を具体的な模範とすることで，人を善き生へ導いてくれると考えられてきた。その背後には，人間とはもともと欲望に囚われることのない存在であり，模範的な生が示されることで，そうした人間本来の姿を確認できるとする考え方もあった。

④ 他者を模範とする生き方は，拭い難い欲望に囚われている人間にとって，正しい行動を示し，善き生へ導いてくれると考えられてきた。他方で，そもそも人間にはそうした模範は不要であり，他者の生き方を模範とすることは，消極的な生き方であるとする考え方もあった。

第　3　章

日本思想

step 1

第1節 日本思想の原型

問1 和辻哲郎の代表的著作の一つに『風土』がある。和辻はその中で自然環境と深い関わりをもつ人間の存在や文化のあり方を「風土」と捉(とら)え，三つに分類しているが，その分類として最も適当なものを次の①～④のうちから一つ選べ。 1

① 大陸型・半島型・島嶼型

② 熱帯型・温帯型・寒帯型

③ アジア型・ヨーロッパ型・アフリカ型

④ モンスーン型・沙(砂)漠型・牧場型

問2 古代日本における神への信仰の説明として最も適当なものを，次の①～④のうちから一つ選べ。 2

① 神への祈りによって，穢(けが)れに満ちたこの世から，神の世界である高天原に生まれ変わるものと信じられた。

② 定まった形をもたず，目には見えない神が，ときに具体的な姿で現れ，不可思議な力を示すと考えられた。

③ 嘘(うそ)偽りのない心をもつことが，神と人々との間で取りかわされる契約として重んじられた。

④ 宇宙万物を創造する絶対的な究極の神が信じられ，多神教的な外来の信仰は異質なものとして退けられた。

問3 記紀の神話の内容の説明として**適当でないもの**を，次の①～④のうちから一つ選べ。 3

① 原初の神々が出現した後，イザナキ(イザナギ)・イザナミの二神によって，人間の暮らす国が生み出された。

② イザナミは多くの神を生んだ後，命を落とし，穢れに満ちた醜悪な黄泉国へ赴いた。

③ 最も貴い神であるアマテラスは，イザナキ(イザナギ)が高天原へ行き，偽りのない心を示した時に誕生した。

④ アマテラスが主宰する高天原では，神を祀(まつ)るために，水田での稲作や機屋での機織りが行われていた。

問 4　古代日本における祭祀に関する記述として**適当でないもの**を，次の①～④のうちから一つ選べ。［ 4 ］

① 祭祀に奉仕する者は，身心に付着した穢れを除くため禊を行った。

② 祭祀を執り行う者は，聖職者として政治的支配階層から排除されていた。

③ 祭祀を妨げる行為は罪とされ，これを犯した者には祓えが課せられた。

④ 祭祀の場では，神に対して欺き偽らない心のありようが重んじられた。

第 2 節　仏教の受容と展開

2－1　仏教の受容と神仏習合

問 1　次の**ア**～**ウ**は，役人のあるべき姿を示した「憲法十七条(十七条憲法)」の条文に書かれた言葉についての説明である。その正誤の組合せとして正しいものを，後の①～⑥のうちから一つ選べ。［ 5 ］

ア　「和をもって貴しとなし」という言葉は，人々が出家して仏教の真理を体得することで，共同体の調和が実現されるという意味である。

イ　「篤く三宝を敬え」という言葉は，仏，法，僧の三つを尊重することが大切であるという意味である。

ウ　「ともにこれ凡夫のみ」という言葉は，誰もが欲望にとらわれた存在であるという意味であり，他人に意見を求めることの無意味さを説いている。

①	ア	正	イ	正	ウ	誤
②	ア	正	イ	誤	ウ	正
③	ア	正	イ	誤	ウ	誤
④	ア	誤	イ	正	ウ	正
⑤	ア	誤	イ	正	ウ	誤
⑥	ア	誤	イ	誤	ウ	正

問2　仏教による鎮護国家が目指された時代の人物である行基の説明として最も適当なものを，次の①～④のうちから一つ選べ。[6]

① 人間は凡夫であると謙虚に自己を認識し，この世は空(むな)しく仮のものであり，ただ仏だけが真実である，と説いた。

② 諸国を遊説し，橋や道を造り，民間に慈悲の精神を広めた。後には天皇の尊崇を受けて，大仏の建立にも関(かか)わった。

③ 都に大仏を建立し，全国に国分寺・国分尼寺を造り，僧侶に経典を読誦(どくじゅ)させ，国家の安定や滅罪を祈願した。

④ 多くの苦難を乗り越えて唐から渡来した。東大寺に戒壇を設け，公認の僧となるための正式な授戒制度を確立した。

問3　次のア～ウは，日本古来の神々への信仰と仏教との関わりについての説明である。その正誤の組合せとして正しいものを，後の①～⑥のうちから一つ選べ。[7]

ア　日本では，様々な文化が重層的に保たれる傾向があり，伝来した仏教を受容し，神々への信仰と併存させたのはその一例である。

イ　本地垂迹説によれば，仏や菩薩は，日本の神々が生きとし生けるものを救うために仮に姿を現したものである。

ウ　明治時代になると，天皇中心の国家を目指した政府が，仏教を国教にするために神仏の分離を命じた。

①	ア　正	イ　正	ウ　誤
②	ア　正	イ　誤	ウ　正
③	ア　正	イ　誤	ウ　誤
④	ア　誤	イ　正	ウ　正
⑤	ア　誤	イ　正	ウ　誤
⑥	ア　誤	イ　誤	ウ　正

2－2　平安仏教・浄土信仰

問1　天台宗の最澄と，同時代を生きた空海の思想について述べた文章として正しいものを，次の①～④のうちから一つ選べ。[8]

① 最澄は，すべての生命あるものは生まれながらに仏であるとした。一方，空海は，人は真言を唱えることで，宇宙の真理そのものである大日如来の境地に至り，成仏できると説いた。

② 最澄は，仏になれるかどうかは人の資質により差異があるとした。一方，空海は，人の本性は生まれながらに宇宙の本質である大日如来の一部であるから，資質に関係なく成仏できると説いた。
③ 最澄は，人の資質に差異はなく，自らの仏性を自覚して修行すれば，等しく成仏できると説いた。一方，空海は，人は密教の修行をすれば大日如来と一体化し，この身このままで成仏できると説いた。
④ 最澄は，仏になれるかどうかは人の資質により差異があるとした。一方，空海は，手に印を結び，口に真言を唱え，心に仏を憶(おも)いながら死に至るならば，必ず成仏できると説いた。

問2 次の**レポート**は，ある仏教者について簡潔にまとめ，題と副題とを付けるよう指示された課題に対し，高校生Cが途中まで作成したものの一部である。後の会話中の［ a ］・［ b ］に入る記述の組合せとして最も適当なものを，後の①～⑥のうちから一つ選べ。［ 9 ］

> **レポート**
> 彼は誰もが仏になり得るという教えを学び，それに基づいてマントラを唱える修行などに励んだ。彼はまた，この宇宙の大本に働く不思議な力とこの身のままで一体になろうとした。その一方で，自己と世界とを貫くその力を自覚しつつ，庶民のための学校の設立など様々な活動に尽力したのである。

先生：この後は，どのように**レポート**を展開させるのですか。
C ：はい。この後は，彼の思想と多様な活動との関係をさらに説明します。だから，全体の題は，「［ a ］の思想と活動」に決めたのですが，副題を「［ b ］」にしようかと悩んでいます。
先生：彼の人生に合っていますので，良いと思いますよ。

① a 行基 b 加持祈祷を通じてあらゆるものの幸福を求めた僧
② a 行基 b 東大寺の大仏造立(ぞうりゅう)に加わり民間布教をした私度僧
③ a 空海 b 加持祈祷を通じてあらゆるものの幸福を求めた僧
④ a 空海 b 東大寺の大仏造立に加わり民間布教をした私度僧
⑤ a 空也 b 加持祈祷を通じてあらゆるものの幸福を求めた僧
⑥ a 空也 b 東大寺の大仏造立に加わり民間布教をした私度僧

問3 次ページの**ノート**は，次の絵に関する**先生の指摘**と，高校生Bがこの絵を見て**感じた疑問**，さらにその疑問についてB自身が**調べた結果**を書き留めたものである。**ノート**中の[a]・[b]に入る記述の組合せとして正しいものを，次ページの①～④のうちから一つ選べ。[10]

ノート **先生の指摘** ・右下の屋敷内に手を合わせた人物がいる。 ・右下の人物のもとへ雲に乗った仏や菩薩たちがやって来ており，その中心にひときわ大きな仏が描かれている。 **感じた疑問** (i)　ひときわ大きな仏は，何者なのか。 (ii)　この仏や菩薩たちは，何をしにやって来たのか。 (iii)　どうしてこのような絵が描かれたのか。 **調べた結果** (i)　ひときわ大きな仏は，阿弥陀仏である。 (ii)　この仏や菩薩たちは，［ a ］ためにやって来た。 (iii)　平安時代後期から鎌倉時代にかけて，「今は［ b ］時代なのだ」と強く意識された。そのような時代には，阿弥陀仏の力に頼るしかないと考えられたため，このような絵が描かれた。

① a　右下の屋敷内の人物を極楽往生に導く
　 b　仏の教えだけが残っており，正しい修行も悟りもない
② a　右下の屋敷内の人物を極楽往生に導く
　 b　仏の教えとそれに基づく修行のみが存在し，悟りのない
③ a　右下の屋敷内の人物に現世利益をもたらす
　 b　仏の教えだけが残っており，正しい修行も悟りもない
④ a　右下の屋敷内の人物に現世利益をもたらす
　 b　仏の教えとそれに基づく修行のみが存在し，悟りのない

問4　源信が『往生要集』のなかで主張した思想を表す言葉として，最も適当なものを，次の①～④のうちから一つ選べ。［ 11 ］

①　厭離穢土（おんりえど）　欣求浄土（ごんぐじょうど）
②　世間虚仮（せけんこけ）　唯仏是真（ゆいぶつぜしん）
③　山川草木（さんせんそうもく）　悉皆成仏（しっかいじょうぶつ）
④　不立文字（ふりゅうもんじ）　教外別伝（きょうげべつでん）

2－3 鎌倉新仏教・仏教と日本文化

問1 親鸞は，自力では煩悩を捨てられない「悪人」であるとの自覚を深め，絶対他力の信仰に至った。絶対他力を説明したものとして最も適当なものを，次の①～④のうちから一つ選べ。［12］

① 阿弥陀仏に対する信仰の心すらも，阿弥陀仏から与えられたのである。
② 凡人は自力往生できず，優れた徳をもつ人間の力にすがるべきである。
③ 悪人こそ正機であり，阿弥陀仏に頼む必要があるのは善人の方である。
④ すべての生きもの，山河草木，風や波も，念仏を唱えているのである。

問2 次の**レポート**は，高校生Cがまとめたものの一部である。**レポート**中の［a］・［b］に入る記述を，下の**ア**～**オ**から選び，その組合せとして最も適当なものを，下の①～⑥のうちから一つ選べ。［13］

> **レポート**
> 道元は，［a］，と考えていた。また，時間に関して，本来的な時間とは，一方的に進んでいくものではなく，「今というこの瞬間」が絶え間なく連続しているものと捉えていた。このような時間の捉え方が，［b］という「修証一等」の考えにも関係しているのではないだろうか。

ア ひたすら坐禅に打ち込み，一切の執着から解き放たれることが重要である
イ 南都六宗の立場から，念仏によらない修行のあり方を捉え直す必要がある
ウ 自らは罪深い凡夫であるため，自力によって悟りを開くことができない
エ 三密の修行によって，仏と一体になることができる
オ 修行とは悟りの手段ではなく，悟りそのものである

① a－ア b－エ
② a－ア b－オ
③ a－イ b－エ
④ a－イ b－オ
⑤ a－ウ b－エ
⑥ a－ウ b－オ

問3 『法華経』による社会的安定の到来を説いた日蓮についての記述として最も適当なものを，次の①～④のうちから一つ選べ。 14

① 『法華経』は，すべての人の救済と，浄土は現実のこの世界に実現されることを説いているとして，末法の世を否定した。

② 『法華経』は釈迦の説いた究極の経典だから，これを毎日読経する人は他宗を信仰していても必ず救われると主張した。

③ 『法華経』は久遠実成の阿弥陀仏の教えだから，この仏の名を唱えれば，国土の安穏と人々の幸福が約束されると説いた。

④ 『法華経』は正法を広める者が迫害されることを予言しているとして，度重なる迫害の中で，世を救う己の使命を確信した。

問4 次の**ア**・**イ**は，この世の無常を見つめた中世の人物についての説明であるが，それぞれ誰のことか。その組合せとして正しいものを，後の①～⑥のうちから一つ選べ。 15

ア 各地を旅しながら人の世の無常を和歌に詠み，自身の寄る辺なく儚(はかな)い境地を自然の風景に重ねて表現した歌を歌集に残した。

イ 移り行く人の世や変わり行く自然の姿もともに無常であると捉え，だからこそ心動かされると，随筆の中で述べた。

① **ア** 兼好(吉田兼好)　**イ** 世阿弥
② **ア** 兼好(吉田兼好)　**イ** 西　行
③ **ア** 世阿弥　**イ** 兼好(吉田兼好)
④ **ア** 世阿弥　**イ** 西　行
⑤ **ア** 西　行　**イ** 兼好(吉田兼好)
⑥ **ア** 西　行　**イ** 世阿弥

第３節　近世日本の思想

３－１ 儒学の展開

問１　次の**レポート**は，高校生Ｄがまとめたものの一部である。**レポート**中の［ a ］・［ b ］に入る語句や記述の組合せとして正しいものを，下の①～④のうちから一つ選べ。［ 16 ］

> **レポート**
>
> 江戸時代に入ると，儒者たちは，現実的な人間関係を軽視するものとして仏教を盛んに批判し始めた。そうした儒者の一人であり，徳川家康ら徳川家の将軍に仕えた［ a ］は，「持敬」によって己の心を正すことを求めた儒学を講じ，［ b ］と説いた。一方，泰平の世が続き都市経済が発展するとともに，中世以来の厭世(えんせい)観とは異なる現世肯定の意識が町人の間に育まれていった。その過程で，武家社会と異なる様々な文化や思想が町人社会にも形成されていくこととなった。

①　a　林羅山
　　b　「理」を追求するのではなく，古代中国における言葉遣いを学び，当時の制度や風俗を踏まえて，儒学を学ぶべきである

②　a　林羅山
　　b　人間社会にも天地自然の秩序になぞらえられる身分秩序が存在し，それは法度や礼儀という形で具現化されている

③　a　荻生徂徠
　　b　「理」を追求するのではなく，古代中国における言葉遣いを学び，当時の制度や風俗を踏まえて，儒学を学ぶべきである

④　a　荻生徂徠
　　b　人間社会にも天地自然の秩序になぞらえられる身分秩序が存在し，それは法度や礼儀という形で具現化されている

問 2　次の**資料**は，山崎闇斎について調べた高校生Cが見付けたものである。山崎闇斎の思想を踏まえて，この**資料**から読み取れる内容として最も適当なものを，後の①～④のうちから一つ選べ。 17

> **資料**
> 嘉右衛門殿(かえもん)*は，「敬」とは内で，身心に関わる徳目であるとし，「義」とは外で，我が身より外のことに関わる徳目であるとおっしゃった。つまり『大学』**の「修身」までを内，「斉家」からを外とおっしゃったのだ。……内は心とだけ言ってしまうと，仏見***になってしまうのだと(嘉右衛門殿は)おっしゃったのだった。
> （佐藤直方『韞蔵録(うんぞうろく)』より）
>
> *嘉右衛門殿：山崎闇斎のこと
> **『大学』：『大学』では修養の方法として，順に，格物・致知・誠意・正心・修身・斉家・治国・平天下が説かれている
> ***仏見：仏教的な見方のこと

① 儒学と神道とを結合させて，神人合一を説く神道説を唱えた山崎闇斎は，**資料**では，「敬」を心から身にまで及ぶものだと述べている。
② 独自の神道理論からなる復古神道を唱えた山崎闇斎は，**資料**では，『大学』で言う「修身」までが「内」に当たると述べている。
③ 誠を修養の根本に据え，仁愛の実現を説いた山崎闇斎は，**資料**では，「敬」を「心」の問題とのみ捉えるのは仏教の考え方だと述べている。
④ 行いの一つひとつを厳しくつつしむことが「敬」であると説いた山崎闇斎は，**資料**では，「義」を心から身にまで及ぶものだと述べている。

問 3　中江藤樹の説明として最も適当なものを，次の①～④のうちから一つ選べ。
18

① 朱子学の天理の抽象性を批判して古学を提唱し，道徳的指導者としての武士の在り方を士道論として展開した。
② すべての人の心には，神妙不測の孝の徳が具(そな)わっていると説き，その孝に依拠して身を立て道を行うことを修養の根本とした。
③ 平易な生活道徳としての正直と倹約の実践を唱え，それまで低く見られていた商人の営みに社会的な存在意義を与えた。
④ 身分制度を否定し，農業を重視する立場に立って，万人が直耕する自然世を理想として説いた。

問4 江戸時代の儒学者についての記述として**適当でないもの**を，次の①～④のうちから一つ選べ。 19

① 雨森芳洲は，堪能であった朝鮮語の能力を生かして朝鮮使節を応接するとともに，外交関係の構築には誠意と信頼を根本とした「誠信」が重要であると説いた。

② 新井白石は，文治主義による政治の実践に関わるとともに，密入国したイタリア人宣教師への尋問を通して，世界の地理やキリスト教に関する新たな知識を摂取した。

③ 山鹿素行は，朱子学で説かれる理を観念的なものと批判し，古典の言葉を正確に理解する古学の方法によって，六経に記された先王の道を学ぶべきであることを主張した。

④ 伊藤仁斎は，『論語』や『孟子』に説かれた言葉を，朱子の注釈に拠(よ)らずに熟読して深く理解しようとする古義学を唱え，「忠信」の実践による「仁愛」の実現を強く求めた。

3－2 国学

問1 古典文学を研究した賀茂真淵の思想の説明として最も適当なものを，次の①～④のうちから一つ選べ。 20

① 古典を実証的に研究する古学派の方法を排除して，国学の立場から『源氏物語』を研究し，「たをやめぶり」の心を日本人の理想とした。

② 古典を実証的に研究する古学派の方法を排除して，国学の立場から『万葉集』を研究し，その歌風を「ますらをぶり」と捉えた。

③ 古典を実証的に研究する古学派の方法に影響を受け，国学の立場から『源氏物語』を研究し，「たをやめぶり」の心を日本人の理想とした。

④ 古典を実証的に研究する古学派の方法に影響を受け，国学の立場から『万葉集』を研究し，その歌風を「ますらをぶり」と捉えた。

問2 平田篤胤に関する説明として最も適当なものを，次の①～④のうちから一つ選べ。 21

① 古道の研究を，特に歌論の中に展開し，「ますらをぶり」に日本的心情の典型を見いだして，そこにおける「高く直き心」を理想とした。

② 仏教・儒教・神道の教えをそのまま受け止めるのではなく，教えの成立過程から，それぞれの思想史上の意義を相対的に見ることを説いた。

③ 功名や利欲を離れた純粋な心情に徹して，己の誠を尽くせば天道と一体

になると説き，幕末の志士たちに勤王の精神を強調した。

④　古来の神道の姿を求めて，復古神道を提唱し，現実の生の背後にある死後の霊魂の行方を論じて，その教えは民間にも広まった。

3－3　民衆の思想・幕末の思想

問1　次のア・イは，町人社会に注目した人物についての説明である。その正誤の組合せとして正しいものを，下の①～④のうちから一つ選べ。 22

ア　石田梅岩は，町人の営利追及を賤(いや)しいものとして否定し，「正直」と「倹約」を重んずる心学を説いた。

イ　井原西鶴は，町人たちが自らの欲望に従って，富を追求する姿や恋愛に熱中する姿を，浮世草子の中に描き出した。

①　ア　正　　イ　正
②　ア　正　　イ　誤
③　ア　誤　　イ　正
④　ア　誤　　イ　誤

問2　「天道」との関わりにおいて，人間の実践を能動的なものとして捉えようとした思想家の一人に吉田松陰がいる。彼の思想についての記述として最も適当なものを，次の①～④のうちから一つ選べ。 23

①　天道にかなうとは，功名や利欲を離れた純粋な心情に徹し，己の誠を尽くすことにほかならない。我が国の主君に忠を尽くす勤皇の精神は，この誠において，天道に通じている。

②　日常卑近な人間関係における愛こそが天道にかなうものである。人々が孔子の道に立ち返り，他者に対して忠信や恕の実践に努めるならば，互いに愛し親しむ和合が実現する。

③　日々営まれる農業こそ，自然の根源的な生成活動としての天道にかなう営みである。万人が直接に農業に携わる自給自足の生活に復帰すべきであり，農民に寄生している武士や町人は無用である。

④　天道は事物のおのずからなる働きであるが，そこに人道が加わることによって事物の働きは完全になる。分に応じた倹約によって得た富を社会に還元することによって，天地や他者の恩恵に報いなければならない。

第4節 西洋思想の受容と近代日本の思想

4－1 文明開化と啓蒙思想

問1 福沢諭吉は『学問のすゝめ』で，「信の世界に偽詐多し」と述べた。彼がそのように述べた理由を説明した次の文中の空欄［a］・［b］に入る語句の組合せとして正しいものを，下の①～④のうちから一つ選べ。［24］

［a］の涵養と［b］の導入による文明化こそが近代日本の歩むべき道であるとみた彼は，神仏などへの「信」によって形成される依存的な体質が，真理を見失わせ，文明の進歩を妨げると考えたから。

① a 独立自尊 b 民本主義 ② a 東洋道徳 b 実学思想
③ a 忠孝心 b 人権論 ④ a 独立心 b 数理学

問2 中江兆民の『三酔人経綸問答』の中で展開された考え方を述べた文として最も適当なものを，次の①～④のうちから一つ選べ。［25］

① 為政者は人民に権利を恵み与えるべきであり，また一方，人民はそれを大切に守り，自己の義務を果たしていかなくてはならない。
② 為政者が人民に権利を恵み与えることはありえないから，人民は為政者から権利を獲得するための闘争をしなくてはならない。
③ 為政者が人民に恵み与えた権利であっても，人民はそれを育てていって，その権利を実質的なものに変えていかなければならない。
④ 為政者は人民に恵み与えた権利を実質的なものにしていくために，国家主義的な教育をすすめ，人民を啓蒙していかなくてはならない。

4－2 キリスト教・社会主義・国家主義

問1 次のア・イは，近代において，日本の伝統思想をどのように引き受けていくかを模索した思想家についての説明であるが，それぞれ誰のことか。その組合せとして正しいものを，後の①～⑥のうちから一つ選べ。［26］

ア 伝統の中で育まれた「武士道」は，自身のキリスト教信仰の精神的な素地であると同時に，日本人を生かす精神でもあると述べた。
イ 天皇を中心とした国家主義の立場に立ち，不敬事件をきっかけとして，キリスト教を教育勅語の道徳に反する教説だとして攻撃した。

① ア　西村茂樹　　イ　井上哲次郎
② ア　西村茂樹　　イ　内村鑑三
③ ア　井上哲次郎　イ　西村茂樹
④ ア　井上哲次郎　イ　内村鑑三
⑤ ア　内村鑑三　　イ　西村茂樹
⑥ ア　内村鑑三　　イ　井上哲次郎

問2　幸徳秋水についての説明として最も適当なものを，次の①～④のうちから一つ選べ。 27

① 国は人民によってできたものであると平易に民権思想を説き，主権在民を謳(うた)い抵抗権を認める私擬憲法を起草した。
② 国を支える農業と農民を大切に考え，農民が苦しむ公害問題を解決する運動に身を投じ，その解決の必要性を説いた。
③ 東洋の学問を実生活に役立たない虚学，西洋の学問を実生活に役立つ実学と呼び，後者を学ぶことの必要性を説いた。
④ 社会主義の立場から，当時の帝国主義を，愛国心を経(たていと)とし軍国主義を緯(よこいと)とする20世紀の怪物と呼び，批判した。

問3　伝統的な道徳や文化の重要性を主張した人物に三宅雪嶺がいる。彼についての説明として最も適当なものを，次の①～④のうちから一つ選べ。 28

① 天皇制国家主義の立場から教育勅語の道徳を重視し，忠と孝を国民道徳の中心に据えるべきと主張した。
② 自己の内面を見つめることの必要を説く人格主義の立場から，東西の古典を積極的に摂取する必要を呼びかけた。
③ 政府の欧化主義を批判し，日本固有の風土や文化に即して西洋文明を取捨選択すべきとする国粋主義(国粋保存主義)を唱えた。
④ 天皇の名のもとでこそ国民の平等が達成されるとしたうえで，超国家主義の立場から国家の改造を主張した。

4－3 近代的自我の形成

問1 夏目漱石の考え方を述べた文として最も適当なものを，次の①～④のうちから一つ選べ。 29

① 「自己本位」とは，他者への依存を捨てると同時に，他者をも尊重するものであり，エゴイズムを克服していこうとするものである。

② 「自己本位」とは，個性を自由に伸ばし，生まれながらの善意を生かすことによって，人類の意志を実現していこうとするものである。

③ 「自己本位」とは，内面的自己としての人格を自覚し，古今東西の文化を広く摂取して，人格を成長発展させようとするものである。

④ 「自己本位」とは，自己の内面の醜い現実を見つめ，一切の束縛を脱したありのままの自己と社会の実相を表現しようとするものである。

問2 文学を通して人格や個性を尊重する活動を展開した人物に武者小路実篤がいる。彼に関する記述として最も適当なものを，次の①～④のうちから一つ選べ。 30

① 夏目漱石に師事し，青春の苦悩と思索を綴(つづ)った『三太郎の日記』を著す一方，人格主義を説く哲学者としても活動した。

② 既存の道徳に安住することを偽善と批判し，むしろそこから「堕(お)ちきる」ことで偽りのない自己を発見すべきだと主張した。

③ 思想や理論を流行の意匠のようにもてあそぶあり方を批判し，批評という独自の方法を用いて主体的な自己の確立を目指した。

④ 各自の人間的な成長が人類の文化の発展につながると説き，「新しき村」を創設して，理想の共同体の実現に努めた。

問 3　「元始，女性は実に太陽であった。真正の人であった」とは，平塚らいてうが『青鞜』の発刊に際して述べたものである。らいてうのこの言葉の意味として最も適当なものを，次の①～④のうちから一つ選べ。 31

① 原始時代には，人間の生活は女性中心に営まれていた。主導権を男性の手に委ねず，女性中心の社会に改革していかなければならない。

② 女性には輝かしい天性の能力が潜んでいる。男性に依存してひ弱になることなく，その能力を発揮して生きなければならない。

③ 元来，女性は愛によって子や男たちを育んでいた。母性こそは真に人間を動かす生命力であり，これに目覚めなければならない。

④ 天照大神が女性であるように，日本にも元来女性崇拝の伝統があった。その伝統を掘り起こして新しい女性の美を発見しなければならない。

問 4　吉野作造は「民本主義」を提唱した。その記述として最も適当なものを，次の①～④のうちから一つ選べ。 32

① 憲法の規定内で民本主義を貫徹させるには，国民の意思がより反映する普通選挙の実施と政党内閣制の実現が望ましいと主張した。

② 民本主義の具体化のため，まず主権者である天皇の権力を制限することが重要であるとし，国民の意向による民定憲法の制定を主張した。

③ 国民が政治的に中立の立場を貫くことが民本主義にとって重要であるとし，国民を主体とした中道勢力による政党政治の実現を主張した。

④ 民本主義をデモクラシーの訳語として把握するかぎり，国民主権の確立こそが最初に達成すべき政治的な目標であると主張した。

4－4 近代日本の哲学・民俗学・現代日本の課題

問 1　西田幾多郎のいう「純粋経験」の具体例として**適当でないもの**を，次の①～④のうちから一つ選べ。 33

① コンサートに出かけたＡさんは，長年憧（あこが）れていた歌手の歌を今自分が生（なま）で聴いているのだと思い，改めて喜びをかみしめた。

② 数学の好きなＢさんは，母親が用意してくれた夜食を食べることも忘れて，数学の問題を解くのに夢中になった。

③ 天才画家と呼ばれるＣさんは，風景画の制作に没頭したが，それはあたかも風景の方が彼を突き動かして描かせているかのようだった。

④ 赤ん坊のＤちゃんは，お腹（なか）が空（す）いたのか甘えたかったのか分からないが，母親の胸に抱かれながら一心不乱に母乳を飲んでいた。

問2　西洋の思想や文化が移入されるなかで，独自の倫理学を生み出した和辻哲郎についての説明として最も適当なものを，次の①～④のうちから一つ選べ。 34

① 人間はもともと個人として存在するが，他者と共同することによって，社会を成立させると考えた。このような考えに基づき，個人と社会は人間の重要な二つの側面であると主張した。

② 社会はそれ自体で存在するが，個人は社会に依存して成り立つにすぎないと考えた。このような考えに基づき，人間を個人として捉える立場を，誤った人間への見方であるとして批判した。

③ 人間の個人としての側面と社会としての側面は，両立させることができないと論じた。そのうえで，社会に埋没したあり方を否定して，個人としての存在を確立することこそ，人間にとって最も望ましいとした。

④ 人間のあり方は，個人を否定して社会を実現し，社会を否定して個人を実現する動的なもので，個人と社会はそれ自体では存在しないと論じた。そのうえで，人間が個人か社会かの一方にとどまるのは望ましくないとした。

問3　民俗学に携わった南方熊楠についての説明として最も適当なものを，次の①～④のうちから一つ選べ。 35

① フランスの民権思想の影響を受けて主権在民を主張し，自由民権運動の理論的指導者として活動した。

② 『先祖の話』を著し，歴史書に記録されない無名の人々の生活や習俗を明らかにすることを試みた。

③ 足尾鉱毒事件が起こったとき，農民の側に立って反対運動を行い，「民を殺すは国家を殺すなり」と訴え，この公害問題に生涯にわたって関わった。

④ 神社合祀(ごうし)によって神社やその境内の森林が破壊されることに反対し，鎮守の森の保護運動を推進した。

問4　次の**ア**～**ウ**は，近代以降の社会や思想のあり方を考察した思想家についての説明であるが，それぞれ誰のことか。その組合せとして正しいものを，下の①～⑥のうちから一つ選べ。 36

ア　近代社会を担う主体性の確立を思想的課題として位置付け，伝統的な日本の思想のあり方を，様々な思想の「雑居」にすぎないと批判した。

イ　近代批評の確立を目指すとともに，明治以来，思想や理論が，その時々の流行の「意匠」として弄(もてあそ)ばれてきたと批判した。

ウ　国家や社会組織の本質を問い直す『共同幻想論』を著すとともに，大衆の実生活に根ざす，自立の思想の確立を目指した。

① **ア**　小林秀雄　**イ**　吉本隆明　**ウ**　丸山真男
② **ア**　小林秀雄　**イ**　丸山真男　**ウ**　吉本隆明
③ **ア**　吉本隆明　**イ**　小林秀雄　**ウ**　丸山真男
④ **ア**　吉本隆明　**イ**　丸山真男　**ウ**　小林秀雄
⑤ **ア**　丸山真男　**イ**　小林秀雄　**ウ**　吉本隆明
⑥ **ア**　丸山真男　**イ**　吉本隆明　**ウ**　小林秀雄

step 2

1 「問い」を立てること

以下のⅠ～Ⅲを読み，後の問い(問1～8)に答えよ。なお，会話と問いのCと先生は各々全て同じ人物である。

Ⅰ 次の会話は，日本思想についての倫理の授業後に，高校生Cと先生が交わしたものである。

C ：先生，私，自分で課題を設定して探究する授業が苦手です。私は教室で先生方の話を聞くのが好きなのに，「問い」を立てるのはうまくいかなくて…。問いって，どこから手をつけたらいいか分かりません。

先生：必ずしも問いそのものを特別なものと考える必要はありませんよ。先生方に授業内容について質問したり，仲間に将来の夢を尋ねたりすることなら，気軽にできるでしょう。それも問いです。どれほど高尚に思える問いも，そうした素朴な問いが原点にあります。そういえばこの間の授業で，ⓐ仏教について取り上げたときに，禅問答の話をしましたね。

C ：はい，私にはとても到達できない次元の問いだと感じました…。

先生：そうした身近なものに思えない仏教の問いも，実は素朴な問いに根ざしているのです。あなた自身も，例えば授業中に先生方の話を聞いていても，様々な疑問が，浮かんでは消えるでしょう。思考していれば，自然と浮かぶのが問いです。あなたももうできているはずですよ。

C ：先生の授業で，ⓑ日本の神々でさえも問いを発するのだと習いましたね。ⓒ念仏と救いの関係を問うた仏教者の授業も印象的でした。こうした問いが，素朴な問いから始まっているというのは，大変興味深いです。そうだ，次の授業では課題を立てるんでしたね。「問い」をテーマにします！

問1 下線部ⓐに関連して，次の**ア**・**イ**は，仏教者についての説明である。その正誤の組合せとして正しいものを，後の①～④のうちから一つ選べ。 1

ア 最澄は，法華経に基づき，成仏できる人とできない人を，悟りの能力により区別することを重視し，前者のための学問・修行の制度を定めた。

イ 空也は，諸国を巡り，庶民に阿弥陀仏信仰を説くとともに，道を拓(ひら)き，井戸を掘り，遺棄された死者を火葬するなど，人々のために活動した。

① ア 正 イ 正
② ア 正 イ 誤
③ ア 誤 イ 正
④ ア 誤 イ 誤

問2 下線部ⓑに関して，日本の神々についての説明として最も適当なものを，次の①～④のうちから一つ選べ。 2

① 『古事記』によれば，イザナキとイザナミは日本の国土を生むに当たって，より上位の神の意向を問うたが，その命令に反発して従わなかった。

② 日本の神話における「天つ神」は，最上位の人格神であるため，全てを自分自身の判断で決定した。

③ より上位の神に奉仕し，その神意を問うアマテラスを，和辻哲郎は「祀(まつ)るとともに祀られる神」と規定し，その尊貴さを否定した。

④ 日本神話に登場するスサノヲは，アマテラスに心の純粋さを問われ，自分に清き明き心があるのを示すことに成功した。

問3　下線部ⓒに関して，次の板書と後の**資料**は，ある日の倫理の授業で用いられたものである。中世における念仏思想と**資料**の内容を踏まえて，板書中の［a］～［c］に入る記述の組合せとして最も適当なものを，次ページの①～⑥のうちから一つ選べ。［3］

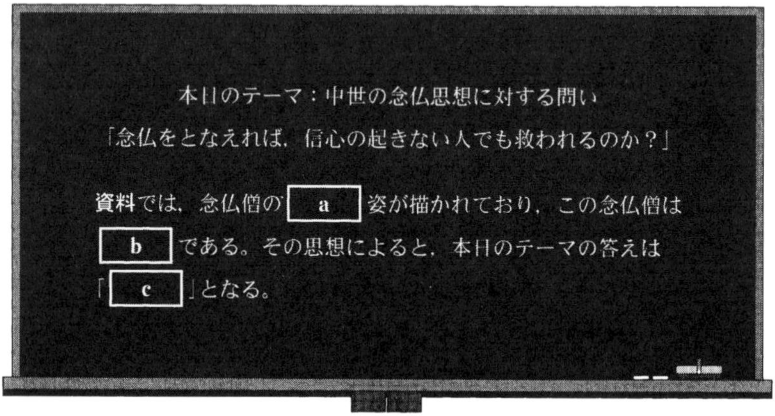

資料

「南無阿弥陀仏と一声となえれば極楽往生できると信じ，南無阿弥陀仏ととなえて，この名号札*を受け取って下さい」と念仏僧が言うと，相手の僧は「その信心は起きません。札を受けたら嘘(うそ)になります」と受け取らなかった。……念仏僧は「信心が起こらずともこの札を受け取りなさい」と相手の僧に名号札を押し付けてしまった。……(念仏僧は自らの行いの是非を問い熊野神社に籠もると，次のお告げを授けられた)……「お主(ぬし)が念仏を勧めることで，初めて全ての人間が往生できるということではない。阿弥陀仏がはるか昔に悟ったときに，全ての人間の往生は南無阿弥陀仏(の名号で成る)と決まったのだ。相手に信ずる気持ちがあろうがなかろうが，浄(きよ)い状態であろうがなかろうが区別せず，名号札を配りなさい」

*名号札：「南無阿弥陀仏」と書かれた札

① a　南無阿弥陀仏と一声となえるだけで往生が決定すると説く
　b　法然
　c　往生の可否は信心と無関係なのだから，信心の起きない人でも念仏をとなえれば救われる
② a　南無阿弥陀仏と書かれた名号札の力を一心に信じている
　b　法然
　c　信心の有無こそが往生の可否を決定するのだから，信心の起きない人が念仏をとなえても救われない
③ a　阿弥陀仏や極楽を心に思い描いて念仏する
　b　法然
　c　往生の可否は心の純粋さに関係があるのだから，純粋な信心によって念仏をとなえてこそ救われる
④ a　南無阿弥陀仏と一声となえるだけで往生が決定すると説く
　b　一遍
　c　往生の可否は信心と無関係なのだから，信心の起きない人でも念仏をとなえれば救われる
⑤ a　南無阿弥陀仏と書かれた名号札の力を一心に信じている
　b　一遍
　c　信心の有無こそが往生の可否を決定するのだから，信心の起きない人が念仏をとなえても救われない
⑥ a　阿弥陀仏や極楽を心に思い描いて念仏する
　b　一遍
　c　往生の可否は心の純粋さに関係があるのだから，純粋な信心によって念仏をとなえてこそ救われる

Ⅱ　次の**レポート**は，江戸時代において，どのような場面で「問い」が発せられていたかについて，Cがまとめたものである。

> **レポート**
>
> 江戸時代には特定の文献を基に，仲間同士で問いと応答を交わす「会読」が流行し，伊藤仁斎も行った。問答形式で書かれた『童子問』で，ⓓ仁斎は「仁」について，「我よく人を愛すれば，人またよく我を愛す」と説いている。
>
> また，ⓔ吉田松陰が牢獄で囚人たちと行った，『孟子』の会読も印象深かった。松陰は獄中でも，『孟子』の内容を切実に問うた。どんな境遇でも，誰に対しても，問いは生まれるものなのだと，私は松陰から教えられた。

問4　下線部ⓓに関して，Cは同級生に対して，伊藤仁斎が下線部ⓓで説いていることを，身近な人間関係に即して説明した。伊藤仁斎が説く「仁」の説明として最も適当なものを，次の①～④のうちから一つ選べ。［4］

①　人の心を，安易に信じては危ないよね。そんなものより，礼儀により外面を整えることが大事だと思う。私が先輩に挨拶すれば，先輩も私に挨拶を返す，この礼儀が「仁」だよ。

②　本当に大切なことは，日常の間柄にあるはずだよ。あらゆる偽りを排することを心掛け，私が弟に思いやりを持って接すれば，弟も私に思いやりを返す，この思いやりが「仁」だよ。

③　人間の私利私欲は，厳しくつつしまねばならないよね。欲望から完全に脱することによって可能となるような，私が友人を思いやって友人も私を思いやる，愛に満ちた間柄が「仁」だよ。

④　人間関係には，厳格さが必要だよね。人間の上下関係の秩序を重んじ，その道理と心を一体にすることによって可能となる，先生に対する正しい振る舞いが「仁」だよ。

問5 下線部ⓔに関して，Cは，次の**資料**を基に，後の**スピーチ**を同級生に向けて行った。吉田松陰の思想と**資料**の内容を踏まえて，**スピーチ**中の［a］・［b］に入る記述の組合せとして最も適当なものを，後の①～④のうちから一つ選べ。［5］

資料

いま我々は囚人となり，また世間に出て陽(ひ)の目を見ることも望めない。お互いに学問を講じても……，何の功利があるだろうか云々(うんぬん)，というのは，いわゆる利の説である。仁義の説はそうではない。……人と生まれて人の道を知らず……士と生まれて士の道を知らないのは，恥の最たるものではないか。もしこれを恥じる心があるならば，書を読み道を学ぶより他に方法はない。

（吉田松陰『講孟余話』より）

スピーチ

これは［a］を説いた吉田松陰が，獄中での『孟子』の会読と講義の意義を論じた文章です。松陰は獄中でも，問いをもって『孟子』を読みました。松陰は**資料**で，［b］ために問い，学ぶべきだと言うのです。……

① a 「誠」を掲げて，自己の心情の純粋さを追い求めること
　b 道をわきまえぬことを恥じる心に基づき，人としての道を知る

② a 「一君万民論」を唱えて，天皇のもとで国民が一体となること
　b 恵まれた境遇が巡ってきたときに，力を発揮する

③ a 武士道を儒学により体系化し，「士道」という武士のあり方を守ること
　b 士として生まれた以上，どんな境遇でも，士の道を知る

④ a 「死ぬこと」に武士道の本質を見いだし，ひたすら主君に献身すること
　b 書物の世界に没頭し，囚人という境遇から自由になる

Ⅲ 「問い」をテーマに日本思想について探究活動を行っているＣは，毎日書いている日記を見返してみた。次の**日記**は，Ｃが，その中から主に倫理の授業の明治時代以降に関係する部分を抜粋したものである。

日記

○6月20日

先生からⓕ明六社の話を聞く。学者が問いと応答を交わす，明治時代の討議討論。江戸時代の会読でも，似たようなことをしていたな。それにしても，問いはどんな風に生まれてくるのだろう？

○7月11日

今日の授業でⓖ西田幾多郎について学んだ。西田は「人生の悲哀」が宗教や哲学の問いの根源にあると言う。「人生の悲哀」とは，誰もが生きている日常の中で経験する悩みや行き詰まりのことなのだろう。これまで問いは先生など目上の者であれ，仲間という同等の者であれ，他者に問うものだと思っていた。でも，「人生の悲哀」が問いの根底にあると考えるなら，それは他でもない自分自身の私的で内的な実感なのだから，他者に問う場合でも，その前提として，自分自身に向けて問うということがあるのではないか。実際に西田の講義は自問自答のスタイルだったらしい。西田の哲学する姿勢が教えてくれるように，自分自身への問いも，正真正銘の問いだし，そうした問いも，誰でも体験する感覚に由来するものなんだな。私が日記でしている自問自答も，西田の問いに通じるところがあるのかな？

○7月17日

改めて考え直してみると，問いをもって『孟子』を読んだ吉田松陰の牢獄での営みも，西田幾多郎の自分自身への問いも，私の自問自答も，問いであるという点では同じなんだよな。私は探究活動で使えるような問いを見付けるのは苦手だと思っていたけれど，自問自答なら得意なんだし，積極的に取り組んでみようかな。

問 6　下線部ⓕに関して，次の**ア**・**イ**は，明六社の一員についての説明であるが，それぞれ誰のことか。その組合せとして正しいものを，後の①～⑥のうちから一つ選べ。 6

ア　封建的な一夫多妻に対して問題を提起し，夫婦平等の権利と義務を訴え，欧米を参考にした近代的な婚姻形態のルールを世に問うた。

イ　明治時代の日本の行き過ぎた西洋化に対して疑問を覚え，西洋思想を取り入れつつも，日本の伝統的な儒学に根ざした国民道徳論を世に問うた。

①　**ア**　森有礼　　　**イ**　加藤弘之
②　**ア**　森有礼　　　**イ**　西村茂樹
③　**ア**　加藤弘之　　**イ**　森有礼
④　**ア**　加藤弘之　　**イ**　西村茂樹
⑤　**ア**　西村茂樹　　**イ**　森有礼
⑥　**ア**　西村茂樹　　**イ**　加藤弘之

問 7　下線部ⓖに関して，西田幾多郎の哲学についての記述として最も適当なものを，次の①～④のうちから一つ選べ。 7

①　主観と客観の対立から出発し，主観の根底にあるものとしての「場所」という考えを打ち出し，そこから純粋な客観的世界を説明した。

②　主観と客観の対立を乗り越えるべく，主観的なものを一切含まない，純粋な客観的世界としての「場所」という考えを打ち出した。

③　現実の世界の根源的なあり方として，絶対的に対立するものが，矛盾しつつも同一性を保つという「絶対矛盾的自己同一」を唱えた。

④　現実の世界においては，歴史の進歩に伴い，様々な矛盾は乗り越えられると考え，その結果を「絶対矛盾的自己同一」と名付けた。

問8 7月末，Cは次の**資料**を学校に持参し，先生と後の会話を交わした。**資料**と132ページの**日記**の内容を踏まえて，会話中の[a]・[b]に入る記述の組合せとして最も適当なものを，後の①～④のうちから一つ選べ。[8]

> **資料**
> 真の読書においては著者と自分との間に対話が行われるのである。しかも自分が勝手な問を発するのではなく，自分が問を発することは実は著者が自分に問を掛けてくることであり，しかも自分に問題がなければ著者も自分に問を掛けてこない。かくして問から答へ，答は更に問を生み，問答は限りなく進展してゆく。
>
> （三木清『読書と人生』より）

C ：私は次第に，問いはいつでも誰に対しても生じるのだと考えるようになったのですが，さらに**日記**を書いていて，[a]ことに気付きました。三木清は，読書でも問いが不可欠だと言っていますね。

先生：そうです。読書中の問いについて，三木は何と言っていますか？

C ：はい，[b]ということですね。読書は他者への問いと自己への問いを兼ね備えた営みですが，読書などを通じて足元で生じた素朴な問いを，丁寧に拾い集めることが，自分の問いの始まりなんですね！

① a 他者に向けられた問いも自問自答も問いであることは同じである
  b 問いは次々に更なる新たな問いを生み出していく
② a 問いは他者に向けられることではじめて真の問いとなる
  b 問いを出すことで，問いと答えの応酬が生じてくる
③ a 西田幾多郎の問いと似たことを自分もしている
  b 読者は謙虚に，著者が次々と投げ掛ける問いにもっぱら従うべき
④ a 思想家たちの問いと自分の自問自答は区別しなければならない
  b 読者が思い付いた問いを，著者に気の向くまま投げ掛けてよい

2 「道」とは何か

以下を読み，下の問い(問１～８)に答えよ。なお，Ⅰ～Ⅲに登場するCとDとEは各々全て同じ人物である。

Ⅰ　次の会話は，高校生Ｃと日本文化に興味を持つ留学生Ｄ，および先生Ｅが交わしたものである。

〈教室で〉

Ｃ：昨日，テレビでやってた柔道の試合，観(み)た？

Ｄ：はい。とても興奮しました。ところで，Judo は日本語で「柔らかい道」と書きますが，なぜそのように書くのですか？

Ｃ：えーと，この場合の「道」は，「道路」の意味じゃなくて，人の生き方に関わる大事な概念で…。「茶道」とかもそうだけど，ⓐ伝統芸能なんかも「芸道」って言うし…。そうだなぁ…。今日の放課後にでも，倫理を担当しているＥ先生のところに，一緒に質問に行ってみない？

Ｄ：それはよいアイディアですね！

〈職員室で〉

Ｃ：先生，「柔道」の「道」には，どんな意味があるんでしょうか？

Ｅ：最初に断っておくと，「柔道」という言葉が広く使われ始めたのは，明治期以降のことで，それ以前は「柔術」と呼ばれていました。「仏道」や「神道」など，「○○道」という言葉は古くからありますが，そうした表現をあえて使って「柔術」を「柔道」と呼んだところに，ⓑ近代になっても，「道」が重要な意味を持つ概念と捉えられていたことがうかがえます。

Ｄ：とても興味深いですね。

Ｅ：では，今度，伝統的に「道」がどんな意味で使われてきたのかを，授業で考えてみましょう。

問１ 下線部ⓐに関連して，次の**写真**は，日本の伝統行事を撮影したもので，下の会話は，高校生Ｃと留学生Ｄが**写真**を見ながら折口信夫の思想について交わしたものである。下線部**ア**・**イ**の発言内容の正誤の組合せとして正しいものを，下の①～④のうちから一つ選べ。［ 1 ］

写真 王子神社田楽舞（でんがくまい）

Ｄ：ユニークな衣装ですね。彼らは舞台の上で何をしているのですか？

Ｃ：神様に「田楽舞」という舞を捧（ささ）げているんだ。舞台上の旗の文字が，そのことを示しているよ。ア折口信夫は，日本の文学や芸能の源流に，神への信仰があると考えていたんだ。

Ｄ：写真の右側には，舞台を見守る観客の姿も写っていますね。

Ｃ：このように，イ神事などを見物するために，共同体の外部からやってきた観客のことを，折口は「まれびと」って呼んだんだよ。

①	ア	正	イ 正	②	ア	正	イ 誤
③	ア	誤	イ 正	④	ア	誤	イ 誤

問2 下線部ⓑに関連して，次の文章は，近代日本の思想家に関する説明である。文章中の［ a ］・［ b ］に入る語句の組合せとして最も適当なものを，下の①～④のうちから一つ選べ。［ 2 ］

森鷗外は，当時の日本社会を，近代国家として発展途上にあると捉えた。その上で彼は，そうした状況下で否応(いやおう)なく生じる社会と自我との矛盾や葛藤を解消する方法を模索していく中で，「［ a ］」の思想を提示した。また，［ b ］は，西洋近代の芸術観を批判し，伝統と自然に支えられ，生活に密着した「工芸の道」に「用の美」を見ようとする，民芸運動を主導するなどした。

① a 諦念(レジグナチオン)　b 柳宗悦
② a 諦念(レジグナチオン)　b 岡倉天心
③ a 自己本位　b 柳宗悦
④ a 自己本位　b 岡倉天心

Ⅱ　次の会話は，Ⅰの会話の後に行われた授業の中で交わされたものである。

E：「道」は，もともと中国哲学上の重要概念の一つで，「人や物が通るべきところ」のほか，「根源的実在」，「普遍の真理」など，しばしば無形の規範としても捉えられてきました。また，様々な神々を祀(まつ)る日本古来の信仰が，ⓒ<u>「神道」</u>とか「惟神(かんながら)の道」とかと呼ばれてきたように，ここでも「道」という語が使われてきました。ただ，「道学先生」などといった日本語表現には，少し違った含意があるのですが…。

D：先生，「道学先生」って，どういう意味ですか？

E：一般には，道理に囚(とら)われて融通の利(き)かない，世事や人情に疎(うと)い頑固な学者などを指します。例えば，与謝野晶子の，「やは肌のあつき血汐(ちしお)にふれも見でさびしからずや道を説く君」という歌の中に詠まれている「道を説く君」にも，同様の意味合いが見て取れるように思います。

C：このような歌が詠まれた背景には，［ a ］の流れをくむ，与謝野晶子の思想があるということですね。

問3　下線部ⓒに関連して，日本で祀られる神についての記述として最も適当なものを，次の①～④のうちから一つ選べ。［ 3 ］

① 古代からそれぞれの土地を鎮め守ってきた日本の神々は，復古神道において仏教と習合したことで，広く人々の信仰の対象となった。

② 太陽を神格化したと考えられるアマテラス(天照大神)は，高天原で祭祀(さいし)を行う神であるため，祀られる対象とはならない。

③ 人々に災厄をもたらさず，五穀豊穣(ほうじょう)など様々な恵みを与えてくれるありがたい存在だけが，日本の土着の神々として祀られる対象とされた。

④ 人間の力や知恵を超えた不可思議な自然の現象や存在物は，神秘的霊力を持つ神々として，畏怖や崇拝の対象とされた。

問4　上の会話中の［ a ］に入る語句として最も適当なものを，次の①～④のうちから一つ選べ。［ 4 ］

① 一般民衆による下からの文明化を推進しようとする平民主義

② 人間の感性の解放や，自我や個性の尊重を主張するロマン主義

③ 下層民の救済を主張するキリスト教的人道主義・博愛主義

④ 自己の内面の醜さを含め，人間をありのままに表現しようとする自然主義

Ⅲ 次の**ノート**は，先生Ｅの日本思想に関する授業中に高校生Ｃが書き留めたものである。

ノート
・「道」は，訓読では〈みち〉。「神聖さ」を意味する「御(み)」と，「行きかう場」を意味する「路(ち)」が語源だともされる。
・「道」の概念は，社会的規範としての「倫理」とも深く関わる。
・「道」は，ⓓ<u>儒教</u>や道教で説かれる中国哲学上の重要概念の一つ。
・「仏教」は，近代以前には，一般にⓔ<u>「仏道」</u>と呼ばれた。
・ⓕ<u>近世の思想家</u>の中には，「仏道」批判を展開した人も少なくない。

問５ 下線部ⓓに関連して，次の**メモ**は，中江藤樹の思想について高校生Ｃが書き留めたものである。**メモ**中の［ a ］・［ b ］に入る語句の組合せとして最も適当なものを，下の①～④のうちから一つ選べ。［ 5 ］

メモ
中江藤樹は，［ a ］を道徳の根本を据えた。そして，この［ a ］という原理を，［ b ］であるとした。

① a 孝
　b 人間関係だけでなく，あらゆる事象や事物をも貫くもの
② a 孝
　b 人間関係のみに当てはまる，人間関係に固有のもの
③ a 愛
　b 人間関係だけでなく，あらゆる事象や事物をも貫くもの
④ a 愛
　b 人間関係のみに当てはまる，人間関係に固有のもの

問６　下線部ⓔに関連して，次の**ア～ウ**は，仏教の僧侶の活動についての説明である。その正誤の組合せとして正しいものを，下の①～⑥のうちから一つ選べ。［６］

ア　日本において臨済宗を開いた栄西は，中国の禅を日本にもたらすとともに，『喫茶養生記』を著して，喫茶の習慣を伝えた。

イ　日本天台宗の開祖である最澄は，唐から帰国した後，広く種々の学問を学ぶことのできる，庶民のための学校である綜芸種智院を設立した。

ウ　日蓮宗の開祖である日蓮は，国難について研究し，『般若経』が興隆することで，国も民も安泰となると説き，人々に「題目」を唱えることを勧めた。

① **ア** 正　**イ** 正　**ウ** 誤
② **ア** 正　**イ** 誤　**ウ** 正
③ **ア** 正　**イ** 誤　**ウ** 誤
④ **ア** 誤　**イ** 正　**ウ** 正
⑤ **ア** 誤　**イ** 正　**ウ** 誤
⑥ **ア** 誤　**イ** 誤　**ウ** 正

問７　下線部ⓕに関連して，近世の思想家の仏道批判についての記述として**適当でないもの**を，次の①～④のうちから一つ選べ。［７］

①　富永仲基は，仏典に書かれていることは，釈迦の言葉に後世の人が解釈を加えたものであり，釈迦本人の教えをそのまま伝えるものではないと批判した。

②　山片蟠桃は，僧侶たちは霊魂不滅などということを説くが，霊魂など実際にはどこにも存在しないと，合理的な立場から仏道を批判した。

③　手島堵庵は，古代の人々が持っていたおおらかで生き生きとした感情を押し殺したとして，儒学の考え方も仏道の考え方も，ともに批判した。

④　安藤昌益は，人間の生き方を堕落させ，差別と偏見に満ちた社会を作り出したとして，儒学や神道とともに，仏道を批判した。

問 8　留学生Dは，授業後に，次の**資料**を参考にして，下の**レポート**を作成した。**資料**の趣旨を踏まえて，**レポート**中の［ a ］に入る記述として最も適当なものを，下の①～④のうちから一つ選べ。［ 8 ］

資料

人間生活の不断の転変を貫ぬいて常住不変なるものは，古くより風習として把捉せられていた。風習は過ぎ行く生活における「きまり」「かた」であり，従って転変する生活がそれにおいて転変し行くところの秩序，すなわち人々がそこを通り行く道である。人倫における五常とはまさにこのような秩序あるいは道にほかならぬ。しかるに人間共同態は本来かくのごとき秩序にもとづくがゆえに可能なのである。

（和辻哲郎『人間の学としての倫理学』より）

レポート

資料の中で論じられている「きまり」「かた」というのは，［ a ］のことです。

和辻哲郎をはじめ，近代の様々な思想家たちが，伝統的な「道」の思想に着目し続けたのは，明治期以降，日本人の生活が大きく変わったことで，生きるための指針が見えにくくなったことと深く関係しているのではないかと考えました。

① 人々の生活を貫く秩序ではあるが，道とは言えないもの
② 人倫における五常とは，どのような場合にも対立するもの
③ いかなる時代の人間とも関わりを持ってこなかったもの
④ 転変し続ける人間生活を貫いて，あり続けるもの

3　人間と自然との関わり

次の文章を読み，問い(問1～8)に答えよ。

自然は私たちに対して，様々な顔をみせる。雨や日の光は作物を豊かに育(はぐく)み，大雨や大風は私たちの生命を脅かす。日本において先人たちは，自然をどのように捉(とら)え，人間と自然との関(かか)わりをどのように考えてきたのだろうか。

古代において天災や飢饉(ききん)は，ⓐ神のあらわれとして捉えられていた。人々は，自然を畏(おそ)れ敬い，神として祀(まつ)ることによって，自然の荒々しい力が和らぎ豊穣(ほうじょう)がもたらされることを願っていた。その後仏教が伝来すると，自然は人間と同様に仏と成る可能性をもつ存在であるという見方がもたらされ，ⓑ天台宗では，草木の成仏に関する議論が積み重ねられた。こうした思想は，ⓒ文芸や芸術にも影響を与え，成仏を願う草木の精と僧との対話を描いた能などが作られた。人々は，自然を神として，またともに仏と成る存在として，敬い尊重していたと言えよう。

近世になると儒学者たちは，自然は人間をも包み込む大いなる秩序であり，万物を生み育んでいると考えた。人間の営みも自然の秩序の一部であり，それゆえ，他者に対する仁愛の徳の実践も，万物を育み慈しむ天地自然の働きへの参与であると考えられた。また，ⓓ二宮尊徳は，農業という営みを通じて，天地自然を貫く法則と人間の営みとの関係について考察した。彼らは，万物を包む天地自然の働きを踏まえ，ⓔ人間として望ましい行いについて探究したのである。そうした思想からは，自然の大いなる働きに対する敬いの気持ちが読み取れるだろう。

明治時代になると，西洋を手本とした文明化が目指され，近代科学の移入が進められた。そうしたなかで，ⓕ人間は自然を対象化し支配する能力をもつ存在であり，自然は人間が開発する対象であるという考え方が強まり，自然に対する敬意は薄れていった。こうした態度が，現在の自然観につながっている。宮沢賢治もまた，ⓖ冷害や旱魃(かんばつ)に苦しむ人々を救うために，科学的な知識を利用しようとしたが，一方で，自然を単なる資源とみなすことに対して疑問を抱いていた。彼は，自然と人間を含めた世界全体が幸福になる道を模索し，苦悩し続けたのである。

先人たちの思索からは，現在とは異なる自然との関わり方を学ぶことができる。それらを手がかりとして，私たちは，現在の自然観の問題点について考え，今後どのように自然と関わっていくべきか，問い直してみてはどうだろうか。

問 1　下線部ⓐに関して，次の文章は，仏教伝来後に生じた，神の捉え方の変化についての記述である。[a]・[b]に入れる語句の組合せとして正しいものを，下の①～④のうちから一つ選べ。[1]

神に対する信仰は，仏に対する信仰と融合し，神の前で[a]が行われるようになった。その理由は，神も人間と同じように苦しんでおり，神自身が，苦しみから脱することを願っているからである，と説明されている。さらに，平安時代になると，神は仏の仮の姿であるとする[b]が生まれている。

① a 祓い(祓え)　b 権現思想
② a 祓い(祓え)　b 御霊信仰
③ a 読経　b 権現思想
④ a 読経　b 御霊信仰

問 2　下線部ⓑに関して，天台宗の僧侶であった源信の説明として最も適当なものを，次の①～④のうちから一つ選べ。[2]

① 諸国を旅し，井戸や池を掘り，阿弥陀仏の名をとなえながら野原に遺棄された死者を火葬して歩き，阿弥陀聖と呼ばれた。
② 日本において往生を遂げたとされる人物の伝記を集め，『日本往生極楽記』を著し，後世の往生伝や説話集に，大きな影響を及ぼした。
③ 念仏をとなえれば誰(だれ)でも往生することができると説き，行き合う人々に念仏札を配りながら諸国を遊行し，捨聖と呼ばれた。
④ 極楽浄土や地獄について述べた書物を著し，浄土に往生するためには，阿弥陀仏の姿を心に思い描く必要があると説いた。

問3 下線部ⓒに関連して，次のア～ウは，文芸や芸術の分野で，美について思索した人物について説明したものである。その正誤の組合せとして正しいものを，下の①～⑧のうちから一つ選べ。 **3**

ア 吉田兼好は，『徒然草』を著し，今にも花が咲きそうな梢(こずえ)や，花が散った後の庭に，見所があると述べ，世の中は無常であるがゆえに，「あはれ」があるのだと主張した。

イ 世阿弥が大成した能楽は，「幽玄」を理念としていた。世阿弥は，『風姿花伝』(『花伝書』)を著し，演技者が目指すべき有り様を「花」に譬(たと)えながら，演技者としての心得を説いた。

ウ 千利休が大成した茶道では，「わび」の精神が重んじられた。「わび」とは，華麗なものにも簡素なものにも，ひとしく無常と美を見いだし，そこに安らぎを覚えようとする精神のことである。

①	ア 正	イ 正	ウ 正
②	ア 正	イ 正	ウ 誤
③	ア 正	イ 誤	ウ 正
④	ア 正	イ 誤	ウ 誤
⑤	ア 誤	イ 正	ウ 正
⑥	ア 誤	イ 正	ウ 誤
⑦	ア 誤	イ 誤	ウ 正
⑧	ア 誤	イ 誤	ウ 誤

問4 下線部ⓓに関して，二宮尊徳の思想の説明として最も適当なものを，次の①～④のうちから一つ選べ。 **4**

① 動物は，春には草を秋には木の実を食物とするほかはないが，人間は，一年中米を食べることができる。これは，人間の努力の結果であるので，人間は，天地の恩ではなく，他者の恩を自覚すべきである。

② 動物は，目の前にある食物を満足するまで食べてしまうが，人間は，今年のものを来年に残すことができる。これが人間の特徴であり，人間は，将来にそなえて貯蓄し，その蓄えによって他者に貢献すべきである。

③ 植物は，天地自然の働きによって成長するが，農業を営む人間にとって，雑草の成長は都合が悪いものである。しかし，人間は，天地の恩を思い，雑草を含めたすべての生命を慈しみ尊重すべきである。

④ 植物は，天地自然の働きによって，葉を茂らせ根を広げるが，これは，自らの欲望を自由にあらわした姿である。だから，人間は，植物を見習い，常に自らの願望を満たすように生きるべきである。

問5 下線部ⓔに関して，次の**ア**～**ウ**は，人間として望ましい行いについて説いた江戸時代の思想家の説明であるが，それぞれ誰のことか。その組合せとして正しいものを，下の①～⑥のうちから一つ選べ。 5

ア 徳川方の武士として軍功をたて，後に禅僧となった。武士・農民・職人・商人のいずれも，自らの生業を通じて仏と成ることができると説き，商人は，売買の営みを，天道から与えられた役目として受けとめ，正直を旨として商いに励むべきであると述べた。

イ 中江藤樹のもとで儒学を学んだ。そして，「治国平天下」という儒学の理念を，現実との関わりのなかで考え，例えば，樹木を切り尽くすと山の保水力が乏しくなり水害が起こりやすくなるので，山林を保護すべきであると主張した。

ウ 独学で，神道・仏教・儒教を学び，自らの商人としての体験を踏まえ，人の道について考察した。倹約と正直に基づいた，商いによる利益の追求を，天理にかなう正当な行為であるとし，倹約と正直という徳は，すべての人が守るべき道であると説いた。

① **ア** 石田梅岩 **イ** 熊沢蕃山 **ウ** 鈴木正三
② **ア** 石田梅岩 **イ** 鈴木正三 **ウ** 熊沢蕃山
③ **ア** 熊沢蕃山 **イ** 石田梅岩 **ウ** 鈴木正三
④ **ア** 熊沢蕃山 **イ** 鈴木正三 **ウ** 石田梅岩
⑤ **ア** 鈴木正三 **イ** 石田梅岩 **ウ** 熊沢蕃山
⑥ **ア** 鈴木正三 **イ** 熊沢蕃山 **ウ** 石田梅岩

問６　下線部ⓕに関連して，このような状況のなかで，自然との関わり方について考察した人物として，南方熊楠があげられる。南方熊楠の説明として最も適当なものを，次の①～④のうちから一つ選べ。［６］

① 村落共同体を生きる人々の生活に注目し，民俗学を創始した。人々にとって山は先祖の霊が帰る場所であり，人々は，ときを定めて先祖の霊と交流することができると信じていた，と説き，村落共同体の景観と信仰との関係について考察を進めた。

② 明治政府によって神社合祀令が出されたときに，古い社や鎮守の森が破壊されるとして反対運動を起こした。鎮守の森は，人々の信仰心や共同性を育むものとして必要であるとともに，生態学の研究対象としても重要であると主張した。

③ 歌人として活躍するとともに，古くからの神のあり方について研究を進めた。神の原型は，海のかなたにある常世国から定期的に村落を訪れる「まれびと」であり，人々は海のかなたに理想的な世界を思い描いていた，と説いた。

④ 明治時代後半に足尾鉱毒事件が起こったとき，農民の側に立って反対運動を行った。鉱毒が川に流れ込むことによって魚が死に田畑が荒れていくなかで，人々の生活と自然との強い結び付きを見いだし，「民を殺すは国家を殺すなり」と訴えた。

問７　下線部ⓖに関連して，次の文章は，和辻哲郎が，「風土」として捉えた自然について述べたものである。その内容の説明として最も適当なものを，和辻哲郎の思想を踏まえて，下の①～④のうちから一つ選べ。［７］

このような自己了解(風土における自己了解)は，寒さ暑さを感ずる「主観」としての「我れ」を理解することではない。……寒さを感ずる時には我々は体を引きしめる，着物を着る，火鉢のそばによる。否，それよりもさらに強い関心をもって子供に着物を着せ，老人を火のそばへ押しやる。あるいは着物や炭を買い得るために労働する。炭屋は山で炭をやき，織布工場は反物を製造する。すなわち寒さとの「かかわり」においては，我々は寒さをふせぐさまざまの手段に個人的・社会的に入り込んで行くのである。……同様なことは炎暑についても，あるいは暴風・洪水のごとき災害についても言えるであろう。我々はこれらのいわゆる「自然の暴威」とのかかわりにおいてまず迅速にそれを防ぐ共同の手段に入り込んで行く。風土における自己了解はまさしくかかる手段の発見としてあらわれるのであって，「主観」を理

解することではない。（『風土』より）

① 私たちは，寒さを感じるときには孤立感を，自然の暴威に立ち向かうときには他者との一体感を感じる。私たちは，風土において，自らの身を犠牲にして間柄的存在として振舞うことを学ぶのである。
② 私たちは，寒さ暑さや暴風・洪水をもたらす自然に対して，対抗する手段をもっていない。私たちは，他者とともに風土と関わることを通じて，我々が，忍従的かつ受容的な存在であることを了解するのである。
③ 私たちは，寒さ暑さや暴風・洪水をもたらす自然に対して，主観的な立場から対抗策を考えることはできない。私たちは，他者とともに風土と関わることを通じて，自然を客観的に捉えることを学ぶのである。
④ 私たちは，寒さを感じるときに，個人的に対策を講じるだけではなく，他者と一緒に寒さを防いでいく。私たちは，風土において，自らが，個人であるとともに共同して生きる存在であることを了解するのである。

問8 本文の趣旨に合致する記述として最も適当なものを，次の①～④のうちから一つ選べ。［8］
① 日本における人間と自然の関係をたどってみると，人間を自然の一部であると考えることによって，自然に対する依存心が形成されたことが分かる。今後私たちは，伝統的な自然観がもたらした環境破壊の事例に学び，自然を敬う心を養う方法について考察していくべきだろう。
② 日本における自然観の変化をみていくと，人間は，自然を何らかの法則によって捉えるという営みを通じて，自然を敬う態度を育んできたことが分かる。今後私たちは，自然を客観的に把握するという試みをさらに進め，現在の自然観を広く普及させることを目指すべきだろう。
③ 日本における人間と自然の関係をたどってみると，様々なかたちで育まれてきた，自然を敬い尊重する姿勢が，近代以降は見失われる傾向にあることが分かる。今後私たちは，近代的な自然観の問題点について検討し，自然との望ましい関わり方について考察していくべきだろう。
④ 日本における自然観の変化をみていくと，それぞれの時代の自然観は，仏教や儒学など外来の文化を尊重し，自国の文化を批判することを通じて形成されてきたことが分かる。今後私たちは，過去の自然観を批判し，新しい時代に適合した自然観を確立していくことを目指すべきだろう。

4 他者とともに生きる

次の文章を読み，問い(問1～7)に答えよ。

人は，個であると同時に，一人では生きられない。そのため，自己の生き方を考えるとき，他者とどのように共同して生きるのかという問いが生まれる。こうした問題は，日本ではどのように考えられてきたのだろうか。

古代，人々は，神々を祀(まつ)ることで村落共同体の繁栄を願った。共同体の繁栄によって，幸せが得られると考えたのである。大陸から伝来した仏教も，国家という共同体に安泰をもたらすものとして受け止められた。だが，仏教はまた，人はみな煩悩に苦しむ存在であり，自己の救済と他者の救済は結び付いているという教えをもたらした。その教えに基づき，最澄は他者を救う力を求めて山岳修行に努めた。自他の救済という課題は，後のいわゆるⓐ鎌倉新仏教にも引き継がれていく。例えば，一遍は，広く人々に念仏をすすめ，ともに往生することを目指した。

江戸時代には，儒学者は，人倫関係を軽視するものとしてⓑ仏教を批判し，親子や主従など日常的な人間関係に関心を向けることを主張した。例えば，伊藤仁斎は，身近な人との共同のあり方として，儒学の孝悌忠信という教えに注目した。一方，ⓒ国学者は，儒学や仏教を外来の教えとして批判した。彼らは古(いにしえ)の日本人に，外来の教えに縛られることなく，固有の文化や言語を共有して生きる，理想の共同のあり方を見いだしたのである。

近代になり，西洋文明を受容した啓蒙思想家は，個人が自覚的に国家の担い手となる新たな国造りを目指した。福沢諭吉は，「一身独立して一国独立す」と述べ，日本の対外的な独立には，学問による一人ひとりの独立が必要であると説いた。しかし，富国強兵を目指すⓓ急速な近代化のなかで，例えば，平民主義を唱えた徳富蘇峰が，徐々に国家主義的主張に転じていったように，国家重視の傾向が強くなっていく。こうした状況のなかで，高まる社会的不平等を批判し，ⓔ貧しい人々や女性など社会的弱者の救済を訴える者もいた。さらに敗戦後には，ⓕ戦時期への反省から，個人が尊重される，新たな社会の実現を目指す主張が現れた。

人は，他者とともに生きている。それゆえ，生の有り様を考える際，他者との関係を切り離すことはできない。ならば，自己がよりよく生きるために，他者との共同のあり方を模索することが重要なのではないだろうか。

問1 下線部ⓐに関して，栄西の思想の説明として最も適当なものを，次の①～④のうちから一つ選べ。 1

① 外には戒律を守り，内には慈悲の心を保って坐禅に打ち込み，悟りに達することによって，自己だけでなく国家をも平安にできる。

② 自ら善行ができると思う人は，自分に煩悩があるという自覚がない。自らの煩悩を自覚し，阿弥陀仏の他力をたのむ人にこそ救済はある。

③ ひたすら坐禅をして，身心を尽くした修行が重要であり，それにより，一切の束縛から解放され，身心脱落の境地に至る。

④ 釈迦の教えを正しく伝える『法華経』にこそ真理がある。この経典を最高のものとして尊重し，題目を唱えることで成仏は可能になる。

問2 下線部ⓑに関して，戦国時代から江戸時代の初期に，仏教を棄(す)てて儒学者となり，後に近世儒学の祖とされた人物として正しいものを，次の①～④のうちから一つ選べ。 2

① 西川如見　② 室鳩巣　③ 木下順庵　④ 藤原惺窩

問3 下線部ⓒに関して，平田篤胤の思想の説明として最も適当なものを，次の①～④のうちから一つ選べ。 3

① 『万葉集』を，古の遺風を伝える書物と考え，儒学や仏教の解釈によらずに，文献学的・実証的に研究すべきだと主張した。古来の為政の理想である古道を見いだす学問を始め，国学の祖と言われる。

② 和歌や物語文学を通じて歌道を研究するなかで，漢意を捨てて，悲しむべきことを悲しみ，喜ぶべきことを喜ぶ，ありのままの心のはたらきを知ることこそが大切であると説いた。

③ 古道を知るには『万葉集』を研究すべきであると考え，儒学や仏教の影響を受けていない日本人の素朴な自然のままの境地の重要性を主張し，「高く直き心」を理想とした。

④ 死後の霊魂の行方を論じるなど，日本人の死後の安心にも関心を抱いた。また，仏教や儒学の教説を排除し，神の子孫である天皇を中心とした古代の道に立ち戻るべきだと，独自の神道説を唱えた。

問4 下線部ⓓに関して，日本の近代化について述べた夏目漱石の次の文章を読み，その説明として最も適当なものを，下の①～④のうちから一つ選べ。 4

日本の開化は自然の波動を描いて甲の波が乙の波を生み乙の波が丙の波を押し出すように内発的に進んでいるかというのが当面の問題なのですが，残念ながらそう行って居ないので困るのです。……日本の現代の開化を支配している波は西洋の潮流で，その波を渡る日本人は西洋人でないのだから，新しい波が寄せるたびに，自分がその中でいそうろうをして気兼ねをしているような気持ちになる。新しい波はとにかく，今しがたようやくの思いで脱却した旧(ふる)い波の特質やら真相やらも弁(わきま)えるひまのないうちに，もう棄てなければならなくなってしまった。……これは開化じゃない，開化の一端ともいえないほどの些細(ささい)な事である。……我々のやっている事は内発的でない，外発的である。これを一言にしていえば，現代日本の開化は皮相上滑りの開化であるということに帰着するのであります。……それが悪いからおよしなさいというのではない。事実やむをえない，涙を呑(の)んで上滑りに滑って行かなければならないというのです。

(「現代日本の開化」より)

① 現代の開化は，皮相で外発的なものであり，それは受動的に時代に流されているということである。日本の開化は受け身ではなく，主体的で内発的な近代化でなければならないし，それは可能であると漱石は主張している。

② 随時新しいものを輸入し，以前の考え方を刷新することで，内発的な近代化が可能になる。新しいものを取り入れることには苦労が伴うが，その苦労を引き受けることで，真の近代化が可能になると漱石は述べている。

③ 西洋の新しいものを単に受け入れるのではなく，その中身を吟味し消化する内発的な近代化が大切であるが，実現は困難である。内発的な近代化という理想と，外発的な近代化が進む現状との落差を，漱石は指摘している。

④ 現代の開化は，西洋の内発的で順調な近代化と比較して，正常なコースを大きく外れたものである。このままでは日本は西洋に追いつくことはできないと，嘆くしかない悲観的な現実認識を漱石は示している。

問5 下線部ⓔに関して，次の**ア**～**ウ**は当時の貧しい人々や女性など社会的弱者の問題について考えた人物の説明である。その正誤の組合せとして正しいものを，下の①～⑧のうちから一つ選べ。[5]

ア 北一輝は，貧しい農民や労働者を救うために，現状を変革し，富が平等に分配されるようにすべきだと訴えた。そのためには，天皇と国民が直結する国家の建設が必要だと考え，『日本改造法案大綱』を著した。

イ 与謝野晶子は，歌人として，自己の感情や官能を大胆に歌い，人間性の解放を主張した。また，「元始，女性は実に太陽であった」と主張し，女性の解放を求める運動を展開した。

ウ 河上肇は，『貧乏物語』を著すなど，貧困への対策の必要を説いた。彼は，内村鑑三やトルストイの影響を受けた人道主義者であったが，後には，次第にマルクス主義的主張に傾斜していった。

① **ア** 正 **イ** 正 **ウ** 正
② **ア** 正 **イ** 正 **ウ** 誤
③ **ア** 正 **イ** 誤 **ウ** 正
④ **ア** 正 **イ** 誤 **ウ** 誤
⑤ **ア** 誤 **イ** 正 **ウ** 正
⑥ **ア** 誤 **イ** 正 **ウ** 誤
⑦ **ア** 誤 **イ** 誤 **ウ** 正
⑧ **ア** 誤 **イ** 誤 **ウ** 誤

問6 下線部ⓕに関連して，次の文章は，戦後のあるべき社会や生き方についての主張の記述である。[a]～[c]に入れる語句の組合せとして正しいものを，次の①～⑧のうちから一つ選べ。[6]

[a]は，「何となく何物かに押されつつ，ずるずると」開戦に至り，戦争をやめることができなかった戦前・戦中の日本社会に，無責任の体系を見いだし，批判的な検討を加えた。そして，戦後の社会において，[b]による民主的な市民社会の形成を唱えた。一方，竹内好は，中国の近代化に，日本とは異なる可能性を読み取り，日本の近代化の優等生的な性格を批判し，アジアに開かれた日本のあり方を模索した。

また，坂口安吾は，人間本来の姿に戻ることを[c]と呼び，偽り飾ることのない「ただの人間になる」べきだと主張した。時流に乗って民主主義を主張する人も多いなか，彼は一人ひとりが新たな戦後を反省的に始めるべきだと説いたのである。

① a 丸山真男 b 労働者階級 c 諦念
② a 丸山真男 b 労働者階級 c 堕落
③ a 丸山真男 b 近代的主体 c 諦念
④ a 丸山真男 b 近代的主体 c 堕落
⑤ a 小林秀雄 b 労働者階級 c 諦念
⑥ a 小林秀雄 b 労働者階級 c 堕落
⑦ a 小林秀雄 b 近代的主体 c 諦念
⑧ a 小林秀雄 b 近代的主体 c 堕落

問７　本文の内容に合致する記述として最も適当なものを，次の①～④のうちから一つ選べ。 7

① 人は，よりよく生きるために，他者との関係から目を背けず，共同のあり方を模索することが必要である。例えば，近代の啓蒙思想家は，国家と個人の関係を重要視し，個人が自覚的に担う新たな国造りを目指した。そして彼らは，国家の繁栄を優先し，個人の権利は国家の繁栄のためにのみ行使されるべきだと主張した。

② 人は，他者とどのように共同するのかを考えるなかで，自己のあり方を模索する必要がある。例えば，国学者は，従来の仏教や儒学の受容のあり方を，外来の教えに対して従属的であると批判した。そして彼らは，あるがままに生きた古代日本人の共同のあり方を理想化し，外来思想と積極的に共存する開かれた日本文化の確立を主張した。

③ 人は，よりよく生きるために，他者との関係から目を背けず，共同のあり方を模索することが必要である。例えば，仏教者は，誰もが煩悩を抱いて苦しむ存在であると考え，自他の救済について様々な試みを積み重ねていった。そして彼らは，誰もが救済されるためには，まず個を捨てて，他者と一体化することが必要であると主張した。

④ 人は，他者とどのように共同するのかを考えるなかで，自己のあり方を模索する必要がある。例えば，儒学者は，人と人とのつながりを省みないとして仏教を批判し，父子や君臣のような人倫関係のなかに，あるべき生き方を求めた。そして彼らは，身近な人とどのように共同するかという問題こそが重要なのだと主張した。

第　4　章

西洋近現代思想

step 1

第1節　個人の自覚と人間性の探究

1－1　ルネサンスと宗教改革

問1　ルネサンスの時代に活躍した人物の説明として最も適当なものを，次の①～④のうちから一つ選べ。［1］

① ボッカチオは，『デカメロン』において，聖俗を問わず，当時のほぼすべての階級・職業の人々が，人間的な欲望に動かされながら生きる姿を大胆かつ滑稽に描き出した。

② マキャヴェリは，『君主論』において，君主は，偉大さと悲惨さとの間を揺れ動く中間的存在である人間の自主性を尊重しつつ，統治しなければならないと主張した。

③ ミケランジェロは，「最後の審判」において，裏切りによる死を予告する劇的な瞬間のキリストと弟子たちの姿を，写実的ながら全体の調和を失うことなく表現した。

④ エラスムスは，『愚神礼讃(痴愚神礼讃)』において，私有財産制度のない理想的な平等社会における人々の生活ぶりを具体的に示し，反語的(アイロニカル)に当時の社会を批判した。

問2　次の**発表**は，ルネサンス・宗教改革期の思想について調べた高校生のものである。**発表**中の［a］～［c］に入る記述を下の**ア**～**カ**から選び，その組合せとして正しいものを，下の①～⑥のうちから一つ選べ。［2］

発表

キリスト教の価値観が支配的であった中世には，幸福とは神の恩寵(おんちょう)により実現する「至福」であるという考え方がありました。しかしルネサンスが進展すると，世俗的な価値観が広まり，市民的な徳と幸福の関係が論じられるようになりました。ラテン語で「徳」を表す言葉には「力(能力)」という意味があり，能力を発揮することは幸福に関わりがあると言えます。

他方，宗教改革の中で，神との関係から世俗的生活の意義が問い直されます。［a］と考えたカルヴィニズムでは，世俗的な職業は，［b］

を実現するためのものとされました。この点に関して，20 世紀の社会学者ウェーバーは，人々が，［ c ］資本が蓄積された，と論じています。

ア　誰が救済されるかは，あらかじめ決まっている
イ　誰が救済されるかは，まだ決まっていない
ウ　神の栄光
エ　人間の救済
オ　救済の確信を得るために仕事に励み，禁欲的な生活を送ったから
カ　享楽的な生活を送るために仕事に励み，その結果として

① a－ア　b－ウ　c－オ
② a－ア　b－エ　c－オ
③ a－ア　b－エ　c－カ
④ a－イ　b－ウ　c－オ
⑤ a－イ　b－ウ　c－カ
⑥ a－イ　b－エ　c－カ

問 3　宗教改革の始まりに大きな役割を果たしたルターの思想の説明として最も適当なものを，次の①～④のうちから一つ選べ。［ 3 ］

① 神の前ではすべてのキリスト者は平等であり，教会の権威によってではなく，自己の信仰心によって直接神と向き合う。そして，聖書のみがキリスト教の信仰のよりどころである。

② どの人間が救われるかは，神の意志によってあらかじめ定められており，各人が聖書の教えに従って，神への奉仕として世俗の職業生活に励むことが，救いの確証になり得る。

③ 聖書に説かれた信仰の真理と自然の光に基づく理性の真理とは区別されるが，両者は矛盾するのではなく，理性の真理が信仰の真理に従うことによって互いに補足し合い調和する。

④ キリスト者は，すべてのものの上に立つ自由な主人であって，誰にも従属していない。したがって，農民が教会や領主の支配に対抗して暴徒化することには十分な理由がある。

問4 宗教改革期に活躍した人物についての説明として最も適当なものを，次の①～④のうちから一つ選べ。 4

① ルターは，『キリスト教綱要』のなかで，誰が永遠の生命を与えられる者で，誰が永遠に断罪を受ける者であるかは，神の意志によってあらかじめ定められているとした。

② ウィクリフは，ルターやカルヴァンらの宗教改革に影響を受けて，聖書に忠実であろうとする立場から，ローマ・カトリック教会の教義や教皇のもつ権力を批判した。

③ エラスムスは，『愚神礼讃(痴愚神礼讃)』のなかで，教会や聖職者の堕落を風刺したが，自由意志を否定するルターとは対立し，激しさを増していった宗教改革と距離をおいた。

④ イグナティウス・ロヨラは，プロテスタンティズムの勢力に対抗するため，イエズス会を創設し，教皇などの特権的な身分を認めない立場から，教会の改革を行った。

1－2 モラリスト

問1 次の**資料**は，モラリストであるモンテーニュが，人間と自然との関係について述べたものである。彼の思想，および**資料**の内容の説明として最も適当なものを，後の①～④のうちから一つ選べ。 5

資料

ここでは……理性という自分の武器だけで武装した人間のことを考えよう。……人間は，自分が他の被造物をはるかに優越していると思っているが，その優越性の根拠がどこにあるのか，自分自身の理性の力で示してもらいたいものだ。天空の驚くべき運行や，……果てなき大海の恐ろしい運動が，人間に役立つために作られて幾世紀も続いているなどと一体誰が彼に思い込ませたのだろう。この哀れで貧相な被造物は，自分自身すら支配できず，あらゆる事物の攻撃にさらされながら，しかも宇宙の主人であり女王であると自負しているが，これ以上に滑稽なことが考えられるだろうか。宇宙は，その一部分すら人間の認識力の範囲内にはなく，ましてや人間に宇宙を支配する力などあるはずがない。

（『エセー』より）

① 何よりも自己の価値観を信じるべきだと説いたモンテーニュは，この**資料**において，人間は宇宙や自然の現象に翻弄される存在でありながら，自身ではこの事実を受け入れようとしない，と述べている。

② 人間の経験を超えた真理を追求すべきだと説いたモンテーニュは，この**資料**において，人間は自らを統御する力を持っており，宇宙におけるあらゆる事物を認識できると考えている，と述べている。

③ 自己の絶対視を戒め，謙虚さが大切だと説いたモンテーニュは，この**資料**において，人間は宇宙の中で特別な役割を授けられていながら，他の被造物に対する己の優越性を否定している，と述べている。

④ 独断や偏見を批判し，それらが野蛮さの原因であると説いたモンテーニュは，この**資料**において，人間は自らの姿をありのままに見つめようとせず，自身を宇宙の支配者だと思い込んでいる，と述べている。

問2 パスカルが人間をどのように捉えていたかについての説明として最も適当なものを，次の①～④のうちから一つ選べ。［6］

① 人間は，天使でも鳥獣でもなく，偉大と悲惨の両極の間を揺れ動く，無とすべてとの中間者である。

② 人間は，「考える葦」として思考を通して宇宙を包み込む偉大な存在であり，自然の支配者である。

③ 人間は，身体・精神・愛という三つの秩序をもち，弁証法的な思考の力によって自己の限界を超えることができる。

④ 人間は，自己の悲惨さから神の愛によって救われるために，神から与えられた職業を全うする。

第2節 科学技術と近代哲学

2－1 科学革命

問1 自然科学的知識に関する説明として最も適当なものを，次の①～④のうちから一つ選べ。 7

① ケプラーは，古代ギリシア以来の宇宙観を批判し，地球を中心に天体が回っているとする天文学説を唱えた。

② ベーコンは，中世のスコラ哲学に代わる新しい学問を模索し，普遍的原理から出発して自然現象を数学的に説明する方法を提唱した。

③ ガリレイは，望遠鏡による天体観測を行うとともに，落下の実験などに基づいて物体運動の理論を展開し，近代科学の基礎を築いた。

④ コペルニクスは，天体運動の観測に基づき，惑星が楕円(だえん)軌道を描いて運動することを発見し，それらの運動から万有引力の法則を導いた。

問2 近代における自然観や宇宙観についての記述として最も適当なものを，次の①～④のうちから一つ選べ。 8

① 地球は宇宙の中心にあって，諸天体がその周りを回転していると考えられていたが，近代になるとピコ・デラ・ミランドラが，地球を始めとする惑星が太陽の周囲を回転しているという地動説を説いた。

② 宇宙は神が創造した有限な全体であると考えられていたが，近代になるとレオナルド・ダ・ヴィンチが，宇宙は無限に広がっていて，そこには太陽系のような世界が無数にあるという考え方を説いた。

③ アリストテレスによる目的論的自然観が支配的であったが，近代になるとケプラーが惑星の運動法則を，ニュートンが万有引力の法則を発見し，ともに自然には数量的な法則性があると説いた。

④ 錬金術師たちが自然について試行錯誤的に魔術的な実験を行っていたが，近代になるとデカルトが，実験・観察による帰納的な方法を用いて自然についての知識を得ることで，自然を支配できると説いた。

2－2 経験論

問1 次の**ア**～**エ**は，ベーコンが「イドラ」と呼んで批判した様々な先入見についての記述である。その正誤の組合せとして正しいものを，下の①～⑧のうちから一つ選べ。 9

ア 種族のイドラは，人間相互の交わりや社会生活から生じる。
イ 劇場のイドラは，伝統や権威を鵜呑み（うの）にすることから生じる。
ウ 洞窟のイドラは，人間に共通する自然的な制約から生じる。
エ 市場のイドラは，各人が各様にもっている経験や知識から生じる。

①	**ア** 正	**イ** 正	**ウ** 誤	**エ** 正
②	**ア** 正	**イ** 正	**ウ** 誤	**エ** 誤
③	**ア** 正	**イ** 誤	**ウ** 正	**エ** 正
④	**ア** 正	**イ** 誤	**ウ** 正	**エ** 誤
⑤	**ア** 誤	**イ** 正	**ウ** 誤	**エ** 正
⑥	**ア** 誤	**イ** 正	**ウ** 誤	**エ** 誤
⑦	**ア** 誤	**イ** 誤	**ウ** 正	**エ** 正
⑧	**ア** 誤	**イ** 誤	**ウ** 正	**エ** 誤

問2 次の会話は，高校生ＦとＧが交わしたものである。会話中の a に入る記述として最も適当なものを，後の①～④のうちから一つ選べ。 10

Ｆ：思考停止って怖いね。でも，知識さえあれば，他人の意見などを鵜呑みにせず，疑ってみることもできるから，思考停止も避けられるよ。
Ｇ：それはどうだろう。例えばこんな言葉があるよ。「あらゆることについて読書した人たちは，同時にあらゆることを理解していると考えられていますが，必ずしもそうではありません。読書は心に知識の素材を提供するだけであり，思考こそが，私たちが読んだものを自分のものにします」。
Ｆ：そうか…。知識だけがあればいいってことじゃないのか。これ，誰の言葉？
Ｇ：ほら，『人間知性論』を書き，人間の心を「白紙」になぞらえた思想家だよ。
Ｆ：ああ，それは a んだった。「白紙」は人間が知識を獲得する仕方を一般的に説明するための比喩だったね。その上で，この言葉は，自分の頭で考えることを通してこそ，知識は借り物ではなく，本当に自分のものになると述べているんだね。

① ヒュームだね。彼は，自我とは知覚の束にすぎず，諸々の観念も人間の心が慣習として作り出したものにすぎないと主張した
② ロックだね。彼は，生まれながらにして人間に具(そな)わっている観念から，経験を通じて知識が導き出されるとした
③ ヒュームだね。彼は，存在するとは知覚されることであるとする立場から，物質世界が実在することを否定した
④ ロックだね。彼は，生得の観念というものはなく，経験を通じて得られた観念やその組合せによって知識が生まれると主張した

問3 ヒュームの懐疑論についての説明として最も適当なものを，次の①～④のうちから一つ選べ。 11

① 科学の方法は絶対的な真理を保証するものではないのだから，すべての判断を停止することによって心の平静を保つべきである。
② 最も賢い人間とは，自分自身が無知であることを最もよく知っている人間なのだから，自己の知を疑うよう心がけるべきである。
③ 帰納法から導かれる因果関係は，観念の習慣的な連合によって生じたのだから，単なる信念にすぎないことを認識すべきである。
④ 人間はたえず真理を探究する過程にある以上，真理は相対的なものでしかあり得ないので，つねに物事を疑い続けるべきである。

2－3 合理論

問1 知的な思考法を代表するものの一つに演繹法がある。演繹法の例として最も適当なものを，次の①～④のうちから一つ選べ。 12

① 昨日いとこにもらったおみやげの饅頭(まんじゅう)はすごくまずかった。「名物にうまいものなし」って言うけど，本当だ。
② 嘘(うそ)つきはスネオでしょ。スネオとノビタのうち一人が嘘つきで，ノビタは嘘をついていないんだから。
③ 猫って「お座り」しない動物だと思うよ。今まで何匹も猫を飼ったけど，どれも「お座り」しなかったもの。
④ 今日の昼に電話をかけたけど，彼はいなかったわ。確か明日は試験だから，きっと図書館に行ったのね。

問 2　精神に関するデカルトの見解として最も適当なものを，次の①～④のうちから一つ選べ。 13

① 精神は，人間の根源にある欲望を統御する良心であり，教育を通じて社会の規範が内面化されたものである。

② 精神は，誠実なる神によって人間に与えられた良識であり，信仰に応じて各人に配分されているものである。

③ 精神は，思考を属性とする実体であり，延長を属性とする物体である身体から明確に区別されるものである。

④ 精神は，客観的な真理を追究しようとする高邁の心であり，情念との関(かか)わりをもたずに存在するものである。

問 3　キリスト教やユダヤ教の正統派の立場から異端とみなされたスピノザの思想の説明として正しいものを，次の①～④のうちから一つ選べ。 14

① 無限実体である神から区別された有限実体は，思惟を属性とする精神と，空間的な広がりである延長を属性とする物体から成り，精神と物体は互いに独立に実在する。

② 事物の究極的要素は，非物体的で精神的な物体としてのモナド(単子)であり，神はあらかじめ，無数のモナドの間に調和的秩序が存在するように定めている。

③ 神は人間に自己の生き方を自由に選択できる能力を与えたのであり，人間は自由意志によって，動物に堕落することも，神との合一にまで自己を高めることもできる。

④ 自然は無限で唯一の実体である神のあらわれであり，人間の最高の喜びは，神によって必然的に定められたものである事物を，永遠の相のもとに認識することにある。

第3節 市民社会の倫理

3－1 社会契約説と啓蒙主義

問1 次のア・イは，国家や社会についての思想の説明であるが，それぞれ誰のものか。その組合せとして正しいものを，後の①～⑥のうちから一つ選べ。 15

ア 人間は，自然状態において互いに闘争するが，死への恐怖の情念に駆られて平和を求める。こうして人々は自己保存の欲求のままに振る舞う権利を特定の人間や合議体に譲渡し，国家が形成される。

イ 人間は，自然状態においてそれぞれが自由で平等であるが，やがて私有財産が形成され不平等が生じる。これを解消するためには，共通の利益のみを目指す一般意志に基づく国家が必要である。

① ア ルソー イ ロック
② ア ルソー イ ホッブズ
③ ア ロック イ ルソー
④ ア ロック イ ホッブズ
⑤ ア ホッブズ イ ルソー
⑥ ア ホッブズ イ ロック

問2 自然状態に言及している思想家たちの著作の説明として最も適当なものを，次の①～④のうちから一つ選べ。 16

① 『リヴァイアサン』には，自然状態にある人間は一般意志に従い自由で平和に暮らしていたとある。
② 『統治論(市民政府論)』には，自然状態は理性的な自然法が支配する平和な状態だとある。
③ 『人間不平等起源論』には，自然状態における人間の一生は「きたならしく，残忍で，しかも短い」とある。
④ 『社会契約論』には，自然状態は各自が自己保存の権利を恣意的に追求する闘争状態だとある。

問 3　次の**資料**は，フランス啓蒙主義を代表する『百科全書』の「人間性」の項目であり，後の**ア・イ**は百科全書派の思想についての説明，**ウ・エ**は**資料**の内容についての説明である。**ア〜エ**から適当なものを全て選んだとき，その組合せとして正しいものを，後の①〜⑧のうちから一つ選べ。 17

> **資料**
>
> 人間性は，全ての人間に対して向けられる慈愛の感情に現れる。……この高貴で崇高な感情は，他者の痛みやそれを和らげる必要を感じるとき，大いに燃え上がり，全世界を経(へ)めぐり，隷属や迷信，悪徳，不幸を廃絶しようとするのである。……とはいえ，この感情は，私たちを個々の絆(きずな)から引き離すのではない。むしろ，私たちをよき友，よき市民，よき配偶者にする。というのも，この感情は，私たちの近くにいる存在に向けられた場合にこそ湧き起こりやすいからだ。

ア　百科全書派は，人間は合理的な存在であり，理性の光によって物事を判断し，無知や偏見を脱することが重要だと考えた。

イ　ヴォルテールによって編集された『百科全書』は，伝統的な知識や学問，技術を集成し，それを継承することを目指すものであった。

ウ　**資料**では，人間性は，私たちの関心を，全人類に対してではなく，自分の身近な存在へこそ向かわせるものだと説かれている。

エ　**資料**では，人間性は他者の痛みを感知し，それを改善しようとするときに現れ，隷属や迷信などの廃絶へと向かうと説かれている。

①　アとウ　　②　アとエ　　③　イとウ
④　イとエ　　⑤　アとイとウ　　⑥　アとイとエ
⑦　アとウとエ　　⑧　イとウとエ

問4　18世紀のフランス社会を批判した思想家についての記述として最も適当なものを，次の①～④のうちから一つ選べ。 18

① ディドロは，様々な国家制度を比較し，立法権・執行権・裁判権が互いに抑制し均衡をはかるシステムの重要性を認識し，それを欠いたフランスの専制政治を批判した。

② モンテスキューは，フランス政府からの度重なる発禁処分にもかかわらず，様々な学問や技術を集大成した著作を出版するとともに，人民主権の立場から，封建制を批判した。

③ ヴォルテールは，書簡形式の著作において，イギリスの進歩的な政治制度や思想をフランスに紹介することを通じて，フランスの現状が遅れていることを批判した。

④ パスカルは，人間が生まれながらにもつ自然な感情である憐(あわ)れみの情が，文明の発展とともに失われていくと分析し，不平等と虚栄に満ちたフランス社会を批判した。

3－2　功利主義

問1　次のア・イは，ベンサムとミルについての説明である。その正誤の組合せとして正しいものを，下の①～④のうちから一つ選べ。 19

ア　快楽を求めるのは人間の本性ではあるが，公益に反するならば，私的な快楽の追求が制限されるべき場合もあると，ベンサムは考えた。

イ　個人が愚かなことをしようとしている場合，それが他人を害さないとしても，強制的に止(と)めるべきだと，ミルは主張した。

① **ア**　正　**イ**　正
② **ア**　正　**イ**　誤
③ **ア**　誤　**イ**　正
④ **ア**　誤　**イ**　誤

問 2　J.S.ミルに関する説明として最も適当なものを，次の①～④のうちから一つ選べ。 20

①　快楽に質的な差異を認め，人間の良心や利他的心情を重視するとともに，行為の正・不正の基準を，その行為が自分を含めた関係者の最大の幸福をもたらすかどうかという点に求めた。

②　豊かな社会を実現するには，一定のルールのもとで，自己の幸福を求める個々人の自由な活動を最大限に認めることが大切であり，社会は構成員の相互的な愛情や親切心に頼らなくても十分成り立つとした。

③　個々人の幸福追求が社会の最大幸福につながるようにしようと，行為の是非を客観的に判断する方法を提案し，刑罰など外的強制を含め，人々の正しい行為を促す様々な制度的工夫を行った。

④　すべての人が幸福になるためには，各自が無秩序に利益追求を行う資本主義社会の仕組みを根本的に改め，経済活動を計画的に行うことによって社会の生産力を発展させ，富を公平に分配する必要があるとした。

問 3　J.S.ミルの次の文章を読み，そこに述べられている考えに即した意見として最も適当なものを，下の①～④のうちから一つ選べ。 21

文明社会の成員に対し，彼の意志に反して，正当に権力を行使し得る唯一の目的は，他人に対する危害の防止である。……そうする方が彼のためによいだろうとか，彼をもっと幸せにするだろうとか，他の人々の意見によれば，そうすることが賢明であり正しくさえあるからといって，彼になんらかの行動や抑制を強制することは，正当ではあり得ない。　(J.S.ミル『自由論』)

①　自動車のシートベルトの着用は，事故が起きたときに本人を守ることになるから，強制してよい。

②　健康な若者がお年寄りに席を譲ることは，誰もが認める正しい行為だから，強制してよい。

③　飛行機の離着陸時に携帯電話を使うことは，電子機器に影響を与える可能性があるから，禁止すべきだ。

④　クローン人間をつくることは，国際的にも国内的にも世論の強い反対があるから，禁止すべきだ。

3－3 ドイツ観念論

問1　高校生Dは，カントにおける理性の捉え方について次の**レポート**を作成した。カントの思想を踏まえて，**レポート**中の［a］～［c］に入る語句の組合せとして正しいものを，後の①～④のうちから一つ選べ。［22］

> **レポート**
>
> 　カントは人間の理性の働きを，認識に関わる場面と，実践に関わる場面とに分けて吟味した。
>
> 　人間は対象を認識するとき，［a］の形式を通して与えられたものを，［b］の枠組みによって秩序付ける。それによって，天体の運動など，あらゆる自然の出来事は，自然法則に従った，原因と結果の必然的な連鎖によって生じるものと認識される。理性はそうした認識の働きの全体を導くものとされる。
>
> 　他方で，実践の場面において理性は，義務の命令として意志に直接に働きかけ，道徳法則に従った行為をさせる。理性を持つ人間の行為は，このようにして道徳法則に従う場合，［c］の現れとして理解されるのである。

① a 悟性　b 感性　c 衝動
② a 悟性　b 感性　c 自由
③ a 感性　b 悟性　c 衝動
④ a 感性　b 悟性　c 自由

問2　カントの批判哲学についての記述として最も適当なものを，次の①～④のうちから一つ選べ。［23］

① 合理論と経験論の一面性を乗り越えるべく，両者の立場を総合して，人間が物自体を理性によって認識できると論じた。
② ヒュームの著作に影響を受け，自然科学の客観性を疑問視して，その基礎にある因果関係が主観的な信念であると論じた。
③ ロックの著作に影響を受け，人間の霊魂や神など，人間が経験できる範囲を超えた対象については，その存在を否定できると論じた。
④ 認識が成立する条件を考察し，人間の認識は，認識の素材を受け取る能力と，その素材を整理し秩序付ける能力の両者から生じると論じた。

問3 次の**ア**・**イ**はヘーゲルの弁証法についての説明である。その正誤の組合せとして正しいものを，後の①～④のうちから一つ選べ。 24

ア 弁証法は，精神が自由を実現する過程を貫く論理である。全て存在するものはそれ自身と矛盾するものを内に含み，それとの対立を通して高次の段階に至る。この運動は個人のみならず社会や歴史の進展にも認められる。

イ 止揚は，否定と保存の意味を併せ持つ言葉である。弁証法において止揚するとは，対立・矛盾する二つのもののうち，真理に近い方を保存し，他方を廃棄して，矛盾を解消することである。

① **ア** 正 **イ** 正　　② **ア** 正 **イ** 誤
③ **ア** 誤 **イ** 正　　④ **ア** 誤 **イ** 誤

問4 ヘーゲルの思想として最も適当なものを，次の①～④のうちから一つ選べ。
25

① 婚姻は男女両性の間の法的な契約であるから，男女の愛情における本質的要素ではない。

② 市民社会は，法によって成り立つとしても，経済的には市民たちの欲望がうずまく無秩序状態である。

③ 国家は，市民社会的な個人の自立性と，家族がもつ共同性とがともに生かされた共同体である。

④ 世界共和国のもとでの永遠平和は，戦争はあってはならないという道徳的命令による努力目標である。

3－4　実証主義と進化論

問1　近代以降の科学万能主義の成立に影響を与えたものとしてコントの実証主義があるが，その主張として最も適当なものを，次の①～④のうちから一つ選べ。［26］

① 本当の知識は，合理的思考のみによって得られるものに限られるので，感覚に由来する知識は退けねばならない。

② 本当の知識は，観察された事実を基礎とするものに限られるので，経験を超えたものに関する知識は退けねばならない。

③ 本当の知識は，純粋に事柄を見る態度に基づくものに限られるが，実用のためのものでも知識として認められる。

④ 本当の知識は，実生活にとって有用なものに限られるが，宗教的なものも，有用であれば本当の知識として認められる。

問2　実証主義と並んで人間や社会の捉え方に影響を与えた理論の一つにダーウィンの進化論がある。その説明として最も適当なものを，次の①～④のうちから一つ選べ。［27］

① 人間を含めた生物は，突然変異と自然選択に基づいて，環境に適応することにより，系統的に分化して，多様なものとなっていく。

② 人間を含めた生物は，部分としての器官からなる全体的な有機体であるが，社会も部分としての個体からなる有機的な集合体である。

③ 人間を含めた生物は，想像を絶するほど多様であるため，偶然の諸連鎖ではなく突然の創造によって誕生したと考えざるを得ない。

④ 人間を含めた生物は，遺伝的に優れた形質をもつ子孫を保護し，劣るとされる形質をもつ子孫を排除すべく管理されるべきである。

問3 実証主義的な主張をするスペンサーの思想として最も適当なものを，次の①～④のうちから一つ選べ。 28

① 真の知識は自然をありのままに観察することによって得られるのだから，我々の観察をゆがめる先入見や偏見を排除しなければならない。

② 真の知識は疑うことのできないものであるから，「われ思う，ゆえにわれあり」という絶対に疑いえない真理によって学問的知識は成り立つ。

③ 人間の知識には三つの発展段階があり，このうち学問と呼びうるのは，経験的事実に即して諸現象の法則を探究する最高の段階だけである。

④ 科学によって知識の総合を目指すべきであり，生物学にみる進化の考え方を応用することで，人間社会についても科学的知識を得ることができる。

第4節 人間性の回復と主体性の確立

4－1 実存主義

問1 「実存」を重視した思想家にキルケゴールとサルトルがいる。二人の思想の記述として最も適当なものを，次の①～⑤のうちから一つずつ選べ。キルケゴールについては 29 に，サルトルについては 30 に答えよ。

① 日常的な道具は使用目的があらかじめ定められており，本質が現実の存在に先立っているが，現実の存在が本質に先立つ人間は，自らつくるところ以外の何ものでもないと考えた。

② 宇宙はそれ以上分割できない究極的要素から構成されているが，この要素は非物体的なもので，それら無数の要素が神の摂理のもとであらかじめ調和していると主張した。

③ 生命は神に通じる神秘的なものであるから，人間を含むすべての生命に対して愛と畏敬（いけい）の念をもつべきであり，そのことによって倫理の根本原理が与えられると考えた。

④ 人が罪を赦（ゆる）され，神によって正しい者と認められるには，外面的善行は不要であり，聖書に書かれた神の言葉を導きとする，内面的な信仰のみが必要だと主張した。

⑤ 誰（だれ）にとっても成り立つような普遍的で客観的な真理ではなく，自分にとっての真理，すなわち自らがそれのために生き，また死にたいと願うような主体的真理を追求した。

問 2　次の文章は，大衆社会と科学技術を批判したハイデッガーの思想について説明したものである。［ a ］～［ c ］に入れる語句の組合せとして正しいものを，下の①～⑥のうちから一つ選べ。［ 31 ］

ハイデッガーは，人々がうわさ話に夢中になり，新奇なものを求め，なんとなく曖昧(あいまい)に生きている日常的なあり方を［ a ］と呼んだ。こうしたあり方から本来の自己へと至るには，［ b ］のただなかで，自己の死の可能性を直視することが必要だとした。後に彼は，科学技術のあり方を考察し，そこでは人間も含めてあらゆるものが利用されるべき材料とみなされていることを批判した。彼はこうした状態を［ c ］の喪失と呼び，そこから脱却する道を模索した。

①	a	ルサンチマン	b	絶　望	c	故　郷
②	a	ダス・マン	b	不　安	c	人　倫
③	a	ルサンチマン	b	不　安	c	故　郷
④	a	ダス・マン	b	絶　望	c	人　倫
⑤	a	ルサンチマン	b	絶　望	c	人　倫
⑥	a	ダス・マン	b	不　安	c	故　郷

問 3　人間と生命をめぐる思想の説明として最も適当なものを，次の①～④のうちから一つ選べ。［ 32 ］

① ニーチェは，生命の根底にある力への意志を否定し抑圧することを求める伝統的な道徳に代えて，力への意志を自由に発揮できるような新しい価値を創造していく必要性を説いた。

② ニーチェは，あらゆる生命への愛を説くキリスト教道徳を真理として肯定する運命愛の境地に到達することによって，本来的な生のあり方を回復することができると説いた。

③ ベルクソンは，あらゆる生命の内に，世界全体を合理化するという目的に向かって直線的に進む目的論的な運動を見て取り，人間の知性もそうした進化の過程で生じたものであると説いた。

④ ベルクソンは，人間は生命の創造的な躍動に立ち戻ることによって，互いに他者を敵視する未開の社会を脱し，万人が自らの属する共同体の義務や道徳を堅持する社会を創造することができると説いた。

4－2 社会主義とプラグマティズム

問1 次のア～エは，社会主義の思想家たちで，下のA～Dはその考えや実践である。これらの思想家とその考えや実践の組合せとして正しいものを，下の①～⑧のうちから一つ選べ。 33

ア オーウェン
イ サン＝シモン
ウ フーリエ
エ ウェッブ（ウェブ）夫妻

A 資本主義における貧富の差，労働者や女性の隷属の主な原因は，商業資本家の強欲にあると説き，協同組合に基づく理想社会を構想した。
B 人間の性格に対して，家庭や教育，労働などの環境が与える影響は重大であると説き，アメリカに渡って理想の共同社会の建設を目指した。
C 資本主義の弊害を除去するためには，利潤の公平な再分配や主要産業の国有化が必要であると説き，議会活動を通じた社会改革を目指した。
D 産業を科学と有機的に結び付けることで組織化すれば，合理的な社会が作られると説き，労働者を含む産業者による社会の管理を目指した。

①	ア－A	イ－B	ウ－C	エ－D
②	ア－D	イ－C	ウ－B	エ－A
③	ア－B	イ－A	ウ－D	エ－C
④	ア－D	イ－A	ウ－C	エ－B
⑤	ア－A	イ－C	ウ－B	エ－D
⑥	ア－B	イ－D	ウ－A	エ－C
⑦	ア－C	イ－B	ウ－D	エ－A
⑧	ア－C	イ－D	ウ－A	エ－B

問2 資本主義社会に対するマルクスの批判についての記述として**適当でないもの**を，次の①～④のうちから一つ選べ。 34

① 人間は本来，他人と関（かか）わらず独立して生きる存在であるが，資本主義社会では相互依存の関係にあり，人間性が失われた状態にある。
② 資本主義社会では，商品の交換関係が支配的となり，人間もまた，物のように取り替えのきく存在として捉（とら）えられるようになる。
③ 生産手段をもたない労働者は，自分の労働力を売って生活するしかなく，

労働の成果も資本家のものとなるなか，労働が苦役になっている。

④　商品の価値は，人間の労働に由来するものであるにもかかわらず，商品や貨幣それ自体が価値をもつものとして，ますます崇拝されるようになる。

問 3　プラグマティズムの説明として最も適当なものを，次の①～④のうちから一つ選べ。 35

①　プラグマティズムとは，経験論の伝統を受け継ぎ，知識や観念をそれが引き起こす結果によってたえず検証しようとする思想である。

②　プラグマティズムとは，大陸合理論を基盤として生まれ，後にキリスト教精神によって育まれたアメリカ固有の思想である。

③　プラグマティズムとは，行為や行動を意味するギリシア語を語源としているが，その方法は思弁的であり，実生活とは隔絶した思想である。

④　プラグマティズムとは，科学的認識よりも実用性を優先し，日常生活の知恵を基盤とする思想である。

問 4　先生は高校生Ｆに，「立ち止まって考える」ことについてデューイが論じている次の**資料**を示した。後の**メモ**は，それを読んでＦが書いたものである。**資料**の内容と，デューイの思想を踏まえて，**メモ**中の a ・ b に入る記述の組合せとして最も適当なものを，後の①～④のうちから一つ選べ。 36

資料

いかなる場合であれ，自然な衝動や願望が行動の出発点となる。しかし，最初に現れてくる衝動や願望を，何らかのかたちで組み立て直し，あるいは作り変えることなしに，知的成長はない。……「立ち止まり，考えよ」という古くからの警句は，健全な心構えである。というのも，思考は衝動が即座に現れることを食い止め，……それによって，いっそう包括的で一貫した行動の見通しが形成されるからである。……人は，目，耳，手を使って客観的条件を観察したり，過去に何が起きたかを思い出したりする。このようにして，考えることは，即座の行動を先延ばしにすると同時に，観察と記憶との結合を通じて，衝動を自分の内部で統御することを可能にする。この結合が，自分を振り返るということの核心なのである。

（『経験と教育』より）

メモ

デューイはプラグマティズムに属する思想家で，［ a ］と主張している。この主張の根底には，**資料**に示されている，［ b ］という考えがある，と言えるだろう。

① a　知性には，科学的真理を探究するだけでなく，生活の中で直面する問題を把握し，課題の解決に向かって行動を導く創造的な働きがある
　b　思考の役割は，自然な衝動や願望を抑えつつ，自己を取り巻く客観的な条件を観察したり，過去の事例を振り返るなどして，自分がこれからなそうとする行動の当否を吟味することだ

② a　社会もまた知性の働きによって改善されるべきであり，知性には，理想的な民主社会の実現に向けて重要な役割を果たすことが期待される
　b　思考の役割は，自然な衝動や願望を抑えつつ，行動を妨げるであろう要因を列挙して取り除いておくことで，環境の制約や過去の記憶から自由でいられるようにすることだ

③ a　現代社会において人々の価値観は多様であるが，各々が知性を働かせて協働することで，唯一絶対の普遍の価値に到達することができる
　b　思考の役割は，自然な衝動や願望を抑えつつ，自己を取り巻く客観的な条件を観察したり，過去の事例を振り返るなどして，自分がこれからなそうとする行動の当否を吟味することだ

④ a　資本主義の発展により知性は衰退し，民主主義の理念も崩壊の危機に瀕(ひん)しているため，教育により創造性を育むことがいっそう重要になる
　b　思考の役割は，自然な衝動や願望を抑えつつ，行動を妨げるであろう要因を列挙して取り除いておくことで，環境の制約や過去の記憶から自由でいられるようにすることだ

第5節　現代思想の課題

5－1　現代のヒューマニズム

問1　イエスの営みを学び，実践した人物の記述として最も適当なものを，次の①～④のうちから一つ選べ。 37

① 新島襄は，「自由と基督(キリスト)教の道徳」が欧米の文明の根底にあると考えて，物質文明のみを輸入することの無益さを説き，社会的圧迫を受けながらも聖書に基づく信仰に支えられて，自由・自治の精神に溢(あふ)れた人格教育を行った。

② マザー・テレサは，イギリスの植民地支配に対してインドの独立と民族解放の運動を始めるために，「死を待つ人の家」や「平和の村」を開き，カトリック教徒として，身体的・精神的に虐げられた人々に奉仕した。

③ 孫文は，国外での学生生活をきっかけとしてキリスト教に帰依し，そのヒューマニズムの立場から自由・平等・博愛の三原則からなる三民主義を唱えて，革命運動を推し進めた。

④ マーティン・ルーサー・キングは，社会正義の実現が「愛と非暴力の結合」にあると考えて，力(パワー)を不必要なものとみなし，無抵抗主義を貫くことによって，人種差別をはじめとするあらゆる抑圧に反対した。

問2　ガンディーについて述べた記述として最も適当なものを，次の①～④のうちから一つ選べ。 38

① 人は，人種に関わりなく，誰もが実質的に平等でなくてはならないとの考えから，社会で差別されていた黒人の解放を目指して，非暴力主義のもと，黒人差別撤廃運動を指導した。

② すべての命がもっている生きようとする意志に，人は愛と畏敬の念をもつべきであると考え，倫理の原理としての「生命への畏敬」という理念を抱きつつ，アフリカで医療事業に従事した。

③ 貧しい中でも最も貧しい人々にこそ尽くすべきであるとの思いから，カルカッタ(現コルカタ)などに「死を待つ人の家」や「孤児の家」を設けて，キリスト教の隣人愛の実践に生涯を捧(ささ)げた。

④ 自らの欲望やそれに基づく行動を精神の力で制御するとともに，あらゆる命を傷つけたり殺したりすることなく，ともに平和を享受するべきであるとの立場から，非暴力・不服従の運動を指導した。

問3　戦争やそれに対する責任についての思想の例として次の**ア**～**エ**がある。各々を説いた思想家や宣言の組合せとして最も適当なものを，下の①～④のうちから一つ選べ。 39

ア　戦争は人の心の中で生まれるものであるから，人の心の中に平和のとりでを築かなければならない。
イ　過去に目を閉ざす者は，けっきょく現在にも目を開かなくなる。
ウ　孤立して無力感に囚(とら)われた大衆が，帰属感を求めて人種主義に吸収され，全体主義が発生する。
エ　汝(なんじ)殺すなかれと呼びかける他者の苦痛に責任をもつとき，人間は倫理的主体となる。

① **ア**　レヴィナス　　**イ**　ユネスコ憲章
　ウ　ヴァイツゼッカー　　**エ**　ハンナ・アーレント
② **ア**　ハンナ・アーレント　　**イ**　レヴィナス
　ウ　ユネスコ憲章　　**エ**　ヴァイツゼッカー
③ **ア**　ヴァイツゼッカー　　**イ**　ハンナ・アーレント
　ウ　レヴィナス　　**エ**　ユネスコ憲章
④ **ア**　ユネスコ憲章　　**イ**　ヴァイツゼッカー
　ウ　ハンナ・アーレント　　**エ**　レヴィナス

5－2　近代的理性の批判的検討

問1　フッサールの思想の記述として最も適当なものを，次の①～④のうちから一つ選べ。 40

① 人間は自己の在り方を自由に選択するため，実存が本質に先立つ。
② 事物は知覚と独立には存在せず，存在するとは知覚されることである。
③ 言語の限界を超える語り得ぬものについては，沈黙せねばならない。
④ 自然的態度を変更し，判断中止を行うことが必要である。

問2　人間理性のあり方を批判的に検討した現代の思想家フーコーについての記述として最も適当なものを，次の①～④のうちから一つ選べ。 41

① 西洋哲学を成り立たせてきた主体などの概念が覆い隠してきた問題を，歴史のなかで新たに問うために脱構築を主張し，理性の概念を捉え直した。
② 理性と狂気とが区別されるようになってきた西洋の歴史を分析し，確固とした理性という考えが歴史の過程の産物であることを明らかにした。

③ 非西洋の未開社会の実地調査を通して，西洋社会とは異なる独自の思考体系を見いだし，西洋の理性的思考を特権化するような考えを斥(しりぞ)けた。

④ 自己意識のなかに取りこめない他者性が現れる場を「顔」という言葉で表現し，そのような他者に向き合えない理性の暴力性に照明を当てた。

問 3 次の**資料**は，多様な人々が集う場のあり方についてのハーバーマスの文章である。ハーバーマスの思想と**資料**の内容の説明として最も適当なものを，後の①～④のうちから一つ選べ。 42

資料

かつての市民の文化は単なるイデオロギーではなかった。サロンやクラブ，読書会といった私的な領域での人々の議論は，生産と消費の循環に，つまりは生きるために必要なことを満たさなければならないという要求に直接服しておらず，むしろこうした生活の必要からの解放という意味において「ポリス的」性格を備えていたので，ここにおいて人間性という理念が成熟することができた。……それに反して，現代の文化を消費する公衆のレジャー活動は群居的雰囲気で行われ，討論を続ける必要もない。私的な領域で文化を習得する形式が失われるとともに，習得された内容について公共的にコミュニケーションをすることも失われる。

（『公共性の構造転換』より）

① 道具的理性の意義を説くハーバーマスは，**資料**では，かつての市民的文化は人々を生活の必要から解放することを意味したが，現代の文化は人々の人間性を成熟させないレジャー活動として行われていると論じている。

② システム合理性の意義を説くハーバーマスは，**資料**では，かつての小さなサロンなどでの議論と異なり，現代の群居的な文化の消費のあり方こそが人々の公的コミュニケーションを可能としたと論じている。

③ 対話的理性の意義を説くハーバーマスは，**資料**では，かつては生活の必要と結び付いた人々の切実な議論が市民的文化を成立させていたが，公衆のレジャー活動にその切実さはないと論じている。

④ 市民的公共性の意義を説くハーバーマスは，**資料**では，かつての市民的文化は私的領域での議論を通じて培われたが，人々が文化をただ群居的に消費する立場になってそうした議論は失われたと論じている。

問4 次のア～ウは文明社会を批判的に考察した思想家の見解であるが，それぞれ誰(だれ)のものか。その組合せとして正しいものを，次の①～⑥のうちから一つ選べ。 43

ア 現代の消費社会において，人々が商品を購入するのは，それが必要だからというよりも，他人との差異を示すためであり，そうした差異への欲望を刺激し消費拡大を目指す企業を批判する言説も，消費の対象になっている。

イ 実現すべき目的を批判的に検討する能力であった理性は，近代社会の発達に伴って，任意の目的に手段が形式的に適合するかどうかを判断するだけの道具的理性と化し，個人を抑圧する画一的な社会を形成してきた。

ウ 合理性を徹底的に追求した近代官僚制を特徴とする社会を作り上げた現代人は，いわば鉄の檻(おり)と化したこの社会のなかで管理され，豊かな精神と人間性を欠く存在に堕する危険にさらされている。

①	ア ウェーバー	イ ボードリヤール	ウ ホルクハイマー
②	ア ウェーバー	イ ホルクハイマー	ウ ボードリヤール
③	ア ボードリヤール	イ ウェーバー	ウ ホルクハイマー
④	ア ボードリヤール	イ ホルクハイマー	ウ ウェーバー
⑤	ア ホルクハイマー	イ ウェーバー	ウ ボードリヤール
⑥	ア ホルクハイマー	イ ボードリヤール	ウ ウェーバー

問5 理性中心主義を批判した思想の説明として最も適当なものを，次の①～④のうちから一つ選べ。 44

① デリダは，西洋哲学がその基礎としてきたロゴス中心主義や二元論的思考など階層化された思考を批判し，それを克服するために社会や文化を構造によって把握する構造主義を提唱した。

② フロイトは，神経症の治療や夢の研究のなかで，近代の文明の発展を支えた人間の理性の奥に，意識的に統御できない無意識の存在を発見し，エスによって本能や衝動が抑圧されるとした。

③ ホルクハイマーとアドルノは，理性は自然を支配することで文明を進歩させる一方，その進歩は逆に管理社会を作り上げて，人間を抑圧する野蛮状態へ陥らせるという，啓蒙の弁証法を指摘した。

④ アーレントは，近代以降，公共的な「仕事」が生命維持のための「活動」に取って代わられるため，人間の個性が見失われ，ナチズムに典型的にみられるような全体主義に陥ってしまうと批判した。

5－3 現代における倫理的課題

問1 次のア～ウは，近代西洋文明における自民族・自文化中心主義を批判した思想家であり，A～Cはその思想に関する記述である。これらの思想家とその思想の組合せとして正しいものを，下ページの①～⑥のうちから一つ選べ。

45

ア サイード
イ レヴィ＝ストロース
ウ フーコー

A 未開民族のもつ「野生の思考」には，文明人の科学的思考に少しも劣ることのない複雑な構造があることを明らかにし，西洋文明こそが優れており未開社会は野蛮で後れていると文化に優劣をつけることは間違いであり，諸文化は対等の価値をもつと主張した。

B 近代以降の西洋文明社会は，人間理性を基準として，近代的秩序から逸脱するものを狂気，病気，犯罪といった「異常」とみなしてきたが，多様な人間や文化のあり方を，西洋近代の価値観を基準に序列化することには必ずしも根拠がなく，それが社会の監視や管理を強めてきたと批判した。

C 近代西洋社会は，東洋を自分たちとは正反対の，後進的で神秘的な他者とみなすことで，自分たちは先進的で文明化されているという自己像を作り上げたとし，こうした西洋の東洋に対する思考方法を「オリエンタリズム」と呼び，それが西洋による植民地支配を正当化してきたと批判した。

① ア－A イ－B ウ－C
② ア－C イ－A ウ－B
③ ア－B イ－C ウ－A
④ ア－B イ－A ウ－C
⑤ ア－C イ－B ウ－A
⑥ ア－A イ－C ウ－B

問2 実存主義の哲学者であるボーヴォワールの考えを示す記述として最も適当なものを，次の①～④のうちから一つ選べ。 46

① 歴史の始まりにおいて女性は太陽のような存在であった。本物の人間であった。ところが，今，女性は月のような存在である。他人に依存して生き，他からの光によって輝く，病人のごとき青白い顔をした月のような存在である。

② 男性は，対外関係においてたくましく活躍するもの，女性は，受動的で主観的なものである。だから，夫は，自分の現実の実体的生活を，国家や学問などにおいて，外界や自分自身との労苦に満ちた関わり合いや戦いにおいて営む。

③ 男性に好かれ，男性の役に立ち，男性から愛され敬われ，幼い時は育て，大きくなれば配慮を尽くし，助言し，慰め，その生を快い甘美なものにすること，それこそ，いついかなる時にも女性の義務であり，女性に子どもの時から教えるべきことなのである。

④ 人間の集団にあっては，何ものも自然のままではない。とりわけ女は，文明がつくりあげたものである。最初から女の運命には他人が介在している。この介在が他の方向でなされていれば，まったく別の結果になっていることだろう。

問3 現代において正義に関する理論を提唱した人物にロールズとセンがいる。二人の正義論についての記述として最も適当なものを，次の①～⑥のうちから一つずつ選べ。ロールズについては 47 に，センについては 48 に答えよ。

① 各人に対し，自ら価値があると認めるような諸目的を追求する自由，すなわち潜在能力を等しく保障することが重要であると指摘した。

② 各人には過剰な利己心を抑制する共感の能力が備わっており，めいめいが自己の利益を追求しても社会全体の福祉は向上すると考えた。

③ 自由や富など，各人がそれぞれに望む生を実現するために必要な基本財を分配する正義の原理を，社会契約説の理論に基づき探究した。

④ 相互不信に満ちた自然状態から脱することを望む各人が，自らの自然権を互いに放棄し合う，という形で社会や国家の成立を説明した。

⑤ 侵すことのできない権利をもつ各人から構成されるものとして，国家は国民のそうした権利を保護する最小限の役割のみを担うとした。

⑥ 自然法を人間理性の法則として捉えて国家のあり方を論じるとともに，諸国家もまた同じく普遍的な国際法に従うべきであると説いた。

問 4　次の**資料**は，「魂の欲求」に関するヴェイユの思想についての解説であり，下の会話は，それを読んで高校生ＦとＧが交わしたものである。**資料**の趣旨を踏まえて，［ａ］に入る記述として最も適当なものを，下の①～④のうちから一つ選べ。［49］

> **資料**
>
> ヴェイユは，『根を持つこと』の中で，肉体の欲求だけでなく，魂の欲求を満たすことも人間にとって不可欠であるとして，「魂の糧」となるものを列挙している。その中に，自由と服従がある。自由が魂の糧となるのは分かるが，なぜ服従も魂の欲求を満たすのか？
>
> 確かに人は，自由のない環境では息苦しさを感じるだろう。しかし，もし自分一人だけが勝手気ままに振る舞い，他人に命令を下せる地位にいたらどうだろうか。このような人は，他人から指導されたり，他人と協働したりする機会を奪われ，魂を病んでしまうとヴェイユは考える。
>
> 他方，目標を共有する人々の中では，命令を下す人も従う人も，共に同じ目標に向かっている。その目標に，己の良心に基づいて賛同できるのであれば，そのとき初めて服従は魂の糧となる。ここでの服従は，自らの居場所や役割を他者との協働の中で持つということだと言える。

Ｆ：「魂の糧」として服従が挙げられているけど，命令に従うことがなんで魂の糧になるのか，まだよく分からないんだ…。

Ｇ：それは，［ａ］だよ。

Ｆ：なるほど，この**資料**はそういうことを言っているのか。

① 目上の人の命令に忠実に従うことで，自分の地位が向上するから
② 嫌な命令でも，それに従うことで成功すれば，満足を得られるから
③ 良心にかなう命令に従うことで，同じ目標に向けて共に行動できるから
④ 権力者の命令に素直に従えば，迫害を逃れることができるから

step 2

1 「自由」について

以下のⅠ・Ⅱを読み，後の問い(問１～８)に答えよ。なお，会話と問いのD，E，Fは各々全て同じ人物である。

Ⅰ 高校生ＤとＥは，「自由」をテーマにオンラインでプレゼンテーションを行うことになった。次の会話は，その準備のために交わしたものである。

Ｄ：「自由」っていうテーマだけど，そもそも自由って何だろう？

Ｅ：ⓐ制約がない状態が自由じゃないかな。例えば，卒業すれば制服を着なくてもよくなるよね。それに，大人になって職を選んで働くようになれば，ⓑ経済の面での自由も手に入るじゃない？

Ｄ：なるほどね。でも，自由って制約がないことだけなのかな。先生が授業で，自由とは，制約がないだけではなく，自分の生き方を選択して自己決定することでもあるっていう考えを紹介してくれたよね。

Ｅ：そうだったね。じゃあ，今は自分で決めた進路のために遊びや部活動を控えて勉強しているけど，それも自分で決めているから自由っていうことか。

Ｄ：そうなるね。あと自由っていっても，自分勝手にすることとは違うと思う。皆が自分勝手な行動をとったら，衝突ばかり起きて，結局，自己決定も難しくなるかもしれないから。

Ｅ：だからⓒ規範や法みたいなある種の制約が必要だったのか。ということは，規範や法は単なる制約ではなくて，互いの意見や利害についての話し合いを促し，他者との対立から合意に向かう調整の役割もあるのかもね。

Ｄ：確かに。それに規範や法に支えられる自由だってあるんじゃない？ 例えば，学校に通わなきゃいけないっていうある種の制約も，自分に必要な知識や技能を身に付けることを助けているし，自分がなりたいものになる自由につながるんじゃないかな。

Ｅ：なるほど…。ⓓ自由は単に制約から解放されることだけではないし，ある種の制約も私たちの自己決定を保障するためには必要なものなんだね。段々見えてきたね。じゃあ「制約からの解放」「自己決定」「規範や法」の三つを話題の中心にして，プレゼンの準備をしていこうか！

問1　下線部ⓐに関連して，次の**ア**～**ウ**は，中世の封建的な考え方から個人を解放したとされるルネサンス期の人物についての説明である。その正誤の組合せとして正しいものを，後の①～⑧のうちから一つ選べ。 1

ア　マキャヴェリは，政治を，宗教や道徳から切り離して，非道徳的な手段をとることを含め，あらゆる手段を使って人間を統治するものだと考えた。

イ　ラファエロは，メディチ家の庇護（ひご）を受け，人文学者と交わって古典を学び，「ダヴィデ」などの作品で，理想的な美しさを追求した。

ウ　ペトラルカは，『デカメロン』において，感情や欲望を人間の本性として生き生きと描くことで，人間性を解放しようとした。

①	ア	正	イ	正	ウ	正	②	ア	正	イ	正	ウ	誤
③	ア	正	イ	誤	ウ	正	④	ア	正	イ	誤	ウ	誤
⑤	ア	誤	イ	正	ウ	正	⑥	ア	誤	イ	正	ウ	誤
⑦	ア	誤	イ	誤	ウ	正	⑧	ア	誤	イ	誤	ウ	誤

問2　下線部ⓑに関連して，経済を自由との関係で論じたアダム・スミスの思想についての記述として最も適当なものを，次の①～④のうちから一つ選べ。 2

①　富を求める自由競争は，人間の利己心に基づいているものである場合には，社会的に容認されるべきではない。

②　各人の私益を追求する自由な経済競争に任せておけば，結果的に社会全体の利益が生まれる。

③　資本主義経済では，生産手段を所有しない労働者はその労働力を資本家に売るので，生産物は資本家のものとなり，労働も強制されたものとなる。

④　資本主義は，生命活動を自由なものとするために他者との関わりの中で生産を行う類的存在であるという意識を，人間から失わせる。

問3　下線部ⓒに関連して，次の**ア**～**ウ**は，規範や法を考察の対象とした思想家についての説明であるが，それぞれ誰のことか。その組合せとして正しいものを，後の①～⑧のうちから一つ選べ。［3］

ア　快楽を求め苦痛を避ける存在である利己的な人間の行為を規制する強制力として，法律的制裁・道徳的制裁など，四つの制裁があると説いた。
イ　市民は，政府に立法権や執行権を信託するが，政府が権力を濫用する場合には，抵抗権に加え，新たな政府を設立する革命権を保持すると説いた。
ウ　この世界を統治する神の法と，人間の理性によって捉えられる法とは矛盾するものではなく，調和するものであると説いた。

①	**ア**　モンテスキュー	**イ**　ロック	**ウ**　トマス・アクィナス
②	**ア**　モンテスキュー	**イ**　ロック	**ウ**　グロティウス
③	**ア**　モンテスキュー	**イ**　ルソー	**ウ**　トマス・アクィナス
④	**ア**　モンテスキュー	**イ**　ルソー	**ウ**　グロティウス
⑤	**ア**　ベンサム	**イ**　ロック	**ウ**　トマス・アクィナス
⑥	**ア**　ベンサム	**イ**　ロック	**ウ**　グロティウス
⑦	**ア**　ベンサム	**イ**　ルソー	**ウ**　トマス・アクィナス
⑧	**ア**　ベンサム	**イ**　ルソー	**ウ**　グロティウス

問4 下線部ⓓに関して，次の文章は，自由を論じたカントの思想についてある生徒が調べて作成した**読書ノート**の一部である。カントの思想を踏まえて，**読書ノート**中の［a］・［b］に入る記述の組合せとして最も適当なものを，後の①～④のうちから一つ選べ。［4］

> **読書ノート**
> カントは，自由を，［a］ことだと考えた。この自由についての考え方は，私が考えていた自由の理解とは大きく異なるものだと感じた。私はこれまで「眠くなったら，眠気に逆らわずに寝る」というようなことが自由だと思っていたが，カントによれば，それは自由ではない。むしろカントは，［a］自由な人格に尊厳の根拠を見いだしている。そして，［b］理想の道徳的共同体を目的の王国とした。

① a 感覚や知覚からなる経験から推論する
  b 各人が各々の欲求の充足を人格の目的として最大限追求しながら，誰もがその目的を実現できる

② a 欲望から独立して自分を規定する
  b 各人がお互いの自由を尊重して，自分だけに妥当する主観的な行動原則を目的として行動できる

③ a 自らが立法した道徳法則に自発的に従う
  b 各人が全ての人格を決して単に手段としてのみ扱うのではなく，常に同時に目的として尊重し合う

④ a 自然の必然的法則に従う
  b 各人が公共の利益を目的として目指す普遍的な意志に基づき，徳と幸福とが調和した最高善を目指す

Ⅱ　ＤとＥは勉強を重ね，オンラインで「自由」をテーマにしたプレゼンテーションを共同で行い，他校の高校生Ｆを交えたディスカッションに臨んだ。

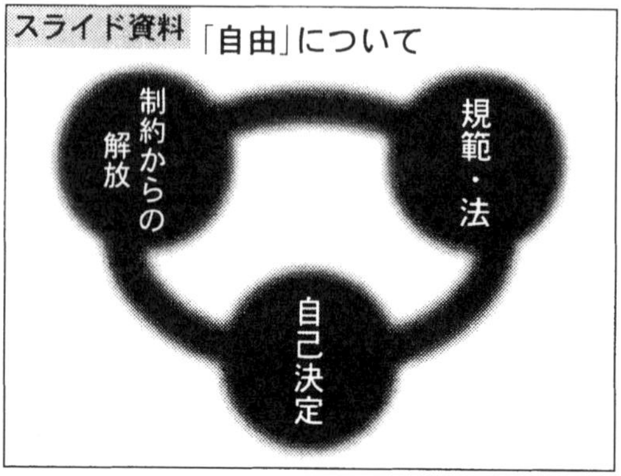

Ｄ：……以上をまとめます。私たちは，上の**スライド資料**に示したように，自由について整理しました。

Ｆ：**スライド資料**の自己決定という側面について，気になることがあります。私は高校を卒業したら就職するつもりです。経済的にも自立して，主体的に自己決定を行う自由が手に入って自分の将来への期待もある反面，不安も感じてしまいます。好きに選べると，かえって何も選べないというか…。いっそのこと，誰かに決めてほしい気もしてしまうんです。

Ｄ：実は私も，迷ってばかりで先に進まない，自由を持て余している弱い自分を発見して，嫌になってしまうこともあります。自分はなんてⓔ無力で不安な存在なんだろうって。

Ｅ：確かに，自由がある種の強さを求めてくることってありますよね。でも人間は必ずしも強くなくてもよいと思うんです。自分の弱さを素直に認めることができれば，ⓕ他者の弱さを思うことができる。それに，迷いながらも下した選択は，迷った分だけ一層貴重に思えるのではないでしょうか。そう考えれば，ⓖ自由の中で迷うことにも意味がある気がします。

Ｆ：そうか…。迷うこと自体が大事なんですね。私は，自由のネガティブな側面ばかりを見ていた気がします。敷かれたレールがなくなって不安になっても自由を手放さず，迷いながら自分で決定していきたいと思います。

問5 下線部ⓔに関連して，次の**資料**は，パスカルが人間の惨めさについて論じた文章である。パスカルの思想と**資料**の内容の説明として最も適当なものを，後の①～④のうちから一つ選べ。［ 5 ］

> **資料**　『パンセ』より
>
> 人間の偉大さは，その惨めさからさえ引き出されるほど，明白である。……我々は，人間の本性が今日では獣のそれと似ている以上，人間は，かつては人間固有のものだった，より善い本性から堕(お)ちたことを認めるのである。……王座を奪われた王でない限り，一体誰が自分が王でないことを不幸だと思うだろう。……自分に口が一つしかないからといって，誰が自分を不幸だと思うだろう。……我々にとって切実で，我々を喉首で押さえているこれらの惨めさ全てを見ながらも，我々には，我々を高めている押さえつけることのできない本能がある。……惨めさは偉大さから結論され，偉大さは惨めさから結論される。

① 人間が生きる三つの秩序のうち，愛の秩序こそ最上位にあると説いたパスカルは，**資料**では，人間は己の偉大さを深く省みることで，惨めにならずに済むと述べている。

② 信仰は己の惨めさから目を背けるための気晴らしにすぎないと主張したパスカルは，**資料**では，人間は本来偉大な存在だが，そのことが逆に人間の惨めさを一層際立たせると述べている。

③ 人間は虚無と無限の二面を持ち，その間を揺れ動く中間者だと考えたパスカルは，**資料**では，人間は偉大な存在だが，惨めさという不幸の中ではその偉大さを見いだすことはできないと述べている。

④ 真理は合理的推論ではなく繊細な心情によって直観されると主張したパスカルは，**資料**では，人間は惨めな存在だが，それは人間が偉大であることの証拠でもあると述べている。

問6 下線部ⓕに関連して，他者についてのレヴィナスの思想の説明として最も適当なものを，次の①～④のうちから一つ選べ。［ 6 ］

① 他者は，顔を持たない無個性な存在であり，根本的に私と区別が付かないものとして，私と出会う。

② 他者と私とは，対等なものとして顔を合わせ，お互いを自己同一的な人格として承認し合う関係である。

③　他者とは，根本的に理解を超えた異質なものとして，彼方（かなた）から私をまなざす顔において，訴え掛けてくるものである。

④　他者に出会うためには，私自身が，生きるための労働の領域から出て，活動の主体として公共空間に自らの顔を現して発言しなければならない。

問７　下線部ⓖに関連して，Dと先生は次の会話を交わした。会話中で示された**資料**の内容を踏まえて，会話中の［ a ］に入る記述として最も適当なものを，後の①～④のうちから一つ選べ。［ 7 ］

D　：先生，自由が迷いを生じさせることもあると思ってしまうんですが…。
先生：むしろ迷うことにこそ意味があるんです。ドイツ観念論の哲学者シェリングはこの視点を，次の**資料**の中で善と悪の問題から論じています。

> **資料**　『人間的自由の本質』より
> 　人間は，善と悪とに向かう自己運動の源泉を等しく自分の内に持つという頂きに位置付けられている。つまり，人間の内の両原理の結び付きは，必然的な結び付きではなく，一つの自由な結び付きである。人間は分岐点に立っている。人間が何を選ぼうとも，それは人間がなしたことになる。しかし，人間は未決定のままでいることはできない。

D　：私たち人間は善と悪の岐路に立たされる存在だと言っているんですね。
先生：そのとおりです。この**資料**では，人間は，［ a ］とされています。私たちは迷う存在で，そのことで悩むこともありますが，迷えないことはそもそも自由ではない，とも言えるのではないでしょうか。

①　善と悪の両方への可能性を自らの内に等しく持っていて，そのいずれかを選択する決断を下さざるを得ない点で自由な存在だ

②　善と悪への可能性を等しくは持っておらず，悪へ向かう傾向をより強く持つ存在だが，自ら選択する自由を有しているという点で自由な存在だ

③　善であれ悪であれ，そのいずれへ向かうかを自ら選び決断する力はないが，善と悪への可能性をともに意識し得るという点で自由である

④　善と悪への可能性を等しくは持っておらず，悪へ向かう傾向をより強く持つ存在だが，その悪への傾向が解消され得るという点で自由が保証される

問 8　次の**レポート**は，プレゼンテーションの後に，学びの振り返りとして，D，E，Fが共同で協議しながら作成したものの一部である。182 ページおよび 186 ページの会話を踏まえて，**レポート**中の［ a ］・［ b ］に入る記述の組合せとして最も適当なものを，後の①～④のうちから一つ選べ。［ 8 ］

> **レポート**
> 　プレゼンテーションの準備で自由の特徴を学んだ。自由の特徴は，少なくとも制約からの解放・自己決定・規範や法という三つの観点から考えられることに気付いた。また，自己の自由を追求するとき，規範や法のようなある種の制約による調整が関係することも改めて明らかとなった。準備段階でのこれらの考察において，自由について，［ a ］と捉えた。
> 　また，私たちは，自由を目の前にして自分の弱さや迷い，不安を感じることもある。特に，私たちが自己決定を行うときには，そうした感覚に陥ることがしばしばある。しかし，今回のディスカッションの中で，私たちにとって，［ b ］が重要だと考えるようになった。

① a　制約がない状態だけでなく，他者の自己決定との調整をも含むものだ
　b　自らの迷いや弱さと向き合いながら，それらを完全に払拭できなくても，自由を放棄しないこと

② a　ある種の制約や合意を通じて，自己決定を実現するものだ
　b　自らの迷いや弱さをはねつけるための強さを身に付け，主体的であることを決して放棄しないこと

③ a　自己決定の際に，共有されている規範を考慮する必要はないものだ
　b　自らの迷いや弱さを自覚し，自己の内に生じた不安と向き合いながら，自己決定を行うこと

④ a　あらゆる制約や規範が取り除かれた，自己決定に先立つものだ
　b　迷いや弱さを抱える他者を気遣い，寄り添う姿勢を決して失わず，他者の自己決定を支援すること

2　「良心の働き」について

次の文章を読み，下の問い(問1～8)に答えよ。

眼前の敵を撃つ瞬間，多くの兵士がためらうという。任務を遂行した自分を責め，長く苦しむ事例も数多い。ためらいも，自責も，悪を拒もうとする人間の良心から生まれる。その良心をめぐる，西洋近現代の思想の流れをたどってみよう。

古来の関心事であった良心の働きに新たな光を当てたのが，16世紀のⓐルターである。彼は，教会や聖職者の教えにではなく，悪を禁じる神の下にある各自の良心にのみ，人は従うべきだと主張した。その後，17世紀の合理主義哲学では，人間の精神に固有の力が重要視される。ⓑデカルトは意志の力で，スピノザは理性の力で，人は他者を傷つけることを自ら思いとどまり，それによって，良心の呵責(かしゃく)に囚(とら)われる可能性を排除できる，と考えた。

とはいえ，精神の力で常に自らを律するのは，必ずしも容易なことではない。こうした観点から，18世紀における文明社会の現実を見据えて，ⓒルソーが良心と社会の関係を問題にした。さらにカントは，良心を，自らが道徳法則に従っているか否かを自分に問いただす「内なる法廷」になぞらえ，人間が状況に影響されずに正しく振る舞う可能性を追求した。他方で，19世紀半ば，キルケゴールは，良心の呵責がもたらす絶望こそが人間のⓓ「実存」のあり方を左右すると説いた。

ⓔ20世紀の思想家たちは，新たな現実の中で，改めて，次の二つの問いに向き合うことになった。すなわち，良心の声はどこから聞こえてくるのか？　そして，その声が時に途絶えてしまうのはなぜなのか？　最初の問いに，ⓕハイデガーは，「良心の呼び声は，私の内から，しかも私を超えて訪れる」と答えている。二つ目の問いに関してアーレントは，良心の痛みを感じずにホロコーストを担った人々の存在を踏まえ，巨大な組織の下した決定に従うとき，人はしばしば善悪の判断を放棄し，それによって良心を自ら麻痺(まひ)させてしまう，と考えた。

しかし，冒頭の兵士たちの苦しみは，こうした麻痺を拒もうとする力もまた人間には備わっていることを，示している。私たち自身にも，人を傷つける前にためらい，あるいはⓖ傷つけた後に悔やみ，苦しんだ経験があるだろう。それが良心の声を聞くということであるならば，誰にでも，日々の生活の中でⓗ「その声はどこから？」と問い，自分なりの答えを探し求めることができるのではないだろうか。

問 1　下線部ⓐに関連して，次の文章は，良心をめぐるルターの思想が後世に対して果たした役割について，心理学者・精神分析学者のエリクソンが論じたものである。その内容の説明として**適当でないもの**を，下の①～④のうちから一つ選べ。［ 1 ］

> ルターの語った良心は，形骸化した宗教道徳の内部に溜(た)まった澱(おり)のようなものではなかった。それは，むしろ，一人の人間が……知り得る最高のものだった。「私はここに立っている」という，後に有名になったルターの言葉*……は，信仰においてのみならず，政治的にも，経済的にも，また知的な意味でも，自ら現実に向き合おうと決意し，その決意に自分のアイデンティティを見いだそうとした人々にとって，新たなよりどころとなった。……良心が人間各人のものであることをルターは強調し，それによって，平等，民主主義，自己決定といった一連の概念へ通じる道を開くことになる。そして，ルターを源とするこれらの概念が，……一部の人々のではなく，万人の尊厳と自由のための基盤となったのである。
>
> （『青年ルター』より）
>
> *1521 年の帝国議会において，宗教制度の改革を唱える自説の撤回を迫られたルターが，皇帝の要求を拒んで述べたとされる言葉

① ルターの思想は，個々人の良心を政治や経済の諸問題から切り離すことで，信仰の純粋さを守る役割を果たした。

② ルターの思想は，人が，現実世界に対峙(たいじ)することを通して自らのアイデンティティを確立しようとする努力を支える役割を果たした。

③ ルターの思想は，人間としての尊厳があらゆる人に備わっている，という考えを用意する役割を果たした。

④ ルターの思想は，平等その他，その後の社会のあり方を支える諸概念の形成を促す役割を果たした。

問2 下線部ⓑに関して，デカルトが説いた「高邁の精神」についての説明として最も適当なものを，次の①～④のうちから一つ選べ。 2

① 高邁は，自分が独断，偏見，不寛容に陥っていないかどうか謙虚に自己吟味を続ける，懐疑主義的な精神である。

② 高邁は，あるがままの人間の姿を現実生活に即して観察し，人間の本来的な生き方を探求する，モラリストの精神である。

③ 高邁は，身体と結び付いた情念に左右されることなく，情念を主体的に統御する，自由で気高い精神である。

④ 高邁は，絶対確実な真理から出発することで，精神と身体・物体とを区別し，機械論的な自然観を基礎付けようとする，合理論的な精神である。

問3 下線部ⓒに関して，次の文章は，世間の中に置かれた良心のあり方について，ルソーが述べたものである。その内容を身近な事例に置き換えた記述として最も適当なものを，下の①～④のうちから一つ選べ。 3

> 良心は内気である。……世間の喧騒(けんそう)は良心をおびえさせる。良心は社会的通念の産物であると一般に考えられているが，社会的通念こそ，むしろ，良心の最も残酷な敵なのである。この敵に出会うと，良心は逃げ出すか，押し黙る。良心は，誰にも相手にされなくなって意欲をなくし，何も語らなくなり，応答しなくなる。そうやって良心のことを無視し続けていると，容易に追い払えなかったはずの良心をもう一度呼び戻すことはとても難しくなる。
>
> （『エミール』より）

① 嘘(うそ)をついた後に良心が感じるやましさは，嘘が必要な場合もあるという社会の通念への反発から，逆にいっそう強くなっていくものである。

② たとえ，年長者には従うのが世間の常識だったとしても，年長者の命令が自分の良心に照らして不正なら，そうした命令に従う人は誰もいない。

③ 困っている友達を見捨てた後で良心が苛(さいな)まれるのは，良心を生み出した世の中のモラルによれば，友人は大切にするべきものであるためだ。

④ 苦境にあえぐ人たちの存在を知って良心が痛んだとしても，彼らのことを軽視する風潮に流されているうちに，その痛みを感じなくなってしまう。

問4 下線部ⓓに関して，次の**ア**～**ウ**はキルケゴールが説いた実存の三段階についての説明である。その組合せとして最も適当なものを，下の①～⑥のうちから一つ選べ。 4

ア 自分の社会的な責務を引き受け，それを果たそうと努力するさなかで，自分の力の限界を思い知らされた状態。

イ 自分自身の無力さに打ちのめされて苦しむさなかで，自らを神の前に立つ単独者として発見するに至った状態。

ウ その場限りの感覚的な快楽を際限なく追い求めるさなかで，欲望の奴隷となって自分を見失った状態。

①	第一段階－**ア**	第二段階－**イ**	第三段階－**ウ**
②	第一段階－**ア**	第二段階－**ウ**	第三段階－**イ**
③	第一段階－**イ**	第二段階－**ア**	第三段階－**ウ**
④	第一段階－**イ**	第二段階－**ウ**	第三段階－**ア**
⑤	第一段階－**ウ**	第二段階－**ア**	第三段階－**イ**
⑥	第一段階－**ウ**	第二段階－**イ**	第三段階－**ア**

問5　下線部ⓔに関連して，次の文章は，19～20世紀における思想家たちと現実との関係についての説明である。文章中の［a］・［b］に入る語句の組合せとして正しいものを，下の①～⑥のうちから一つ選べ。［5］

第二次世界大戦の過酷な現実が，強制収容所を経験したフランクルや，ナチスへの抵抗運動に参加したサルトルなど，20世紀の思想家たちに深い影響を与えたように，19世紀においても，思想家たちは当時の深刻な現実に直面する中で，それぞれの思想を形成していった。例えば，［a］やフーリエが，搾取のない人道的な共同体を構想したのは，多くの労働者が低賃金で過酷な労働を強いられていた産業革命後の現実に対応するためだった。にもかかわらず，彼らの構想がマルクスらによって［b］と呼ばれた事実は，思想が現実の問題を実際に解消することの難しさを示している，と言えるだろう。

①　a　エンゲルス　　b　科学的社会主義
②　a　エンゲルス　　b　社会民主主義
③　a　エンゲルス　　b　空想的社会主義
④　a　オーウェン　　b　科学的社会主義
⑤　a　オーウェン　　b　社会民主主義
⑥　a　オーウェン　　b　空想的社会主義

問6　下線部ⓕに関連して，ハイデガーの思索の出発点となった人物にフッサールがいる。次の**ア**・**イ**は，フッサールの現象学についての説明である。その正誤の組合せとして正しいものを，下の①～④のうちから一つ選べ。［6］

ア　現象学によれば，世界の実在を信じるような自然的態度を一旦停止するエポケーによって，意識の内部に現れるがままの「事象そのものへ」迫ることができる。
イ　現象学によれば，自覚ないし自己意識こそ精神の基本的な働きであり，人間は，他者との関係を通じてその自己を外化することにより，自由を獲得することができる。

①　**ア**　正　　**イ**　正
②　**ア**　正　　**イ**　誤
③　**ア**　誤　　**イ**　正
④　**ア**　誤　　**イ**　誤

問7 下線部ⓖに関連して，次の会話は，高校生RとUが交わしたものであり，下の**ア**～**エ**は，吉野源三郎の『君たちはどう生きるか』より抜粋した言葉である。会話の趣旨を踏まえて，［a］・［b］に入る言葉の組合せとして最も適当なものを，下の①～④のうちから一つ選べ。［7］

R：今，吉野源三郎のこの本を読んでいるのだけど，中学生の頃，一人の子がいじめられていたときのことを思い出すんだ。私は黙ってるだけで止(と)めなかった。結局，加担したのと同じじゃないかって，今でも後悔してる。

U：その本，私も読んだよ。後悔って，自分のしたことが他人からみっともないと思われないかと心配して，生まれる気持ちのことだと私は思ってた。けど，この本だと違うよね。ほら，ここに，「僕たちが，悔恨の思いに打たれるというのは，［a］」からだって書いてある。

R：私もそう思う。私だって，絶対に止(と)められたはず。そう考えるたびに，一番つらかったはずのあの子の顔が，まず思い浮かぶんだ。

U：そうだったんだ…。この本でもう一つ，私には初めてだったのが，「僕たちは，［b］。だから誤りを犯すこともある」っていう考え方。

R：それはね，だからこそ，自分のためかどうかとは関係なく，いじめを止(と)めることもできるってことだよ。それが他の人の喜びやつらさに結び付くのだから，次はきっと止(と)めるんだって，この本を読みながら私は思ったよ。

ア 自分はそうでなく行動することも出来たのに――，と考える
イ つまらない虚栄心が捨てられない
ウ 自分で自分を決定する力をもっている
エ 自尊心を傷つけられるほど厭(いや)な思いのすることはない

① a－ア b－ウ
② a－ア b－エ
③ a－イ b－ウ
④ a－イ b－エ

問８　下線部ⓗに関連して，次の会話は，190 ページの文章を読んだ高校生Ｓと先生Ｔが交わしたものである。会話と文章の内容を踏まえて，［ a ］に入る先生Ｔの言葉として最も適当なものを，下の①～④のうちから一つ選べ。［ 8 ］

Ｓ：先生，「良心の声はどこから聞こえてくるのか」って，考えようにもどう考えたらいいのか，取っ掛かりが見付けられないんです。

Ｔ：それなら，「良心」に対応する英語 conscience がヒントになりますよ。語源に遡（さかのぼ）ると，この言葉は con と science に分解できて，con は「～と共に」，science は「知る」が元の意味。二つが組み合わさって conscience となる場合，「～」には「誰か」が入ります。

Ｓ：じゃあ，conscience の語源的な意味は，「誰かと共に，知る」，ですか？

Ｔ：そう。ただし，この場合の「知る」は，知識を得るという一般的な意味ではありません。「誰かと共に，知る」は，自分が「誰かと共に」いるということに気付き，その「誰か」の存在を尊重しようとすることだと言えます。反対に，尊重せず，傷つければ，人は良心に痛みを感じますね。

Ｓ：そうか，良心の痛みは，他の人を大切にしなさいという合図なんですね。そのことと，「良心の声はどこから？」の問いも関係しているのですか？

Ｔ：考えがまとまってきましたね。もう一歩先に進めると，この「誰か」は必ずしも他の人に限られません。人を傷つけたことで良心が痛むとき，痛みを感じている本人もまた傷ついている。だとしたら，良心の痛みは，自分のことを大切にしなさいという合図でもあるでしょう。改めて，conscience の語源の観点から，先ほど読んだ，良心をめぐる西洋近現代思想の流れについての文章を振り返ってみてください。人の良心，すなわち「誰かと共に，知る」の［ a ］，ということに気付くのではありませんか。

① 「誰か」として，各自の周りにいる人々が最も重要だとされてきた
② 「知る」働きこそ，道徳や倫理を支える唯一の根拠であると考えられてきた
③ 「誰か」とは，自分を見つめる自分自身のことだとされる場合もあった
④ 「知る」働きが停止してしまう危険性は，問題にされてこなかった

3 時間をめぐる西洋近現代思想の流れ

次の文章を読み，問い(問１～９)に答えよ。

私たちが世界とふれあい，生きるのは，時間を通じてのことである。だが，生の営みと不可分な時間について，日々の暮らしのなかではあまり深く考えることがないかもしれない。ここでは，時間をめぐる西洋近代思想の流れを追ってみよう。

周期的な天体の運行や季節の変化に注目した古代思想や，人類に神の審判がくだる終末といった特別な時を想定するキリスト教とは異なり，西洋では近代に入ると，時間を均質に経過するものとみる傾向が現れる。この見方は，ⓐルネサンス期を経て，ニュートンらによる数量的な自然の把握とともに強まった。ⓑ近代科学は，時間という均一の尺度により事象を計測し，自然現象を因果関係の連鎖として統一的に把握しようとしたのである。それによって，予測に基づく物質的世界の制御が容易になり，ⓒ近代社会は多くの恩恵をこうむった。

このような時間観念をもとに，カントはⓓ人間の認識能力について考えた。彼は古典力学を踏まえつつ，時間を，私たちにそなわるⓔ経験や認識の枠組みとして捉えたのである。だが，こうした枠組みの当てはまらない実践の地平をカントが見通していたことにも窺(うかが)えるように，科学的な考え方で人間の生を隈(くま)なく照らし出すことは難しい。そこで，ニーチェのように，古代の周期的な時間観にも示唆を受け，出来事の反復に着目する者も現れた。循環的な時間のなかでなお，新しい価値の創造に取り組むⓕ超人としての生き方を，彼は模索したのである。

人間のより具体的な生き方を問うなかで，時間が演じる役割を掘り下げた思想家もいる。例えば，ⓖベルクソンは記憶の機能に注目した。私たちは，自らの経験を無意識のうちにも記憶に刻むことで，それ以前とは異なる自分に変わる。それによって，私たちは二度と繰り返せない生を生きるのだとベルクソンは考えた。また，ⓗハイデッガーは，「死への存在」ゆえの不安に注目する時間論を展開した。彼によれば，あらゆる瞬間に到来し得る死を自覚することで，私たちは没個性的な生き方から脱し，人間の本来的なあり方を実現することができるのである。

思想家たちは，時間への問いを通して，時間と切り離せない私たちの生を捉え返し，充実した生を送るための指針を示してくれている。私たちも，時間について考えることで，自分の生き方を見直せるのではないだろうか。

問1 下線部ⓐに関して，ルネサンス期の文学・芸術についての説明として**適当でないもの**を，次の①～④のうちから一つ選べ。 1

① ボッカチオは，快楽を求める人々の姿を描いた『カンツォニエーレ』を著し，人間解放の精神を表現した。

② レオナルド・ダ・ヴィンチは，解剖学などを踏まえた絵画制作を通じ，人間や世界の新たな表現法を提示した。

③ アルベルティは，建築を始め様々な分野で活躍し，自らの意欲次第で何事をも成し遂げる人間像を示した。

④ ダンテは，罪に苦悩する人間の魂の浄化を描いた『神曲』を著し，人文主義的な機運の先駆けをなした。

問2 下線部ⓑに関して，近代科学の成立に貢献した思想家の一人にガリレイがいる。彼についての説明として最も適当なものを，次の①～④のうちから一つ選べ。 2

① 天体観測によって得られた精密な観測値に基づき，惑星が楕円(だえん)軌道を描くという法則を発見して，伝統的な宇宙観に変更を迫った。

② 地上の物体と天空の惑星は共通の法則に従っているとする，万有引力の考えを打ち出し，機械論的自然観に道をひらいた。

③ 実験をもとに自由落下の法則を発見し，近代物理学の基礎を築く一方，地動説を支持したために，宗教裁判にかけられた。

④ 宇宙は無限に広がっているという説を唱えるなど，教会とは相容(あいい)れない考えを提示したために，異端者として火刑に処された。

問3 下線部ⓒに関連して，科学の発達とも相まって発展した近代社会は，他方で負の側面を抱えこむことにもなった。この点を考察したウェーバーについての説明として最も適当なものを，次の①～④のうちから一つ選べ。 3

① 合理化が推し進められた西洋近代においては，組織的な分業を旨とした官僚制による管理・支配が浸透しがちである点に着目し，そのもとで人々の個性や創造性が抑圧される危険性を明らかにした。

② 近代化の推進役である理性が道具的な性格に堕し，手段の効率性に囚(とら)われて目的それ自体は顧みなくなることで，かえって野蛮な事態が生じる点に着目し，理性のあるべき姿を探る批判理論を展開した。

③ 目的の効率的な達成を目指す近代の政治的および経済的なシステムが，生活世界の植民地化をもたらすきらいのある点に着目し，それによって人々の日常的な行動や人間関係が侵食される事態を批判した。

④　生産の大規模化が進行した西洋近代においては，労働を通じて自己を実現したり，他者と連帯したりすることが困難となっている点に着目し，そうした状況を労働の疎外(疎外された労働)と呼んだ。

問 4　下線部ⓓに関して，人間の認識能力をめぐるカントの思想の説明として最も適当なものを，次の①～④のうちから一つ選べ。［4］

①　時間・空間という形式をもつ悟性と，量・質・関係・様相という形式をもつ感性の協働により，認識は成立する。それゆえ，「内容なき思考は空虚」であり，「概念なき直観は盲目」である。

②　受容した素材を，経験に先立って存する形式によって秩序づけるのだから，私たちの認識は単なる模写ではない。「認識が対象に従う」というよりは，むしろ「対象が認識に従う」のである。

③　経験を通じて与えられるのは，現象のみである。だが，与えられた現象を手がかりとして，その背後に想定される物自体についてまで，私たちは認識をひろげることができるのである。

④　神，宇宙の始まり，自由，霊魂の不滅など，私たちの経験を超える事柄に関しては，理性はこれを認識の対象とすることができない。したがって，それらの存在は否定されるべきである。

問 5　下線部ⓔに関連して，次の**ア**～**ウ**は，経験に知識の源泉を求めた思想家の説明であるが，それぞれ誰のことか。その組合せとして正しいものを，次の①～⑧のうちから一つ選べ。［5］

ア　事物が存在するのは，私たちがこれを知覚する限りにおいてであり，心の外に物質的世界などは実在しないと考え，「存在するとは知覚されることである」と述べた。

イ　私たちには生まれつき一定の観念がそなわっているという見方を否定し，心のもとの状態を白紙に譬(たと)えつつ，あらゆる観念は経験に基づき後天的に形成されるとした。

ウ　因果関係が必然的に成り立っているとする考え方を疑問視し，原因と結果の結び付きは，むしろ習慣的な連想や想像力に由来する信念にほかならないと主張した。

①　**ア**　ヒューム　　**イ**　ベーコン　　**ウ**　バークリー
②　**ア**　ヒューム　　**イ**　ベーコン　　**ウ**　ロック
③　**ア**　ヒューム　　**イ**　ロック　　**ウ**　バークリー

④ ア ヒューム イ ロック ウ ベーコン
⑤ ア バークリー イ ベーコン ウ ヒューム
⑥ ア バークリー イ ベーコン ウ ロック
⑦ ア バークリー イ ロック ウ ヒューム
⑧ ア バークリー イ ロック ウ ベーコン

問6 下線部ⓕに関して，次の文章は，超人をめぐるニーチェの思想についての説明である。［a］～［c］に入れる語句の組合せとして正しいものを，下の①～⑧のうちから一つ選べ。［6］

私たちの生きる世界を，あらゆることが目的もなく無限に繰り返される［a］の世界と捉えるのは，ともすれば恐ろしいことであるとニーチェは言う。だが，そのことから目をそらさず，自らの人生を「ならば，もう一度」と肯定的に引き受ける［b］を有するのが，ニーチェの考える超人である。生を肯定し，西洋の伝統的な道徳に囚われず［c］を体現する超人は，自らの手で新しい価値を創造するのである。

① a 輪廻転生 b 運命愛 c 力への意志
② a 輪廻転生 b 運命愛 c 性の衝動
③ a 輪廻転生 b 自己愛 c 力への意志
④ a 輪廻転生 b 自己愛 c 性の衝動
⑤ a 永劫回帰 b 運命愛 c 力への意志
⑥ a 永劫回帰 b 運命愛 c 性の衝動
⑦ a 永劫回帰 b 自己愛 c 力への意志
⑧ a 永劫回帰 b 自己愛 c 性の衝動

問7 下線部ⓖに関して，次のベルクソンの文章を読み，その内容の説明として最も適当なものを，次ページの①～④のうちから一つ選べ。［7］

同じ対象を見続けるような場合でも，いま私がもっている視覚像は，ほんの少し時がたったという理由だけで，つい先ほどの像とは異なるものになる。私の記憶機能が，何がしかの過去を現在に押し込むからである。時間という道を進みながら，私の心的状態は絶えず膨張し続ける。……その過程は，ある一瞬が別の一瞬に置き換わるというようなものではない。……私たちの人格は，このようにして絶えず成長し，大きくなり，成熟する。その各々の瞬間は，以前あったものに付け加わる新しいものである。さらに言えば，それは単に新しいものというだけでなく，予見できないものでもある。……なぜなら，予見するとは，過去に知覚したものを未来に投影することであるからだ。……だが，これまでに知覚されなかったものは，必然的に予見不可能である。……私たちが芸術家として手がける生の一瞬一瞬は，一種の創造なのである。

（『創造的進化』より）

① 私たちの人格は，過去と現在を混ぜ合わせつつ，時間を通じ絶えず成熟する。そのことで過去が刻々と変質するため，私たちは，これまでに知覚したことのない事柄をも想起できるようになる。

② 私たちのもつ記憶機能は，絶えず過去を現在へ持ち越す。したがって，私たちは，これら残存する過去を投影することによって，自らの未来を見通すことができるのである。

③ 私たちの人格は，過去と現在を融合させながら，時間を通じ不断に成長する。このため，私たちが生きる各々の瞬間は，今までにない新しさをそなえ，芸術創作にも等しい創造性を孕（はら）むこととなる。

④ 私たちのもつ記憶機能は，不断に過去を現在に押し込む。したがって，私たちは，手持ちの過去を適宜活用しつつ，今までにない芸術作品を創造することができるのである。

問8 下線部ⓗに関して，次の**ア**～**ウ**のうち，ハイデッガーの思想についての説明として正しいものはどれか。その組合せとして最も適当なものを，下の①～⑦のうちから一つ選べ。［8］

ア 人間は，存在するとはそもそもいかなることかを問うことのできる，唯一の存在者である。私たちのそうしたありようは，現存在(ダーザイン)と呼ばれる。

イ 人間は，それ自体で存在する事物(即自存在)とは異なって，未来に向けて投企しつつ，自己を意識する。私たちのそうしたありようは，対自存在と呼ばれる。

ウ 人間は，世界のなかに投げ出されており(被投性)，そこで様々な事物や他者と関わりながら日常を生きる。私たちのそうしたありようは，世界内存在と呼ばれる。

① **ア**　② **イ**　③ **ウ**
④ **ア**と**イ**　⑤ **ア**と**ウ**　⑥ **イ**と**ウ**
⑦ **ア**と**イ**と**ウ**

問9　本文の趣旨に合致する記述として最も適当なものを，次の①～④のうちから一つ選べ。 9

① 西洋近代思想による時間の問題への取組みは，私たちが目にする現象や私たち自身の生き方を，予測を踏まえ統御することを可能にした。このことから分かるのは，時間をめぐる考察が，生を肯定的に捉え，また，充実した生を実現するうえで，指針を与えてくれるということである。

② 西洋近代の思想家たちは，外的世界を念頭におく科学的時間観から出発し，やがて，時間の循環的な性格や，時間が私たちの生にもたらす反復不可能性などにも，着眼するようになった。彼らが教えてくれるのは，時間をめぐる考察に際しては，科学に基礎を求めるべきだということである。

③ 西洋近代思想による時間の問題への取組みは，同じことの繰り返しや迫り来る死など，人生の過酷な局面をしばしば照らし出すものであった。このことから分かるのは，時間について考えることが，生の厳しさを自覚し，時間を惜しんで効率よく生きることにつながるということである。

④ 西洋近代の思想家たちは，時間を均質に経過するものとみなす観点のみに囚われず，私たち人間の生を念頭におくなかで，時間のもつ様々な側面にまで，次第に視野をひろげた。彼らが教えてくれるのは，時間について考えることで，私たちの生を問い直すことができるということである。

4 自然と人間をめぐる知の探究

次の文章を読み，問い(問1～9)に答えよ。

学問のあり方として，文系と理系はおのおの独立したものだと考えてはいないだろうか。だが，古代ギリシア・ローマにおいて，生き方の探究者と自然の探究者はともに哲学者と呼ばれた。近代以降も西洋では，自然の研究と密接な関係のなかで人間の精神や社会が考察されてきたのである。その流れを追ってみよう。

人文主義者やⓐモラリストの活躍にみられるように，近代思想の中心的な課題の一つに人間性の探究がある。この探究は，古典の研究に促される一方，新たに興隆したⓑ合理的な自然の研究から生じた課題も抱えていた。例えば，機械論的自然観においては，人間も無限の宇宙の一点にすぎず，因果法則が支配する世界ではⓒ自由も存在し得なくなるようにみえる。しかし，優れた自然科学者でもあったパスカルは，自然のなかでは葦(あし)のように弱い人間にも，思考によって宇宙を包む偉大さがあると説いた。また，ⓓカントは，自然とは区別された道徳の領域において，自然界の必然性に囚(とら)われない自由の可能性を追求した。

自然の秩序のなかで精神を独自に働かせる人間像が打ち出される一方，自然界と同様の法則性を人間の社会や歴史にも発見しようとする思想もある。エンゲルスは，マルクスとともに，歴史にも法則的説明を与え，富のⓔ不平等を告発する社会主義思想を「空想から科学へ」と進展させることを試みた。また，コントは，神学や形而上学に訴えずに，社会を含む全事象に法則を見いだす実証的段階に至ることが人類のⓕ進歩だとした。

自然の変化も人間の歴史も一様に法則的に捉えるような見方に対して，自然と人間のより直接的な関わりに目を向けようとする動きもある。ベルクソンは，法則主義的・機械論的な見方とは異なる，ⓖ有機体や進化に注目する自然観に基づいて，より直観的な仕方で，人間の生命のあり方を把握しようとした。ⓗ現象学においては，世界をもっぱら自然科学的に捉えようとする姿勢を見直し，日常的な生活経験における自然とのより具体的な接触に立ち返ることが目指された。

このように，人間の精神や社会をめぐる知の探究は，自然をめぐる探究にそのつど応答しながら進展してきた。私たちも，文系・理系の区別に囚われず，幅広い視野に立って，自然と関わりつつ生きる人間を探究していく必要があろう。

問1　下線部ⓐに関して，モラリストを代表する人物にモンテーニュがいる。彼の思想の説明として最も適当なものを，次の①～④のうちから一つ選べ。［1］

①　人間は，「私は何を知っているか」と問い，謙虚に自己吟味を行うことによって，自らに潜んでいる偏見や独断から脱することができる。

②　人間は，単に行為するだけにとどまらず，行為の正不正に関する道徳的判断をも下す存在だが，この判断は知性ではなく感情の働きである。

③　人間は，生の悲惨さを自ら癒すことができないために，娯楽や競争などの気晴らしに逃避して，気を紛らわそうとする。

④　人間は，自由意志に従うと「堕落した下等な被造物」にもなり得るため，自由意志の上位に信仰をおくことによって正しき者になる。

問2　下線部ⓑに関連して，近代自然科学の成立に寄与した思想家としてデカルトがいる。彼についての説明として最も適当なものを，次の①～④のうちから一つ選べ。［2］

①　知識の正しい獲得法として，実験や観察に基づいた個々の経験的事実から一般的な法則を導く帰納法を提唱した。

②　自然界に存在する生物の種は不変ではなく，より環境に適した種が自然選択(自然淘汰)によって残ってきたのだとした。

③　人間の心とは，最初は何も書き込まれていない白紙のようなものであるとして，生得観念の存在を否定した。

④　精神が対象を疑いの余地なく認識し，他の対象からもはっきりと区別していることを，明証的な真理の基準だとした。

問3　下線部ⓒに関して，次の**ア**～**ウ**は，自由についての思想家たちの考えを説明した記述である。その正誤の組合せとして正しいものを，下の①～⑧のうちから一つ選べ。［3］

ア　サルトルによれば，人間は，選択と行為によって自らを作り上げる自由な存在であり，各自の利益と幸福を追求する市民社会を実現すべきである。

イ　ルソーによれば，人間は，生まれつき自由で平等だが，自然的自由を放棄して自らが制定した法に従うことで，市民的(社会的)自由を獲得する。

ウ　ホッブズによれば，人間は，自然状態において，自らの生命を維持するためにどんなことでも行う自由を，おのおの自然権としてもっている。

①　**ア**　正　　**イ**　正　　**ウ**　正

② ア 正 イ 正 ウ 誤
③ ア 正 イ 誤 ウ 正
④ ア 正 イ 誤 ウ 誤
⑤ ア 誤 イ 正 ウ 正
⑥ ア 誤 イ 正 ウ 誤
⑦ ア 誤 イ 誤 ウ 正
⑧ ア 誤 イ 誤 ウ 誤

問4 下線部ⓓに関して，次のカントの文章を読み，その内容の説明として最も適当なものを，下の①～④のうちから一つ選べ。［ 4 ］

人は道徳法則に反した振る舞いを思い出すとき，それを故意でない過失として，どうしても避けられない単なる不注意として，したがって，自らが自然必然性の流れに押し流された出来事であるかのようにとりつくろい，自分はそれについて責めがないと宣言するために，好きなだけ技巧を凝らすこともできよう。その人は，しかし，自分が不正を犯したときにそれでも自分で判断してやったこと，つまり自らの自由を行使していたことを意識している限り，自らに有利なように語る弁護人としての自分も，自らのうちに住まう原告としての自分を決して沈黙させられないことに気づく。……悪事を自然の結果とみなしたからといって，それによってその人が自分自身に加える自責や非難から守られるというわけではない。ずっと以前に犯した行いについて，それを思い出すたびに後悔することも，以上のことに基づいている。

（『実践理性批判』より）

① 人は自らの不正な行いを，自然界の必然性に従って生じた，自分では回避できない出来事として解釈できる。その場合，人は自分に有利に語り，自分には責めがないことを自らにも他人にも表明する自由がある。
② 人は自らの不正な行いについて，自責や後悔の念に駆られることがある。その場合，人はその行いが過失や不注意によるものではなく，自分の判断によってなされた自由な行為であったことを意識している。
③ 人は自らの不正な行いを，自然界の必然性に従って生じた，自分では回避できない出来事として解釈できる。ただし，その行いが遠い過去のことになると，それを思い出すたびに後悔するようになり，道徳的意識が高まる。
④ 人は自らの不正な行いについて，自責や後悔の念に駆られることがある。ただし，人の行いは過失や不注意の結果にすぎない場合もあり，その行いに対する非難から自分を守るために人は道徳法則に訴える。

問5 下線部ⓔに関連して，富の格差をはじめとする様々な不平等を思想家たちは問題にしてきた。次の**ア**～**ウ**は，そうした思想家たちの説明であるが，それぞれ誰のことか。その組合せとして正しいものを，下の①～⑧のうちから一つ選べ。 5

ア 敬虔（けいけん）なキリスト教徒にして人文主義者(ヒューマニスト)である立場から，金銭や富が人間よりも大切にされる社会を批判し，貨幣や私有財産のない理想社会を描く作品を発表した。

イ 男性優位の文化・習慣が女性に特定の生き方を強いていることを明らかにし，「人は女に生まれるのではない，女になるのだ」と主張して，以後のフェミニズム運動に影響を与えた。

ウ 自由競争によって生じる所得や地位の不平等は，社会の最も不遇な人々の境遇の改善につながる限りで認められるとする格差原理を主張して，公正としての正義を構想した。

①	**ア** トマス・モア	**イ** ボーヴォワール	**ウ** ロールズ
②	**ア** トマス・モア	**イ** ボーヴォワール	**ウ** サンデル
③	**ア** トマス・モア	**イ** シモーヌ・ヴェイユ	**ウ** ロールズ
④	**ア** トマス・モア	**イ** シモーヌ・ヴェイユ	**ウ** サンデル
⑤	**ア** サン＝シモン	**イ** ボーヴォワール	**ウ** ロールズ
⑥	**ア** サン＝シモン	**イ** ボーヴォワール	**ウ** サンデル
⑦	**ア** サン＝シモン	**イ** シモーヌ・ヴェイユ	**ウ** ロールズ
⑧	**ア** サン＝シモン	**イ** シモーヌ・ヴェイユ	**ウ** サンデル

問6 下線部ⓕに関連して，科学の進歩についての従来の考え方を批判し，新たな考え方を提唱した思想家にクーンがいる。彼の思想の説明として最も適当なものを，次の①～④のうちから一つ選べ。 6

① 科学は，仮説が従来の実験によって確かめられない場合でも，新たに実験をやり直すことで危機を乗り越える。科学者たちの地道な作業の蓄積によってパラダイムの転換が生じ，科学革命が起きる。

② 科学は，世界を一般的なパラダイムで解釈する限り，多様な価値観が共存する現代では危機に陥る。そのため，科学が進歩するには，具体的状況で思考する「小さな物語」を中心にすえなくてはならない。

③ 科学は，個々の事実を一定のパラダイムのなかで解釈する。既存の理論では理解できない事実が積み重なり，それらの新たな事実を説明しようとするとき，パラダイムの転換が生じて，科学革命が起きる。

④　科学は，命題一つ一つの真偽を確かめることはできない。そのため，科学が進歩するには，理論的枠組みとしてのパラダイム全体を単位として真偽を問う「ホーリズム」の見方に移行する必要がある。

問7　下線部ⓖに関連して，有機体や進化という考え方に注目して人間を考察した思想家にデューイがいる。次の文章は，彼の思想についての説明である。［a］～［c］に入れる語句の組合せとして正しいものを，次の①～⑧のうちから一つ選べ。［7］

デューイは，人間も他の生物と同じように，有機体として環境に適応することで生き，成長すると考えた。彼の提唱する［a］によれば，人間に特有な知性もまた，抽象的な真理を発見するためにではなく，日常生活上の苦境や問題への対処を実り豊かにし，その解決に役立つためにある。彼は，環境との相互作用を通じて個々の問題解決を図り，未来を展望する能力を［b］と呼び，この能力を発揮することで，人は過去の習慣を修正し，自我を未来に向けて形成できるとした。さらに，デューイは，こうした人間観に基づいて，従来の暗記中心教育に対して，問題解決型教育を新たなモデルとした教育改革思想も打ち出している。著書［c］で主張されるように，彼は学校での学習も，学校のそとで起こっている社会の問題の解決に関わるべきだと考えた。

①　a　道具的理性　b　創造的知性　c　『幼児期と社会』
②　a　道具的理性　b　創造的知性　c　『民主主義と教育』
③　a　道具的理性　b　投　企　c　『幼児期と社会』
④　a　道具的理性　b　投　企　c　『民主主義と教育』
⑤　a　道具主義　b　創造的知性　c　『幼児期と社会』
⑥　a　道具主義　b　創造的知性　c　『民主主義と教育』
⑦　a　道具主義　b　投　企　c　『幼児期と社会』
⑧　a　道具主義　b　投　企　c　『民主主義と教育』

問8　下線部ⓗに関して，代表的な現象学者の考えの説明として最も適当なものを，次の①～④のうちから一つ選べ。 8

① メルロ＝ポンティによれば，人間は気がつけば既にこの世界に投げ出されている。現象学は，この根本事実に基づいて，誕生とともに死へと向かう存在としての人間を分析する学問的営為である。

② フッサールによれば，実在すると私たちが素朴にみなしているものは，私たちの意識との関わりにおいて存在している。現象学は，意識にあらわれる現象をありのままに記述する学問的営為である。

③ メルロ＝ポンティによれば，世界には何らの意味も目的もなく，一切は偶然的に存在している。現象学は，そうした不条理な世界のなかにあっても人生の価値を問いながら真摯に生きることを目指す立場である。

④ フッサールによれば，自然的態度において人は世界の存在を信じている。現象学は，そうした自明な判断を括弧に入れることによって，あらゆる物事の妥当性を懐疑して，学問の絶対的確実性を否定する立場である。

問9　本文の趣旨に合致する記述として最も適当なものを，次の①～④のうちから一つ選べ。 9

① 近代以降の西洋の思想家たちは，自然と精神の探究を調和させたり，自然の探究で得られた知見や方法を社会の事柄にも適用したりしてきた。こうした歴史に倣い，最も確実な自然科学を模範として，精神や社会に関する学問を再編することで，文系・理系の乖離（かいり）を是正することが必要である。

② 近代以降の西洋の思想家たちは，自然と精神の探究を調和させたり，自然の探究で得られた知見や方法を社会の事柄にも適用したりしてきた。しかし，自然と精神や社会とでは領域が異なるのであり，人間に対する考察の独自性を際立たせて，文系・理系の区分を設定し直すことが肝心である。

③ 近代以降の西洋の思想家たちは，自然に対する探究を活用したり，さらに深めたりすることで，人間の精神や社会についての考察を進めてきた。こうした歴史に倣い，文系・理系の区別を自明視せずに，自然と切り離せない存在としての人間を探究する学問のあり方を求めることが重要である。

④ 近代以降の西洋の思想家たちは，自然に対する探究を活用したり，さらに深めたりすることで，人間の精神や社会についての考察を進めてきた。自然科学の展開が人間に多大な影響を与え始めた現在だからこそ，文系・理系の枠を超えて，時代に左右されない人間の本質論が求められている。

河合塾
SERIES

マーク式
基礎問題集
倫理

六訂版

解答・解説編

河合出版

河合塾

SERIES

マーク式
基礎問題集
倫理

六訂版

解答・解説編

河合出版

目　次

第　1　章

青年期と現代社会の諸課題

step 1

第１節　人間性の特質

解答　1　③　　2　③

問１　1　③が正解。

ア－Ｂ　哲学者の**ベルクソン**は，人間が「道具を使って自然に働きかけ，ものを作り出す存在である」ことに注目し，人間を**ホモ・ファーベル**(**工作人**)と呼んだ。

イ－Ｄ　歴史学者の**ホイジンガ**は，人間が「日常から離れて自由に遊び，そこから文化を作り出す存在である」ことに注目し，人間を**ホモ・ルーデンス**(**遊戯人**(ゆうぎ))と呼んだ。

ウ－Ａ　生物学者の**リンネ**は，人間が「知恵をもち，理性的な思考能力をそなえた存在である」ことに注目し，人間を**ホモ・サピエンス**(**英知人**(えいち))と呼んだ。

エ－Ｃ　**ホモ・レリギオースス**(**宗教人**)は，人間が「自らを超えるものに目を向け，宗教という文化をもつ存在である」ことに注目した人間観を示す用語。

問２　2　③が正解。**文化**は，特定の時代や場所で生まれるとしても，時代や場所を超えて広がる可能性をもっており，**人種，民族などの枠組みを超えて伝達されうる**。したがって，「伝達することができない」，「人種によって規定されている」という記述は誤り。残りの選択肢の記述は，すべて正しい。

第２節　人間の発達

解答　3　②　　4　①　　5　④　　6　④

問１　3　②が正解。

ア：**アリエス**についての説明。彼は，現在のような「子ども」の概念は中世末期から近代にかけて誕生したものであって，それ以前のヨーロッパでは，子どもは７歳頃から大人と一緒に働く「**小さな大人**」として扱われていたと指摘した。

イ：**ルソー**についての説明。彼は，「**われわれは，いわば二度生まれる。一度は生存するため，二度めは生きるために。一度は人類の一員として，二度**

めは性をもった人間として」と述べて，青年期に心身が大きな変化をとげて成長していくことを「**第二の誕生**」と呼んだ。

ハヴィガーストは，青年期の発達課題として，同年齢の男女との洗練された交際を学ぶこと，両親や他の大人から情緒的に独立すること，などをあげた人物。

問 2　[4]　①が正解。心理学者の**エリクソン**は，人生を８段階からなる**ライフサイクル**として捉え，それぞれの段階ごとに達成すべき発達課題があると主張した。

②青年期ではなく，**乳児期**の説明である。エリクソンによると，青年期の発達課題は，首尾一貫した自分らしさとしての**アイデンティティ（自我同一性）を確立すること**にある。③**一次的欲求**とは生理的欲求のことであり，これに対して（自分の個性の実現や他者からの評価を求めるなどの）社会的欲求のことを**二次的欲求**という。「人は多くのことを学び，成長していく」という記述は社会的レベルでの成長のことを言っているから，これを一次的欲求によるものとしている説明は不適当。④**脱中心化**は，心理学者の**ピアジェ**が指摘したもの。ピアジェは，「他者からの視点を意識しつつ，物事を客観的に捉(とら)える」ようになることを脱中心化と呼び，これを人間の成長の要と見なした。

問 3　[5]　④が正解。成人期に入ってからも，人は，何らかのきっかけで**アイデンティティ（自我同一性）**を見失うことがある。この選択肢は，「自分の人生」の意味や「自分の存在意義」について思い悩んでいるということを述べており，アイデンティティを見失っている状態の例といえる。残りの選択肢は，アイデンティティを見失っている例ではない。

問 4　[6]　④が正解。**表**の説明と照らし合わせてみると，「盗みをすると，所有者を人として尊重していないことになり，自らの内面的な正義の基準に反するから」と考えるのは，「個人の尊厳など，皆に受け入れ可能で自らの良心にもかなう原理」に従おうとするものだと言える。したがって，④の組合せは適当。

①「誰でも認めるはずの普遍的な道理」を理由とするのは，レベル１ではなくレベル３である。②「親に厳しく叱られて，自分が嫌な思いをする」ということを理由とするのは，レベル２ではなくレベル１である。③「警察に逮捕され，刑務所に入れられてしまう」ということを理由とするのは，レベル３ではなくレベル１である。

第3節　適応と個性の形成

3－1　社会の中でのパーソナリティの形成

解答　[7]　⑤　　[8]　①　　[9]　①

問1　[7]　⑤が正解。

ア：誤　「パラサイト・シングル」を**ヤマアラシのジレンマ**に替えると，正文となる。ヤマアラシのジレンマは，体をあたためようとして近づいた2匹のヤマアラシがお互いを針で傷つけてしまうことになぞらえたもので，他者との距離が離れすぎると孤独を感じるが近すぎるとお互いの自我が衝突するため，他者との適度な距離を見いだすのは難しいというジレンマのこと。**パラサイト・シングル**は，社会学者の山田昌弘による造語で，就職後も親と同居して親に生活面で依存しながら，自分の稼ぎを趣味などにあてて楽しむ独身者のこと。

イ：正　心理学者の**ホリングワース**によれば，青年期は，親への依存を脱して心理的に独立しようとする**心理的離乳**の時期である。

ウ：正　精神医学者の**ユング**は，人間のパーソナリティを，心的エネルギーが外へと向かっていく社交的な**外向型**と，心的エネルギーが内へと向かっていき自己の内面に関心をもちやすい**内向型**とに分類した。

問2　[8]　①が正解。心理学者の**マズロー**は，低次の欲求がある程度みたされるとより高次の欲求が生じてくるという**欲求段階説**を唱えた。最も基底にあるのは**生理的欲求**であり，そのあとは順に，危険からの自由や安心を求める**安全の欲求**，集団に帰属して他者と親密な関係を築きたいと思う**愛情と所属の欲求**，自尊心や他者からの評価を求める**承認(自尊)の欲求**，自分の可能性を最大限に発揮しようとする**自己実現の欲求**が起こる。また，マズローは，これらのうち最初の4つは，欠乏を埋めようとする**欠乏欲求**であるが，自己実現の欲求は成長を求める**成長欲求**であると特徴づけた。以上から，**ア**と**イ**は，いずれも正文である。

問3　[9]　①が正解。「熱情」は「相手に感じる身体的魅力や性的欲求の感情」であり，「コミットメント」は「相手との関係を維持しようとする決意」であるという，設問文中の説明が手がかりになる。**ア**：「今は相手に夢中だ」とあるので，**熱情は高い**。**イ**：「先のことは分からない」とあるので，**コミットメントは低い**。**ウ**：「相手に強い身体的・性的魅力は感じない」とあるので，**熱情は低い**。**エ**：「これからも付き合っていきたい」とあるので，コミットメントは高い。

3－2　葛藤と防衛機制

解答　[10]　④　　[11]　①

問1　[10]　④が正解。設問文中の説明を手がかりにすれば，正解にたどり着ける。**ア**：ケーキという一つの対象に対して，食べたい／食べたくないという，相反する欲求が生じており，**C**の型に該当する。**イ**：野球部と卓球部のどちらにも惹かれており，**A**の型に該当する。**ウ**：歯痛はいやだが怖い治療を受けるのもいやだ，と迷っており，**B**の型に該当する。以上から，**A－イ**，**B－ウ**，**C－ア**の組合せが正解となる。なお，**エ**は，「複数の互いに相容(あいい)れない欲求が等しい強さで同時に生じている」という葛藤(かっとう)の例ではない。

問2　[11]　①が正解。**防衛機制**は，欲求が満たされないときに心の安定を取り戻そうとして起こる無意識的な働きのことである。その一つである**抑圧**は，認めたくない観念などを心の奥底に押し込み，無かったかのように思い込んでしまうこと。

②投影ではなく，**同一視**の説明である。**投影**は，同一視とは方向が逆であり，認めたくない自分の欲求などを他者のなかに読み込み，他者がそれを抱いているかのように思い込むこと。③代償ではなく，**昇華**の説明である。**代償**は，欲求が満たされないときに，代わりのもので埋めあわせて満足しようとすること。④これは無意識的な防衛機制ではなく，**合理的解決**の説明である。防衛機制の一つである**合理化**は，欲求が満たされないときに，もっともらしい理由をつけて都合よく正当化すること。

第4節　科学技術の発達と倫理的課題

4－1　生命・医療をめぐる問題

解答　[12]　③　　[13]　⑤　　[14]　③　　[15]　④

問1　[12]　③が正解。かつては，患者の**延命**を第一とすることは当然であるという考え方が広まっていたが，延命技術が進んだことで，回復する見込みのない末期患者の場合でもある程度の延命ができるようになった。こうした変化などを背景として，今日では，**「生命の質」(QOL)**や**「患者の意思」**を

重視する考え方に立って，過剰な延命治療に対しては疑問が投げかけられている。したがって，「生命の質や患者の意思を重視する従来の考え方から，患者の延命を第一とする考え方への変化」という記述は誤り。

①現在，遺伝情報の解読は実用化の段階に移っているが，これに伴って，選択肢で述べられているような新たな問題が懸念されている。②**生殖技術**が進んだ現在，**代理出産**が技術的に可能となっている。代理出産には，夫の精子と妻の卵子から作った受精卵を他の女性の子宮に移して代わりに産んでもらう「ホストマザー型」と，夫の精子を人工的に第三者の女性の子宮に注入して妻の代わりに産んでもらう「サロゲートマザー型」の２種類がある。こうした技術は，家族のあり方に根本的な変化が起きる可能性をもたらしている。④**院内感染**が社会的問題となったことで，医療機関での衛生面の管理体制は改められつつある。

問２　13　⑤が正解。

ア：正　**SOL**(Sanctity of Life)は，**生命の尊厳**と訳される言葉。これを重視する立場では，どんな状況であろうとも**生命には神聖で絶対的な価値がある**と考える。終末期医療において，患者の回復の見込みがなくても生命を維持する治療を行う根拠と見なされている。

イ：誤　「パターナリズム」を**インフォームド・コンセント**に替えると，正文となる。インフォームド・コンセントは，**患者が十分な説明を受けて，理解した上で治療の方針や方法に同意するという原則**であり，患者の知る権利や，生命や身体に関する自己決定権を尊重する立場を背景として確立されたものである。**パターナリズム**とは，一般に，本人の利益を考えて権威のある別の者が決定を下すことであり，医療現場では，医師などが患者の利益を考えて一方的に医療措置を決定することを意味している。

ウ：正　**QOL**(Quality of Life)は，**生命の質**あるいは**生活の質**と訳される言葉。これを重視して終末期医療を行う場合，精神的・身体的な苦痛を緩和しながら，**患者の意思を尊重**し，患者が自分らしく残りの生をおくることができるように支援する。しかし，質が低いとされる生命を軽視することにつながるという批判もある。

問３　14　③が正解。

ア：誤　iPS細胞ではなく，ES細胞についての説明。どちらも様々な組織などに分化する可能性を持っており，**再生医療**の分野で応用が期待されている。ただし，その作り方は異なる。**ES細胞**(胚性幹細胞)は，**受精卵や胚を破壊して作る**ため，人間の生命の萌芽(ほうが)をつみとるものであり倫理的に許されない，と批判されることがある。これに対して**iPS細胞**(人工多能性幹細胞)は，体細胞に遺伝子を入れて作るため，人間の生命の萌芽をつみとるという倫理的問題は生じない。

イ：正　クローン技術は，もとの個体とまったく同じ遺伝子を持つ個体を生み出す技術である。日本では，**クローン技術規制法**によって，クローン人間を作ることは禁止されている。

問4　15　④が正解。**優生学**(**優生思想**)とは，遺伝形質の優劣を評価し，「劣悪な」遺伝形質を撲滅しようという考え方のこと。このような考え方に立って**クローン技術**を人間に応用すると，「遺伝形質に基づいた人間の選別・序列化」が生じるおそれがある。したがって，④は，「個体を産みだすクローン技術を，優生学(優生思想)の立場から人間に応用しようとする発想に反対する考え方」として適当。

①は「知らずにいる権利」，②は「安全な生存と成長」，③は「男女の結び付きや人間の生殖の尊さ」を批判の根拠としており，設問の条件にあっていない。

4－2　情報技術の発達

解答　16　①　17　③　18　④　19　②

問1　16　①が正解。情報技術の発達に伴い，現在では企業や地方自治体などが大量の個人情報を取り扱うようになっており，その流出や不正使用などによって**プライバシーの権利**が侵害される危険が大きくなっている。

②日本では，**情報公開法**に基づいて，中央省庁のもつ一定の情報を開示する**情報公開制度**が設けられているが，個人を特定できる情報や国の安全保障に関わる情報などは不開示にできるから，誤り。③パソコンなどで情報を違法にコピーすることは容易である。④インターネットの普及は社会に大きな変化をもたらしたが，現在でも**マスメディア**は大きな影響力をもち続けており，**情報操作**を行う危険が「少なくなっている」とは言えない。

問2　17　③が正解。「デジタル・デバイド」を**情報リテラシー**に替えると，正文になる。**デジタル・デバイド**とは，コンピュータやインターネットを使いこなせる人とそうでない人とのあいだに生じる所得などの格差のことをいう。

残りの選択肢は，①紋切り型のイメージである**ステレオタイプ**，②**インタラクティブ**(**双方向的**)な情報発信，④**不正アクセス**や**サイバー犯罪**についての正しい記述である。

問3 18 ④が正解。インターネットは「その全体がつねに一元的に管理されている」わけではないから，誤り。

残りの選択肢は，インターネットの特性と問題点についての正しい記述。①インターネットでは，**匿名性**（とくめい）を利用して攻撃的・差別的思想や偏見・悪意をまきちらすことができる。②インターネットでは，誤った認識を**無責任**に発信したりそれを受信したりすることができる。③インターネット上では**新たなコミュニティ**が形成されているが，そのコミュニティは排他的，攻撃的になることもある。

問4 19 ②が正解。**デジタル・デバイド**は，情報通信機器を利用できるかどうかで生じる経済的，社会的な格差のこと。②はその具体例として適当である。

①・③・④は，いずれも情報社会における諸問題について述べているが，デジタル・デバイドには該当しない。

第5節 現代社会の変容と倫理的課題

5－1 大衆化・管理化の進行

解答 20 ③ 21 ①

問1 20 ③が正解。ドイツの社会学者である**ウェーバー**は，近代以降に広まった**官僚制**（**ビューロクラシー**）の特徴として，規則による職務の配分，上から下への指揮系統，専門性を重んじた職員の任用などをあげた。官僚制は，組織としての目的を達成するための合理的なシステムであるが，そのなかでは個人的な感情や価値観をもちこむことが認められず，個人を抑圧するという面もある。

①・②官僚制の特徴に反する記述。④「権威に依存しやすい性格」は，**フロムやアドルノ**が指摘した**権威主義的パーソナリティー**（**権威主義的性格**）のこと。

問2 21 ①が正解。アメリカの社会学者である**リースマン**が『孤独な群衆』において指摘したように，現代の**大衆**（mass）は，他人を気にして他人に同調しようとする**他人指向型**の性格をもっている。

残りの選択肢の記述は，大衆の説明として誤り。②のように空間的に離れていながらも理性的に世論を担っていく集団は「公衆」（public），④のように空間的にたまたま近くにいてときに感情的な行動をとる集団は「群衆」

(crowd)という。

5－2 家族や地域社会の変容・少子高齢化

解答 22 ③ 23 ② 24 ② 25 ②

問1 22 ③が正解。

a 「ステップ-ファミリー」が入る。**ステップ-ファミリー**は，子どもを連れて再婚することで生ずる，血のつながりのない親子・兄弟姉妹を含んだ家族のこと。「**ディンクス**」(**DINKs**)は，Double Income No Kids の略語で，子どもを持たない共働きの夫婦のこと。

b 「アメニティ」が入る。**アメニティ**は快適な生活環境を意味する言葉。**ユニバーサルデザイン**は，年齢や障害の有無などに関係なく，すべての人が使いやすいように製品や建物や生活環境をデザインすること。

問2 23 ②が正解。設問文にあげられている議論の例になっている。

①効率性の観点から性別役割分担を再編成すべきだという考え方は，設問文にあげられている議論の例になっていない。③性別役割分担を男性優位のものから女性優位のものに転換すると，今度は男性に対して「性による差別や抑圧」が生ずる可能性があるから，例として不適当。④「自然的適性が明確である」として子育てを例外扱いするなら，性別役割分担の是正にならないから，例として不適当。

問3 24 ②が正解。現在の日本では，**育児・介護休業法**に基づいて，男性労働者も女性労働者も，育児や介護のための休業を取得できるようになっている。

①一人で住む単独世帯の割合は増加する傾向にあるから，誤り。③現在の日本では，「夫婦同姓か別姓かを選ぶことのできる選択制」(**選択的夫婦別姓制度**)は導入されていない。婚姻すると夫か妻かのどちらかの姓に統一しなければならないというのが，民法上のルールである。④「高齢者の単独世帯数は減少している」という記述が誤り。**高齢者の単独世帯**は増えており，高齢者の**孤独死**も問題になっている。

問4 25 ②が正解。**介護保険制度**は，社会全体で高齢者の介護を担うという考え方に立った制度である。この制度のもとでは，40歳以上の人が保険料を納めて，要介護認定を受けた人は，公的な介護サービスを受けることができる。しかし，事情によって**老老**(ろうろう)**介護**や**介護離職**を余儀なくされる人がいるなど，介護をめぐる問題は残っており，「さらなる支援体制の整備」が必要である。

①「結婚や出産を経ても働き続ける女性の比率」は増加しているから，誤り。③イニシエーションではなく，**バリアフリー**の説明である。**イニシエーション**は，七五三などのように，人生の節目に行われる儀式(**通過儀礼**)のこと。④「再雇用を抑制する」という記述が誤り。総人口のなかで高齢者が占める割合(高齢化率)が急速に高まるなか，むしろ高齢者の再雇用を促進する取組みが求められている。

5－3 ボーダレス化をめぐる問題

解答 26 ④ 27 ② 28 ① 29 ①

問1 26 ④が正解。**多文化主義(マルチ・カルチュラリズム)**とは，一つの国家や社会のなかで異なる複数の文化が**お互いの差異を尊重し合いながら共存する**ことを目指す立場のことであるから，「互いに関わり合うことなく」という記述は誤り。なお，**同化主義**とは，国内の少数派や植民地の人々などの固有の文化を尊重せず，国内の多数派や宗主国の文化を受けいれるように強制する政策のことをいう。

残りの選択肢は，①**エスノセントリズム(自民族中心主義)**，②**文化相対主義**，③**サイード**の思想の正しい説明。

問2 27 ②が正解。**ユネスコ憲章**は，ユネスコ(国連教育科学文化機関)の理念などを定めた文章で，その前文には，「**戦争は人の心の中で生まれるものであるから，人の心の中に平和のとりでを築かなければならない**」という有名なフレーズがある。

①は日本国憲法前文，③は世界人権宣言の第2条，④は国際連合憲章の第11条のなかの文章である。

問3 28 ①が正解。1992年にリオデジャネイロで開かれた**地球サミット(国連環境開発会議)**では，「**持続可能な開発**」という理念のもとに地球環境問題について話し合いが行われ，**リオ宣言**が採択された。

②**エスノセントリズム**は，自分たちの民族や文化の価値を絶対的なものと見なす考え方である。一般的にいって，こうした差別的な考え方を支持することはテロリズムへの対応として不適切であるし，また，テロ行為の歴史的・文化的背景を理解することにつながるとも考えられない。③ NGO(非政府組織)の働きかけなどが背景となって**対人地雷(全面)禁止条約**が結ばれたが，アメリカや中国はこの条約に参加していないから，誤り。④ 1994年に

カイロで開かれた国際人口・開発会議では，**リプロダクティヴ・ヘルス／ライツ**(**性と生殖に関する健康・権利**)という考え方が提唱された。これは，妊娠，出産，避妊などについての女性の自己決定権を尊重する考え方であって，「雇用機会均等を確立するため」のものではない。

問4　29　①が正解。

ア：正　ホモ・レリギオースス(**宗教人**)という言葉は，人間が神に祈りをささげるという宗教的な文化を持つ存在であることに注目して，人間を定義したもの。

イ：誤　文化相対主義の考え方からすると，それぞれの文化の間に**価値の優劣はない**のだから，「自国と他国の文化の優劣を明確にする」という考え方とは相容れない。

ウ：誤　「カルチャーショック」を「文明の衝突」に替えると，正文となる。**文明の衝突**は，冷戦後にハンチントンが『文明の衝突』で主張した考え方で，今後は資本主義と社会主義のイデオロギーの対立に代わり，西洋とイスラームの対立のような文明間の衝突が紛争の主要因になるだろうというもの。**カルチャーショック**は，異文化と接触したときの衝撃を指す言葉であって，「西洋とイスラームの衝突は不可避であるとする……思想」ではない。

第6節　地球環境をめぐる倫理的課題

解答　30　③　31　①　32　④　33　①

問1　30　③が正解。**世代間倫理**の考え方の正しい説明である。

①**生態系**においては，多様な動植物，菌類，大気，土壌などが複雑に結びついており，「ピラミッド状を成すその頂点に人間が位置している」わけではない。②**環境難民**は，(砂漠化や海水面の上昇などの)環境悪化によって居住地を離れざるを得なくなった人々のことであり，その地に「暮らし続けている人々」のことではない。④「経済や消費の水準をさらに高めながら」という記述が誤り。**循環型社会**を形成するためには，これまでの経済や消費のあり方を見直さなければならない。

問2　31　①が正解。今日では，人間以外の生物や自然環境にも価値を認めようという考え方から，**自然の権利**や**自然の生存権**が主張されている。日本でも，開発をめぐって，アマミノクロウサギなどを原告として訴訟が提起されたことがある。

②「地球温暖化は，フロンガスなどによるオゾン層の破壊を主たる原因と

している」という記述は誤り。**地球温暖化**は，**二酸化炭素**，メタン，フロンガスなどの**温室効果ガス**の増加が主な原因だと考えられている。**フロンガス**による**オゾン層の破壊**は，紫外線が強く降り注いで，皮膚がんなどが多発する原因になる。③**予防原則**の説明が誤っている。予防原則とは，環境破壊などの深刻な被害が生じてから事後的に対処するのではなく，まだ危険性が科学的に立証されていない段階から予防的な取組みをするべきだという考えのことである。「有限な環境で自由な利益追求を認めると全員の損害になる」という選択肢の記述は，**ハーディン**の考え方を想定したものである。ハーディンは，共有の放牧地で誰もが牛の数を増やすと放牧地は荒廃するという「**共有地の悲劇**」の例になぞらえて，有限な環境で各人が自己利益を追求すると破滅的な結果になると警告したアメリカの生物学者。④**酸性雨**の原因は，放射性物質ではなく，排煙などに含まれる**窒素**(ちっそ)**酸化物**や**硫黄**(いおう)**酸化物**である。

問3 [32] ④が正解。**ア**は，二酸化炭素が排出されるので，生活者たちが交通・輸送手段の利用を控えるように配慮するという事例である。**イ**は，牛や羊からメタンが出るので，消費者や企業が行動を見直すという事例である。どちらも，**資料**のⓍ「他の人に危害を及ぼすのであれば，自分自身の利益になることであってもすべきではない」という考え方に当てはまる。**ウ**は，「高波の危険に曝される人々」や「海の近くに住めなくなる人々」のために「資金を拠出する」という事例なので，**資料**のⓎに該当する。

問4 [33] ①が正解。海洋生物学者の**レイチェル・カーソン**は，『沈黙の春』において，殺虫剤や化学薬品の危険性を指摘し，環境問題に関して警告を発した。

②「**共有地の悲劇**」の例になぞらえて，「各人が自由に個人的利益を追求し続けると，結果的に全員の最大損失がもたらされる」ことを指摘した，生物学者の**ハーディン**の考え方。③『奪われし未来』において，いわゆる**環境ホルモン**(人体に悪影響を及ぼす内分泌かく乱物質)の危険性を指摘した，**コルボーン**などの考え方。④地球を「**宇宙船地球号**」にたとえてこれまでの経済開発のあり方を見直す必要性を説いた，経済学者の**ボールディング**の考え方。

step 2

1　過去の歴史をどう書くべきか

解答　1 ④　2 ①　3 ③　4 ⑥
5 ②　6 ④　7 ④
8 (1) ②　9 (2) ⑤

問1　1　④が正解。**ヨナス**は，深刻な環境破壊が人類の存続を脅かしている今日，現在世代は将来世代の生存に対して一方的な責任を負っていると主張した。

①**リオタール**は，歴史や世界を大きな思想的枠組みのもとで統一的に説明する「**大きな物語**」はもはや成り立たないと指摘し，多様な立場を反映した「**小さな物語**」の意義に注意を向けたので，誤り。②「知の考古学（こうこ）」の説明が誤り。**フーコー**の唱えた「**知の考古学**」は，言説を歴史的に研究し，近代的な思考が形成されてきたプロセスを発掘するというもので，これによってフーコーは，理性を尺度とする近代社会の権力や抑圧を明るみに出した。③「人間の社会が未開から文明へ発展するという文明史観に基づいて」は誤り。**レヴィ＝ストロース**は，未開社会の文化と西洋の文化の間に価値的な優劣はないという考え方に立っている。

問2　2　①が正解。

ア：**ユング**についての説明。彼は，心のエネルギーや関心が向かう方向に注目して，パーソナリティを**内向型**と**外向型**に分類した。**クレッチマー**は，体型と気質の関係に注目し，肥満型・細長型・闘士型の３類型を示した人物。

イ：**シュプランガー**についての説明。彼は，人生のどのような領域に価値を置いているかに注目し，パーソナリティを，理論型・経済型・審美（しんび）型・社会型・権力型・宗教型の６類型に分類した。

なお，これらのユング，クレッチマー，シュプランガーの考え方は，いずれも，人それぞれのパーソナリティをいくつかの典型的な類型に当てはめて理解しようとするもので，**類型論**と呼ばれる。これに対して，複数の特性の組合せによってパーソナリティを捉えようとする立場は**特性論**と呼ばれており，**オルポート**はその確立に貢献した人物である。

問3　3　③が正解。**ア**は不適当。**リップマン**は，マスメディアによる**世論操作**の危険性などを指摘した人物であり，「マスメディアが提供する情報は，常に人々から疑いの目を向けられ」るとは主張していない。

イ・ウは適当。リップマンは，マスメディアの提供するイメージでつくられる世界を，**疑似環境**と呼んだ。疑似環境は，人々が直接的に体験するものではなく，加工や単純化などを施されたイメージにあふれているのだと言う。

問4 [4] ⑥が正解。

[a] ④・⑤・⑥のaが入る。**フロイト**は，人間の心を三つの領域に分けて考察し，本能的な欲求が蓄えられた領域を**エス**(**イド**)，両親の教育などによって刻み込まれた社会規範の領域を**超自我**と呼び，エスと超自我の対立を調整するのが**自我**であると考えた。したがって，①・②・③のaは入らない。

[b] ③・⑥のbが入る。成績が悪かったときに「勉強不足が原因だと分析し，計画的に勉強しようとする」のは，「ストレスとなる問題や状況に目を向けて，それらを変える方法を模索する対処」である**問題焦点型対処**に該当する。これに対して，①・④のbや②・⑤のbは，「ストレスとなる状況に伴う情動を軽減することを試みる対処」なので，**情動焦点型対処**に該当する。

問5 [5] ②が正解。一般に，**バリアフリー**とは，障害のある人や高齢者など，社会を構成している様々な人々に配慮し，それらの人々が社会生活を営むうえでの物理的，精神的な障壁を除去することを言う。②の例は，そうした障壁の除去になっていないので，これが正解となる。残りの選択肢の例はすべて適当。

問6 [6] ④が正解。

[a] ③・④のaが入る。大問冒頭の会話を見ると，Pは8回目の発言で，「何でも恣(しい)意的に取捨選択していいの？　例えば，戦争などの犠牲者を歴史から消してはダメだよ」と述べている。①・②のaは，こうしたPの主張に反するので入らない。

[b] ②・④のbが入る。空欄の直前にある「**自然の生存権**」とは，人間中心的な考え方を脱して，自然そのものに価値があることを認める考えであるから，①・③のbは入らない。

問7 [7] ④が正解。

[a] 「高い」が入る。**表**を見ると，「思い出す自信」の平均値は，A群の大学生は4.8，B群の大学生は4.0であり，A群の方が高い評価をしていると分かる。

[b] 「**ア**と**イ**」が入る。**図**の**ア**と**イ**を見ると，「5分後では，A群の大学生の方がB群の大学生よりテストの成績は良かった」と分かる。

[c] 「**ウ**と**エ**」が入る。**図**の**ウ**と**エ**を見ると，「1週間後では，B群

の大学生の方がA群の大学生よりテストの成績は良かった」と分かる。

[d] 「一致しない」が入る。上記のように,「思い出す自信」の高い群はA群であるのに対して，1週間後のテストの結果が良かった群はB群であり，両者は一致しない。

問8 [8] ⑴ ②が正解。**マルクス**によれば，社会の**下部構造**(**土台**)をなしているものは物質的な**生産力**と**生産関係**であり，それに基づいて，法律，政治，学問，芸術のような精神的な活動が，社会の**上部構造**として成り立っているのだとされる。したがって,「物質的な生産関係」を「上部構造」としている記述は誤り。

残りは正しい。①マルクスは，歴史を弁証法的に捉える**ヘーゲル**から影響を受けた。ただし，ヘーゲルが歴史を**絶対精神**の自己展開とみなしたのに対して，マルクスは，歴史が発展する原動力を物質的なものに求めた。③・④マルクスは，歴史は**階級闘争**によって発展するとし，労働者階級が団結して**革命**を起こすことで資本主義は崩壊すると考えた。

問8 [9] ⑵ ⑤が正解。

[a] ウが入る。この空欄にはQと議論をする前のPの考え方が入るが，大問冒頭の会話でPが「過去の事実を正しく記録したのが歴史でしょ」などと述べていることから，判断できる。

[b] アが入る。この空欄にはQとの議論を通じてPがどんな考えを学んだかということが入るが，大問冒頭の会話の最後の6行から，判断できる。

[c] イが入る。ベンヤミンの文章中の「かつて起こったことは何一つ歴史にとって失われてはならない」という記述などから，判断できる。

2 共同体の言語と価値観

解答							
[1]	①	[2]	①	[3]	④	[4]	②
[5]	①	[6]	②	[7]	①	[8]	③
[9]	④						

問1 [1] ①が正解。

ア：正 イスラームでは，**ムスリム**の食事に関して厳しい定めがある。食べることを許されている食材や料理は**ハラール**(ハラル)と呼ばれており，近年の日本でもハラールを提供する飲食店が増えている。

イ：正 特定の民族などへの差別的な憎悪(ぞうお)表現である**ヘイトスピーチ**が，大きな社会問題となっている。日本では，2016年に，相談体制の整備や人権教育の充実などについて定めた**ヘイトスピーチ対策法**(解消法)が制定されている。

問2　[2]　①が正解。

[a]　①・②のaが入る。空欄の直後にある「**ODA**」は，日本語では「**政府開発援助**」と呼ばれるもので，政府や政府関係機関が行う発展途上国への資金援助や技術援助などのこと。民間による援助ではないので，③・④のaは不適当。

[b]　①・③のbが入る。どちらも**図**を正しく読み取っている。②のbは誤り。「20年間で，生活水準を上げるべきだと考える人と，外国を助けるべきだと考える人との割合の差」は，40歳代と50歳代では，小さくなっている。④のbも誤り。「20年間で，生活水準を上げるべきだと考える人と，外国を助けるべきだと考える人との割合の差」は，20歳代と30歳代では，大きくなっている。

問3　[3]　④が正解。「**接近－接近**」型の葛藤は，接近したいと思う複数の対象が同時に存在しており，それらすべてをかなえることはできないときに生ずる葛藤，「**回避－回避**」型の葛藤は，避けたいと思う複数の対象が同時に存在しており，それらすべてを避けることはできないときに生ずる葛藤，「**接近－回避**」型の葛藤は，同じ一つの対象に接近したい要素と避けたい要素とが併存しているときに生ずる葛藤のことを言う。この分類を踏まえると，**ア**は，第一志望であり自分が関心のあることを学べるという「接近したい要素」と，遠隔地にあって通学が大変だという「避けたい要素」が，同じ対象のうちに併存しているので，「接近－回避」型である。**イ**は，興味がないことに付き合わされるのは嫌だが，友人との関係が悪くなるのも嫌だ，という葛藤なので，「回避－回避」型である。

問4　[4]　②が正解。「女性の体内にある卵子に精子を直接注入する」は誤り。**不妊治療**の一つとして行われている**顕微授精**(けんび)は，女性の身体から取り出した卵子に顕微鏡で見ながら細い針を用いて精子を注入する方法である。男性の精子が活発でない場合などに有効な治療方法とされている。

残りの選択肢は，①**ゲノム編集**，③**出生前診断**，④ **iPS細胞**(人工多能性幹細胞)についての正しい説明である。

問5　[5]　①が正解。**ウィトゲンシュタイン**は，前期と後期とで言語についての考え方を大きく変えている。前期には，言語の本質は世界のあり方を写し取ることにあるという**写像理論**(しゃぞう)を示した。そして，この立場から，神や倫理のような事柄は経験的に真偽を確認できるものではなく言語の限界を超えているとして，「**語り得ぬものについては，沈黙せねばならない**」と述べた。

しかし後期には，こうした考え方を改め，どんな言語も日常生活に根ざしており，具体的な言語使用についての規則を試行錯誤しながら習得していくものであるという**言語ゲーム論**を示した。以上から，①は，前期の写像理論の説明として正しい。

②「言語とは世界のあり方を写し取るもの」と考えるのは，言語ゲーム論ではなく，写像理論である。また，「日常生活における具体的な言語使用の実践を離れて」という記述も，言語ゲーム論の考え方に反する。③「言語の規則は言葉の使用を通じて形成される」と考えるのは，写像理論ではなく，言語ゲーム論である。後半は，写像理論の説明として正しい。④前半は，言語ゲーム論の説明として正しいが，「日常生活における具体的な言語使用の実践を離れて」という記述は，言語ゲーム論の考え方に反する。

問6 6 ②が正解。

ア：G・H・ミードについての説明。彼は，人間の社会的自我は「**一般化された他者**」の視点を内面化することを通じて形成されると主張した。

イ：ハーバーマスについての説明。彼は，「**コミュニケーション的理性**(**対話的理性**)」に基づいて意見を示し合い，合意を形成していく自由な討議によって，多様な価値観が共存し得る民主社会を形成すべきだと提唱した。

ソシュールは，個々人の発話(**パロール**)を支える社会制度としての言語(**ラング**)の構造について研究することを重視した人物。

問7 7 ①が正解。欲求不満を解消するための**合理的解決**についての正しい説明である。

②「退行」ではなく，**合理化**についての説明。**退行**は，幼児期など発達の前段階に逆戻りをすること。③「昇華」ではなく，**逃避**についての説明。**昇華**は，満たされない欲求を社会的に価値の高い活動に向け変えること。④「投射」ではなく，**昇華**についての説明。**投射**は，自分の欲求や感情などを他人のうちに読み込むこと。

問8 8 ③が正解。③の前半は，資料の内容に合致している。資料では，「言語は，それを共に話す人々の間にのみ存在し，そこでのみ維持される」，「人は，特定の対話者たちとの関係においてのみ，自我たり得る」と述べている。また，③の後半も，**共同体主義**(**コミュニタリアニズム**)についての正しい説明。共同体主義は，人は共同体から完全に離れて自由に自らの生き方を決めることができるとする近代西洋の個人主義的な思想を批判し，個人のアイデンティティは共同体の伝統や文化によって作られていくという考えのもとに，共同体を成り立たせている**共通善**を重視する立場のこと。代表的な思想家に，**サンデル**や**マッキンタイア**がいる。

①前半は，資料の内容に合致している。しかし，後半の共同体主義についての説明は，誤り。「**公正としての正義**という普遍的原理に基づいて社会のルールを決めるべきだ」というのは，**自由主義**(**リベラリズム**)の思想家**ロールズ**が『正義論』で示した考え方である。この著書でロールズは，自らの境遇などについて情報を持たない**無知のヴェール**のもとで人々が討論し，社会のルールを決めていくという議論を示したが，サンデルはその議論を「**負荷なき自我**」を想定するものとして厳しく批判した。②「人の精神のあり方は，共同体における個人の立ち位置とは無関係に決定される」とする前半は，資料の内容に合致しない。後半の共同体主義についての説明は，正しい。④前半は，資料の内容に合致している。しかし，後半の共同体主義についての説明が，誤り。「個人の自由を最大限に尊重し，国家の強制的な課税による福祉政策を批判する」というのは，**自由至上主義**(**リバタリアニズム**)の思想家**ノージック**の主張である。

問9 [9] ④が正解。大問冒頭に置かれた会話文のWの2回目の発言，Rの7回目の発言に照らすと，[a] に入るのは**イ**，[b] に入るのは**ア**である。また，Wの5・6回目の発言，Rの4回目の発言に照らすと，[c] に入るのは**エ**，[d] に入るのは**ウ**である。

3 「不公平」について

解答							
[1]	③	[2]	④	[3]	②	[4]	②
[5]	③	[6]	④	[7]	⑤		

問1 [1] ③が正解。個人の**パーソナリティ**や**性格**は遺伝的要素だけで決まるものではなく，生後の**環境**にも左右される。したがって，「クローン人間の作成」によって，「ある個人と完全に同じ性格の個人」が作られるとは言えない。

①**遺伝子組み換え技術**は，選択肢に述べられているような一定のメリットがある一方で，生態系や人体への悪影響も懸念されている。②**着床**(ちゃくしょう)**前診断**は，体外受精で作った受精卵を母体に戻して着床させる前に，遺伝性疾患の可能性などを調べるもの。生命を選別して「劣悪な遺伝子」をなくそうとする**優生思想**(**優生学**)につながる危険性がある。④**遺伝子診断**は，すでに実用化が始まっているが，保険加入などで差別がおこる危険性もある。

問2 [2] ④が正解。**近道反応**についての正しい説明である。

①「代わりのもの」で置き換えて欲求不満を解消しようとすることは，**代**

償という。②「もっともらしい理由や理屈」で都合よく正当化することは，**合理化**という。**投射**は，自分のなかの認めがたい欲求などを他人のなかに読み込むこと。③不快な記憶を残したりしないように欲求自体を抑え込むことは，**抑圧**という。**逃避**は，空想の世界に逃げるなど，現実への対応を避けようとすること。

問3　[3]　②が正解。資料文の要点は，政府が課税をする前に適法な所得というものが成立している，という発想は誤りであって，財産をもつことが適法かどうかは，「租税も含めたシステム全体の公正さを検討することでしか，評価され得ない」ということである。選択肢の記述は，こうした資料文の内容に合致している。

①資料文では，「課税前所得のすべては政府のもの」とは述べていない。③資料文では，「所得は，すべての国民に対して均等に分配されなければならない」とは述べていない。④資料文では，「どのような租税システムが公正であるかは，市場での経済上の取引の結果によってしか決まらない」とは述べていない。

問4　[4]　②が正解。図を正しく読み取っており，そこから導いている結論も適当である。

①英国とスウェーデンでは，「身分・家柄・親の地位」と「個人の才能」の割合の合計が「個人の努力」の割合を上回っているから，誤り。③成功要因として「個人の努力」が最も重要であるということと，昇給や昇進を決めるのに「成績」を重視するべきだということは，そもそも別問題であり(努力が成績に直結するとは限らない)，図のデータからも両者の相関関係は読み取れないから，選択肢の第2文の推論は誤り。④日本では，成績を重視する2項目の割合の合計は，勤務年数を重視する2項目の割合の合計を上回っているから，選択肢の第3文は誤り。

問5　[5]　③が正解。**アファーマティブ・アクション**(**積極的差別是正措置**)とは，社会のなかの構造的差別を解消するために，**差別を受けてきた人々を積極的に優遇する暫定的な取組み**のことである。例えば，大学入学や雇用にあたって特別枠を設けたりすることが，そうした取組みに該当する。

①・②「差異の積極的な承認に向けて集団的権利」を保障することや，「結婚の機会」を保障することは，アファーマティブ・アクションの定義に含まれない。④「根絶不可能」という記述や「恒久的な措置」という記述が誤り。

問6　[6]　④が正解。ボランティアについての正しい説明。

①現在の日本で，「高齢者介護や子育て支援のための公的な福祉制度・

サービスを充実する必要性」が「徐々に減少しつつある」とは言えない。②一般に，**ボランティア元年**と呼ばれているのは，阪神・淡路大震災が起きた**1995 年**である。③カーソンではなく，**マザー・テレサ**についての記述になっている。**カーソン**は，『沈黙の春』において農薬などの危険性を指摘した海洋生物学者。

問 7　7　⑤が正解。

ア：誤　Bの２回目の発言から分かるように，「家庭環境に恵まれずに不利な人生を送る人がいるのは不公平」だと考えているのは，AではなくBである。また，「環境に恵まれずに不利な人生を送ることは親の責任」だという考えはBの発言から読み取れないので，後半の記述も誤り。

イ：正　Aの４回目の発言，Bの３回目・４回目の発言と合致している。

ウ：正　Aの４回目・５回目の発言，Bの３回目・４回目の発言と合致している。

4　テクノロジーと芸術作品

解答							
1	④	2	⑧	3	④	4	③
5	②	6	②	7	①		

問 1　1　④が正解。

ア：正　**小此木啓吾**(おこのぎけいご)は，自立することを回避して大人になろうとしない青年を「**モラトリアム人間**」と呼んだ精神分析学者。

イ：誤　**アリエスは**，今日的な「**子ども**」の概念は近代に成立したものであって，中世のヨーロッパでは，子どもは７歳頃から大人と一緒に働く「**小さな大人**」として扱われていたと指摘した。彼は，「自己主張が強くなって大人と軋轢(あつれき)を起こすような青年期の人間」を「小さな大人」と呼んだわけではない。

ウ：誤　アドラーではなく，**レヴィン**の説明になっている。**アドラー**は，**劣等感**を克服しようとする心のはたらきを**補償**と呼んだことで知られる。

問 2　2　⑧が正解。

ア：ルネサンス期のイタリアの画家である**ボッティチェリ**の説明。**セザンヌ**は，19 世紀後半から 20 世紀にかけて活躍したフランスの画家。

イ：室町時代の禅僧で水墨画の大成者である**雪舟**(せっしゅう)の説明。**尾形光琳**(おがたこうりん)は，装飾性の高い画風で知られる江戸時代の画家。

ウ：スペイン出身の画家である**ピカソ**の説明。**ゴーギャン**は，「我々はどこから来たのか，我々は何者か，我々はどこへ行くのか」などの作品を残したフランスの画家。

問 3　[3]　④が正解。**防衛機制**の一つとしての**逃避**は，欲求が満たされないときに現実への対応を避けて，空想の世界に逃れたり，病気に逃れたりすることをいう。選択肢の例はこれに該当する。

残りの選択肢は，①自分の欲求とは反対の態度をとってしまう**反動形成**，②欲求が満たされないときに他のもので満足しようとする**代償**，③もっともらしい理由で自分に都合よく正当化する**合理化**の例である。

問 4　[4]　③が正解。図を正しく読み取っており，そこから導いている結論も適当。

①「すべての世代で…2番目に低いのが項目**ウ**，3番目が項目**イ**」という記述が誤り。50～59歳の世代と60歳以上の世代では，割合が2番目に低いのは項目**イ**，3番目に低いのは項目**ウ**である。②「20～29歳，30～39歳，40～49歳，50～59歳，60歳以上の順に大きくなっていく」という記述が誤り。項目**ア**と項目**エ**の数値の差を見ると，20～29歳，30～39歳，40～49歳，50～59歳と，順に大きくなっていくが，そのあと60歳以上では差は小さくなっている。④ 30～39歳の世代では，項目**ウ**の数値は項目**エ**の数値の「2倍以上」となっていないから，誤り。

問 5　[5]　②が正解。**持続可能な開発（発展）**という理念からすると，現在世代の利益だけを考えて無制限に開発を進めることは認められない。むしろ，**将来世代の利益を損なうことなく，現代世代の欲求を充足させるような開発**が求められる。

①「高い経済成長率」を維持するということは，持続可能な開発という理念から導かれる内容ではない。③**世代間倫理**の考え方によれば，現在世代は，まだ存在していない将来世代に対しても責任を負っている。これは現在世代が将来世代に対して**一方的**に負う責任であるから，「両世代の人々は相互に…」という記述は誤り。④「責任を負う必要はなく」という記述は，世代間倫理の考え方に反する。

問 6　[6]　②が正解。**リップマン**は，『世論』において，新聞などのメディアが**世論操作**を行う危険性について警鐘（けいしょう）を鳴らした。

①**ボードリヤール**は，大衆消費社会において人々は**他者との差異**を示す記号として商品を購入していると主張した。したがって，「もっぱら有用性の観点から」という記述は誤り。③**ブーアスティン**は，メディアが提供する「本当らしさ」のある出来事を**疑似イベント**と呼び，視聴者もそうした「本当らしさ」に惹かれていると指摘した。したがって，「視聴者の側は…関心

をもたなくなっている」という記述は誤り。④**マクルーハン**によると，現代ではテレビや映画などの新たなメディアが発達し，**映像などの感覚的イメージが人々を動かすようになっている**という。彼は，「人間の感覚や想像力は貧困なものになっている」と主張したわけではない。

問７ [７] ①が正解。Ａの発言に合致している。

②「Ａは…他者と意見を交換し合うことには積極的な意義を認めない」という記述は，Ａの４回目の発言に合致しない。③Ｂの発言から，「少数意見の持ち主こそが芸術の能動的な担い手になることができる」という考えは，読み取れない。④「Ｂは，ある作品が真の芸術と言えるかどうかについては，多くの人々の意見を集約することで判定できると考える」という記述が不適当。Ｂは，「真の芸術かどうかなんて，どうでもいいよ」と述べている（Ｂの３回目の発言）。

第　2　章

東西の源流思想

step 1

第1節　ギリシア哲学

1－1　自然哲学とソフィスト

解答　1　⑤　2　④　3　③

問1　1　⑤が正解。**ア：タレス**についての記述。彼は，万物の根源(**アルケー**)を「**水**」であるとした。**イ：デモクリトス**についての記述。彼によれば，世界は**原子**(**アトム**)と**空虚**(**ケノン**)からなり，あらゆるものは空虚における原子の離合集散によって生成変化する。**ウ：エンペドクレス**についての記述。彼は，**火・空気・水・土**の四つの元素が，愛によって結合し，憎しみによって分離して万物が生成すると説いた。

なお，**ヘラクレイトス**はアルケーを「**火**」に見いだした自然哲学者。**ピュタゴラス**は万物は**数**によって秩序づけられていると主張した自然哲学者。**アナクシマンドロス**はアルケーを「**無限なるもの**」とした自然哲学者。

問2　2　④が正解。万物は「**原子**」(**アトム**)と「**空虚**」(**ケノン**)の結合によって形成されると説いたのは，ソフィストではなく，自然哲学者の**デモクリトス**である。したがって，④が適当でないものとして正解。

①②③は**ソフィスト**についての記述として正しい。ソフィストは，①職業教師として**弁論術**などを教えたが，③それは論争相手を言い負かすことを目的とする**詭弁**(きべん)(こじつけの議論)に陥りがちであった。またソフィストは，②社会制度・法律など人為(**ノモス**)によるものを，自然(**ピュシス**)との対比で説明した。

問3　3　③が正解。ソフィストの代表的な思想家**プロタゴラス**は，各人の判断以外に真理はありえないとし，普遍的・客観的真理を否定した。「**人間は万物の尺度である**」という彼の言葉は，このことを簡潔に表したものである。

①**アパテイア**(情念に動かされない心)を理想とした**ストア派**についての記述。②「**無知の知**」を哲学の出発点とした**ソクラテス**についての記述。④自然哲学者の一人である**ピュタゴラス**についての記述。彼は，万物の根源(アルケー)を「**数**」に求めた。

1－2 ソクラテス，プラトン，アリストテレス

解答 4 ① 5 ⑤ 6 ①

問1 4 ①が正解。**ソクラテス**は，「ソクラテスに勝る知者はいない」という神託の意味を探るために，知者として名高い人々と問答を繰り返した。その際，相手に知っていると思っていることを述べさせ，そこに潜んでいる矛盾を明らかにし，それによって相手が自ら真の知を見いだすように手助けするという方法(**問答法**)を用いた。彼は，こうした問答を通じて，信託の意味を，自分は魂にとって本当に重要なことがらを何も知らないということを自覚しており(**無知の知**)，その点で，他の者より優れているということだと理解するようになったといわれる。したがって，①が正解。

②「信託に謙虚に従い」という記述は誤り。③「善に関する真理を教授し」という記述は誤り。ソクラテスの問答法は，上で見たように，問答の相手に真理を教え込もうとするものではない。④「互いの優れた考えを学び合う」という記述は誤り。

問2 5 ⑤が正解。

a ②・④・⑤のaが入る。**資料**では，知識というものは「人間を支配する力を持つ」と述べており，また「人が善きことと悪しきことを知ったなら，……知識が命じる以外のことをなすなどということは決してない」と述べている。したがって，「善いことを本当に知っているならば，人は善い行為をとる」(②のa)，「知というものは，本来その所有者の行為を必然的に決定する力を持つ」(④のa)，「最善のことを知りながら，それを行わないという事態はあり得ない」(⑤のa)は，それぞれこの空欄に入る。①のaは，**資料**の「しかし」から始まる一文から判断して入らない。③のaは，⑤のaと逆の内容になっているから入らない。⑥のaは，知識よりもそれ以外の力が行為を決定するという趣旨であるから入らない。

b ①・③・⑤のbが入る。プラトンは，人間の魂を**理性**・**気概**(きがい)・**欲望**という三つの部分に分けた。したがって，②・④・⑥のb(「理性・信仰・欲望」)は入らない。なおプラトンは，魂の三つの部分に対応する徳として**知恵**・**勇気**・**節制**を挙げ，知恵の徳を担う統治者階級の指導のもとに，勇気の徳を担う防衛者階級と節制の徳を担う生産者階級がそれぞれの本分を発揮するとき，**正義**の徳を体現する理想の国家が実現すると説いた。

問3 6 ①が正解。**アリストテレス**は，人間の魂を理性の領域と感情・欲望の領域とに分け，それに応じて，徳を**知性的徳**と**習性的徳**(倫理的徳，性

格的徳)とに分類した。その上で，習性的徳は，知性的徳によって導かれた**正しい行為の繰り返しによって習慣づけられる**ものであるとした。選択肢にある「性格の形成」とは，このような正しい行為の繰り返しによる習慣づけのことである。

②**プラトン**を想定した記述。プラトンは，人間の魂を，イデアを認識する**理性**，意志の働きをなす**気概**，肉体にかかわる**欲望**の三つに分け，理性が気概と欲望を導かなければならないと説いた。③**エピクロス**を想定した記述。エピクロスは「水とパンがあれば足りる」と述べて簡素な生き方を実践するとともに，欲望に支配されない魂の平安(**アタラクシア**)を賢者の理想とした。④「禁欲的な生活を通じて欲望を排除」という部分は，**ゼノン**を祖とする**ストア派**を想定したもの。ストア派は，自然の本性によって欲望などの情念を克服することで得られる自由の境地(**アパテイア**)を理想とした。

1－3　ヘレニズム期の思想

解答　[7]　①　　[8]　⑦　　[9]　④

問1　[7]　①が正解。会話Ⅰと**資料**の趣旨について確認しておこう。会話Ⅰにおいて，Bは，自分が正しいと言い張る友人を相手にするのが面倒になって黙ってやり過ごしてしまったという趣旨の発言をしている。一方，**資料**は，真理を求めるなら他人との議論を通じて自分の考えを正すことも必要であり，真理を求めようとせず自分を欺き無知にとどまる者は害を被ることになるという趣旨で書かれている。

[a]　①・②のaが入る。会話ⅠにおいてBは友人との議論を避けたが，このことについて**資料**に即していえばどういうことになるかという判断を求めている。したがって，「真理を見ようとせず，無知による害を受けかねない」が入る。③・④のaは，議論を回避したのは真理に忠実であったことの証(あかし)であるという趣旨で書かれているから，**資料**の内容とは相容(あいい)れない。

[b]　①・③・④のbが入る。**ストア派**は，人間には宇宙の**ロゴス**(**理性**)が種子として宿っており，理性に従って生きることにより，情念に動かされることない理想の境地(**アパテイア**)に至ることができるとし，それが幸福すなわち最高善であると主張した。したがって，①・③・④のbは，この考えと合致する。②のbは，人間は情念をありのままに受け入れるべきであるという趣旨で書かれているから，ストア派の考え方ではない。

問2　[8]　⑦が正解。

[a] 「ゼノン」が入る。**ゼノン**は**ストア派**の祖である。なお，セネカ，キケロは，エピクテトス，マルクス・アウレリウスなどとともに，ストア派の影響を受けた人物として知られる。

[b] 「世界市民主義」が入る。ストア派は，人間は誰でも自然の理性を種子として宿しており，そうである限り万人が平等であり世界市民として同胞であるとした(**世界市民主義**)。なお**社会有機体説**は，自然選択(適者生存)という進化の法則によって社会進化を説明しようとするもので，**スペンサー**などによって唱えられた。また，**配分的正義**は**アリストテレス**の正義論に関わるもので，名誉や財貨などを各人の功績・働きに応じて配分することを指す。

問3 [9] ④が正解。**エピクロス**は，肉体において苦しみのないことと魂が平静であること(**アタラクシア**)を賢者の理想とした。

②徳は「**中庸**(ちゅうよう)」において成り立つとした**アリストテレス**についての記述。③快楽と苦痛の価値は量的に計算できるとして快楽計算を提唱したイギリス功利主義の思想家**ベンサム**についての記述。①もベンサムを想定した記述。

第2節　仏教の成立と展開

2－1 古代インドの思想

解答 [10] ①　[11] ③　[12] ①

問1 [10] ①が正解。

[a] ①・③・④のaが入る。①については**資料**の「物事は，心を先とし，心を主人とし，心によって作り出される」(第1文)という記述，③については**資料**の「清らかな心で……行動したりするならば，安楽はその人に付き従う」(第4文)という記述，④については**資料**の「汚れた心で……行動したりするならば，苦はその人に付き従う」(第2文)という記述から，それぞれこの空欄に入ると判断することができる。②のaは，行為が心に先んじているという趣旨の記述であるから入らない。**資料**では，「物事は，心を先とし，心を主人とし，心によって作り出される」(第1文)という記述からも分かるように，心が行為に先んじているという趣旨のことが述べられている。

[b] ①・②のbが入る。仏教では，苦しみが消え去った理想の境地である涅槃(ねはん)に至る正しい道(**八正道**)が重視されるが，これは快苦の両極端に走

らず，固執することのないありよう(**中道**)のことである。③・④のbは，快苦のいずれかに偏ったあり方を述べているから入らない。

問2　11　③が正解。「大乗仏教」を上座部仏教(小乗仏教)に，「菩薩」を阿羅漢に直せば正しくなる。**小乗仏教**では，自らの悟りを第一に求める**阿羅漢**が理想とされた。これに対して，**大乗仏教**では，自己だけでなく他者をも救済することを目指す者，すなわち**菩薩**が理想とされた。

①**ウパニシャッド哲学**で理想とされた**梵我一如**についての記述として正しい。②原始仏教で説かれた**中道**としての**八正道**についての記述として正しい。④厳しい苦行や不殺生を説いた**ジャイナ教**についての記述として正しい。

問3　12　①が正解。**竜樹**(**ナーガールジュナ**)は，ブッダ没後に発展した**大乗仏教**の思想家の一人で，あらゆる事物には固定的な実体がないとする**空**の思想を説いた。これは，**ブッダ**が説いた**縁起**の考えを徹底させたものであるといわれる。

②「ウパニシャッド哲学」ではなく**大乗仏教**についての記述。③「世親(ヴァスバンドゥ)」ではなく**ウパニシャッド哲学**が説いた**梵我一如**についての記述。④「ジャイナ教」ではなく**世親**(**ヴァスバンドゥ**)が説いた**唯識**の思想についての記述。

2－2　ブッダの思想

解答　13　④　　14　①　　15　①

問1　13　④が正解。**ブッダ**によれば，煩悩がおこる原因は，**無常**(すべてのものは絶えず変化・生滅する)・**無我**(すべてのものはそれ自体では存在せず，不変の実体をもたない)についての根本的な無知(**無明**)にある。

①**六波羅蜜**とは，そもそもブッダ没後に成立した**大乗仏教**で説かれる実践徳目である。また，「利他」を禅定に直さなければ，六波羅蜜の説明として成り立たない。②正解の④の解説でも触れた無我の内容から判断して，「永続する自己」という記述は誤り。ブッダは，自我も含めてあらゆるものは不変の実体をもたないとした。③ブッダの説いた**八正道**は，快楽と極端な苦行をともに排した**中道**を意味する。したがって，修行過程を「耐え難いほどの苦行」としているのは誤り。

問2　14　①が正解。

a　①・②のaが入る。**資料**にある「論争が修行者たちの間に起きると，勝利の驕りと敗北の落胆がある。人はこれを見て論争をやめるべきである。……称賛されると……喜び，心高ぶる。心の高ぶりによって，彼が害されることになる」という部分に着目することで判断できる。③・④のaは，論争は自分が真理だと思う事柄を吟味したり，守ったりするためには役に立つという趣旨の記述であるから，**資料**の内容とは相容れない。

b　①・③のbが入る。**ブッダ**は**自己への執着が苦しみをもたらす**と説いた。ブッダは，快苦の両極端に偏らない修行(**中道**)を説いたから，②と④のbはこの空欄には入らない。

問3　15　①が正解。**ブッダ**は，あらゆるものは相互に依存し合って生起し，絶えず変化しており(**諸行無常**)，それ自体で存在するものは何もない(**諸法無我**)という真理(**ダルマ**)を悟ることによって，煩悩が消え去った安らぎの境地，すなわち**涅槃**(**ニルヴァーナ**)に至ることができると説いた。

②ブッダは，人間の自我も含めてあらゆるものが不変の実体をもたず，絶えず生滅変化すると説いた。したがって，「真の自己である不滅の霊魂」という記述は誤り。③**ウパニシャッド哲学**で説かれる**梵我一如**についての記述。この哲学では，宇宙の根本原理である**ブラフマン**(梵)と，真実の自我である**アートマン**(我)が本来は一体であるという真理を悟ることにより，輪廻の苦しみから逃れることができると説かれる。④ブッダは，バラモン(司祭)，クシャトリア(王侯)，ヴァイシャ(庶民)，シュードラ(隷属民)という四つのヴァルナ(種姓)からなる身分制度，すなわち**カースト制度を批判**して四姓平等を唱えた。したがって，彼が「生まれついた身分に与えられた仕事にひたすら邁進すること」を解脱の条件としたという趣旨の記述は誤り。

2－3　仏教の発展

解答　16　②　　17　④　　18　③

問1　16　②が正解。**大乗仏教**で説かれる「**慈悲**」とは，衆生に楽しみを与えようとする慈しみの心と，衆生の苦しみを取り除こうとするあわれみの心，すなわち「**与楽抜苦**」のことである。また**上座部仏教**(小乗仏教)は，自他の解脱を目指す大乗仏教とは異なり，自己一身の悟りを目指すものである。

問2　17　④が正解。**大乗仏教**は，生きとし生けるものはすべて仏になる可能性を有する(**一切衆生悉有仏性**)という考え方に立っている。

①**ウパニシャッド哲学**についての記述。この哲学では，瞑想を通じて，**ブラフマン**(宇宙の根本原理)と**アートマン**(真実の自我)とが本来一体のもので

あること(**梵我一如**)を自覚することにより輪廻の苦しみから逃れることができるとされる。②出家して厳しい修行を完成した者(**阿羅漢**)だけが解脱できるとするのは，大乗仏教ではなく**上座部仏教**(小乗仏教)である。③**ジャイナ教**についての記述。この宗教では，霊魂が輪廻の世界に留め置かれるのは，身体に汚れた物質が流入するからであり，それを防ぐためには**断食**(だんじき)**など**によって**身体を浄化**しなければならないと説かれる。

問3 18 ③が正解。

a ③・④のa(「十分に準備をした上で発表に臨めていなかったので」)が入る。会話ⅠのXの2回目の発言(「準備を怠けていたことに気付いて，恥ずかしくなるんだよね」)に注目しよう。①・②のa(「失敗した発表についての周りの評判が悪かったので」)は入らない。会話ⅠのYの最初の発言(「周りの評判を心配して，恥ずかしがることではないでしょ」)をうけたXの2回目の発言の冒頭(「うーん，周りの評判は関係なくて…」)に注目しよう。

b ①・③のb(「慚」)が入る。**資料**では，「慚」は「慎みという人間の内的な本性に根ざ」すものとされ，「愧」は「(他者への)恐れという本性に根ざしている」ものとされている。したがって，会話ⅠにおけるXには「慚」が働いていたことになる。会話ⅡにおけるYの2回目の発言(「他人の目を恐れたのではなく，自分自身を謙虚に振り返ることで，恥を感じたんだね」)からも，「慚」が入ると判断できる。

第3節 キリスト教とイスラーム教

3－1 ユダヤ教とイエスの教え

解答 19 ① 20 ② 21 ④

問1 19 ①が正解。**ユダヤ教**の神**ヤハウェ**が救いに導くのは，「人類全体」ではなく，ヤハウェによって選ばれた**イスラエルの民だけ**である。

②③④はいずれも，『旧約聖書』についての記述として正しい。

問2 20 ②が正解。**イエス**は，善の完全な体現者である神から見れば，どんな人間も罪人(つみびと)であるが，そのことを自覚すれば，神は罪人にも限りない愛を注ぐと説いた。

①罪からの救済が「神の意志によって予定されている」という記述は誤り。これは，宗教改革期の**カルヴァン**が説いた**予定説**を想定したもの。③罪から

の脱却の方途を「自由意志を正しく用いて自己自身を高めること」であるとしているのは誤り。イエスは，罪を自覚したどんな人間にも神の限りない愛が注がれると説いた。④「律法を厳格に遵守すること」を説いたのは，イエスではなく**ユダヤ教**である。

問 3 [21] ④が正解。

ア：正文。**パウロ**は，人間は自分の望む善を行わず，望まない悪を行ってしまうとし，人が義とされるのは神への信仰によると説いた(**信仰義認説**)。

イ：誤文。**アウグスティヌス**は，人間は神の恩寵(おんちょう)によらなければ善を欲することもできないと主張した。したがって，人間は自由意志によって悪を欲する傾向を克服することができるという趣旨の記述は誤り。

ウ：誤文。**イエス**は，「姦淫(かんいん)の女」の話の中で，人間は誰でも心の底に罪を宿していることを自覚すべきであるとし，その自覚のもとに，**決して他人を批判したり，裁いたりせず，互いに赦しあう**ことが大切であると教えた。したがって，「情欲を克服した善き人だけが，他者を裁くことができると主張した」という記述は誤り。

3－2 キリスト教の発展

解答 [22] ② [23] ③ [24] ②

問 1 [22] ②が正解。[a]には，「福音」が入る。[b]には，「ユダヤ人をはじめ，ギリシア人にも」が入る。[c]には，「律法」が入る。

解答に際しては，**パウロ**の**信仰義認説**を想定して[c]から確定することになるだろう。この説によれば，人は律法の行いによってではなく，信仰によってのみ義(ただ)しい者として神に認められる。これにより，正解は①か②に限定される。そのうえで，パウロが十字架上のイエスの死によって**人類**の根源的な罪(**原罪**)が贖(あがな)われた(**贖罪**(しょくざい))と説いたことを想起すれば，②が正解と確定できる。

問 2 [23] ③が正解。

[a] ①・③の a が入る。まず，①の a について。**アウグスティヌス**は，**新プラトン主義**の影響を受けているといわれる。新プラトン主義とは，すべてのものの根源には超越的な**一者**（ト・ヘン）としての神が存在し，いっさいのものはその一者から流出するという考え方で，**プロティノス**に始まるとされる。次に，③の a について。アウグスティヌスは，青年期に奔放な生活を送ったが，パウロの書簡などとの出会いを通じて神への信仰に目覚め，宗

教生活に入ったと伝えられている。②のaは入らない。アウグスティヌスは，青年期にマニ教を信奉したが，新プラトン主義への傾倒を経て，**キリスト教へ回心**した。④のaも入らない。アウグスティヌスは，人類の歴史を，欲望が支配する「地上の国」と愛が支配する「神の国」との戦いと捉え，**教会は地上の国における神の代理**であると説いた。

b ②・③・④のbが入る。②のbについては，**資料**中の「あなたに支払われた愛が，あなたから返されないという事態にならないように」(第2文)という記述から，入ると判断できる。③のbについては，**資料**中の「友人の意志は，……信じられるべきだ」(第1文)という記述や，いかなる友愛もなければ人生が「荒廃」してしまうという趣旨の記述(第2文)から，入ると判断できる。④のbについては，**資料**中の「それ〔友愛〕は，相互の愛がなければ存続しない」(最終文)という記述から，入ると判断できる。①のbは入らない。**資料**中の「友人の意志は，目に見えず……あなたの心の中で内的に感知されるものでもないが，信じられるべきだ」(第1文）という記述に注目しよう。

問3 24 ②が正解。**トマス・アクィナス**は，信仰と理性を前者の優位のもとに調和させようとし，神の恩寵は自然の秩序を乱さずかえって完成させると説いた。

①信仰と理性が分離された異質な領域に属するものとして説明されているから誤り。③大陸合理論の哲学者**スピノザ**が説いた**神即自然**に関する記述。④宗教改革期の思想家**カルヴァン**が説いた**予定説**に関する記述。

3－3 イスラーム教

解答 25 ④ 26 ① 27 ⑦

問1 25 ④が正解。

a 「利子」が入る。イスラーム(イスラーム教)では，**利子が禁止**されている。

b 「クルアーン(コーラン)やスンナなどに基づく」が入る。**シャリーア**(**イスラーム法**)は，神の啓示を記した**クルアーン**(**コーラン**)や，**ムハンマド**の言行・範例(**スンナ**)などに基づくもので，儀礼・刑罰・結婚・相続などムスリムの生活全般の規則を定めている。

問2 26 ①が正解。**クルアーン**(**コーラン**)は，アッラーがムハンマドに下した啓示を記したもので，**ムハンマド以後，神の啓示が下されることはない**

とされる。したがって，ムハンマドの死後も神の啓示が下されたという趣旨の記述は誤り。

②アッラーの定めた戒律は，神と人間の関係のみならず，食・結婚・相続・利子の禁止など社会生活上の具体的な事柄にまで及ぶ。③イスラーム教では，唯一神の偉大さはどのようなものとも比肩(ひけん)されるべきではないとされる。したがって，**神の子の存在は認められず，三位一体説も認められない**。④カーバ神殿への**巡礼**(じゅんれい)は，ムスリム(イスラーム教徒)の義務である**五行**の一つである。五行には，これ以外に**信仰告白**，**礼拝**，**喜捨**(きしゃ)，**断食**が含まれる。

問3　27　⑦が正解。**ア**：誤文。**クルアーン**(**コーラン**)には，**ノア**，**アブラハム**，**モーセ**，**イエス**，**ムハンマド**など全部で25人の預言者(人々を救うために神から遣わされた者)の名が記されている。したがって，ムハンマドは「唯一の預言者」であるという趣旨の記述は誤り。**イ**：誤文。イスラーム教徒に義務づけられている五行の一つである巡礼は，メッカの**カーバ神殿**に対して行われる。メディィナにある「ムハンマドの聖墓」は五行の一つである巡礼の対象ではない(ただし，巡礼者はメッカへの巡礼の前後に，メディナを訪れる)。**ウ**：正文。**ムスリム**とは「**神に服従する者**」という意味である。また，イスラーム教では，神の啓示であるクルアーンや，ムハンマドの伝えた慣行(**スンナ**)，これらをもとにムスリムの生活全般の規則を定めた**シャリーア**(**イスラーム法**)に従うことが求められる。

第4節　中国の思想

4－1　諸子百家の思想

解答　28　③　　29　②　　30　③

問1　28　③が正解。

ア：正文。『**論語**』には，「**己に克ちて礼に復**(かえ)**る（克己復礼）を仁となす**」とある。これは，自分の欲望を抑制し，自分の行為を社会規範である礼に従わせることこそが仁であるという趣旨のことを述べたものである。

イ：誤文。「礼」を「仁」に直せば，正文となる。**孟子**は，人間には生まれつき**惻隠**(そくいん)の心，**羞悪**(しゅうお)の心，**辞譲**(じじょう)の心，**是非**(ぜひ)の心という四つの心(**四端**(したん))が備わっており，それらを養い育てていけば，それぞれに対応する**仁・義・礼・智**の**四徳**に至ることができると説いた。

ウ：誤文。「華美な葬祭を実行する」という記述は誤り。**墨子**（ぼくし）は，衣食住や葬祭にかかる費用を倹約して社会全体の富を増やすこと（**節用**）を主張した。

問2　29　②が正解。**老子**は，ありのままの自然の大道に従い，作為をろうせず（**無為自然**）に生きることを理想とした。したがって，彼が「孝・悌」（孔子が仁の個別的な表れとして説いたもの）を重視していたという趣旨の記述は誤り。

①**韓非子**（かんぴし）が説いた**法治主義**についての記述として正しい。③**荀子**（じゅんし）が説いた**礼治主義**についての記述として正しい。④**王陽明**は**朱子**が説いた**性即理**の考えを批判し，情や欲を含む心のありようそのものが理の現れであるとして**心即理**の考えを主張したが，このことに関連する記述として正しい。

問3　30　③が正解。

ア：**朱子**についての記述。彼は，人間の心の本体には万物をつらぬく根本原理としての**理**があるが，その発現は個々のものを成り立たせている**気**によって妨げられ，その結果，人間にはみにくい私欲が備わってしまっていると考えた。このような考えをもとに，彼は天理に従って，ものごとの理を窮（きわ）め己を律すること（**居敬窮理**（きょけいきゅうり））がいかに大切かを説いた。**イ**：**墨子**についての記述。彼は，身分や国に限定されない無差別・平等の愛（**兼愛**）を説いた。**ウ**：**老子**についての記述。彼は，人為を働かせず，ありのままの自然に従って（**無為自然**），質素・素朴に生きることがいかに大切かを説いた。**エ**：**韓非子**についての記述。彼は，人間には利をむさぼる性質があるから，君主が信賞必罰を旨とする法律によって人々を操っていかなければ社会の秩序を守ることはできないと説いた（**法治主義**）。

4－2　儒家の思想

解答　31　④　　32　②　　33　②

問1　31　④が正解。**孔子**は，内面規範としての**仁**と，それが形となって外部に現れたものである**礼**を重視し，私欲を抑えることによって社会の秩序が保たれる（**克己復礼**（こっきふくれい））と説いた。

①**孟子**の説いた**浩然の気**を想定した記述。②**老子**の説いた**柔弱謙下**（じゅうじゃくけんげ）を想定した記述。③諸子百家（しょしひゃっか）の一つである**名家**を想定した記述。

問2　32　②が正解。まず，**資料**の趣旨を確認しておこう。**資料**は，天下の優れた人物を友とするためには，その人物が残した詩や書物を理解するだけでなく，その人物がどのような人なのかということを知り，その人物の活動した時代背景を研究する必要があると述べている。この趣旨に合致するのは②である。

①昔の賢人の詩や書物を「その人が生きた時代背景から切り離して」理解するという趣旨で書かれており，**資料**の内容と相容れない。③と④は，昔の賢人が活動した時代背景を研究することの重要性に触れておらず，**資料**の内容と相容れない。

問3 33 ②が正解。**朱子**の説いた**居敬窮理**についての記述として正しい。

①朱子の**理気二元論**の内容と相容れない。彼によれば，万物は，それを貫く根本原理である普遍的な**理**と，生成・消滅する「気」からなるとされる。したがって，天理を「死物の条理」としているのは誤り。③**陽明学**の説く**知行合一**，**良知**についての記述。④日本陽明学の祖である**中江藤樹**(とうじゅ)の説いた**孝**についての記述。

4－3 老荘思想

解答 34 ③ 35 ② 36 ①

問1 34 ③が正解。「旧約」という名称は，「ユダヤ教徒自身が誇りを持ってそう呼ぶようになった」ものではなく，**キリスト教の立場からのもの**である。キリスト教ではイエスによって結ばれた神と人との契約を「新約」，それ以前の神とイスラエル人との契約を「旧約」と呼び，旧約聖書と新約聖書はともに聖典とされる。したがって，③が適当でないものとして正解となる。

その他の選択肢はすべて適当である。①**資料1**に「聖人は無為を決め込み，言葉に依(よ)らない教えを実行するのだ」とあることに注目しよう。②**老子**は，何ごとにも作為を働かせることなく(**無為自然**)，ありのままの自然に身をまかせるのが人間のあり方だと説いた。このことを想起しよう。④**資料2**で引用されている「ヨブ記」は，ヨブが全能者である神に対して自分が不幸に見舞われた理由を問いかける物語である(Bの2回目の発言を参照)。このことを踏まえて，**資料2**に「私は取るに足りない者。何を言い返せましょうか。……私は……悔い改めます」とあることに注目できれば，正しいと判断できる。

問2 35 ②が正解。**老子**の説く道とは，**万物を生み出す根源**である。言い換えれば，彼にとって，道とは感覚では捉えられず，言葉でも説明できないもの，すなわち**無**であり，万物はこの無から生じて無に帰る永遠の運動である。

①は**孔子**の説く道についての記述。「忠恕に基づいた礼の実践」という部分がヒントになる。③は**朱子**の説く道についての記述。「万物を貫いている理法」という部分がヒントになる。④は**荘子**の説く道についての記述。「差別がなく万物が斉しい境地」(**万物斉同**)という部分がヒントになる。

問3 36 ①が正解。**孔子**は礼にもとづく統治を完成させたといわれる聖人・**周公旦**に憧れて学問に励んだ。したがって，前半は正しい。また，**資料**の「聖人や知恵が首かせ足かせを留める楔となっているのではないか」という部分に着目すれば，後半も正しいと判断できる。**資料**は，罪人たちで溢れかえっている世の中において，儒家や墨家はそうした状況をなくそうとしているが，そもそも聖人や知恵，仁や義を重んじること自体が世の中の混乱を招いているという趣旨で書かれている。

②**孟子**は，誰でも**仁・義・礼・智**の**四徳**を備えて優れた人物になることができると説いたから，前半は正しい。しかし，後半は誤り。**荘子**は，**資料**において，「仁や義が手かせ足かせを固める錠前となっているのではないか」と述べ，仁や義を強調することを批判している。③前半の「墨家は，儒家と同様に仁と礼の思想を重んじた」という記述は誤り。例えば，**墨家**は，儒家の説く仁について近親者重視の愛(**別愛**)であるとして批判し，親疎の区別のない愛(**兼愛**)を説いた。後半は正しい。④前半は，**老子**による儒家批判として正しい。「**大道廃れて仁義あり**」とは，仁や義などの道徳は社会が混乱したために人間がやむを得ずつくりだしたものであり，ありのままの自然の道に反する，ということを意味している。後半は誤り。荘子は，**資料**で，仁や義といった人為的な道徳を批判している。

step 2

1 「正義」について

解答	1	③	2	④	3	①	4	②
	5	⑧	6	②	7	②	8	④

問1 [1] ③が正解。仏教における戒律の基本は**五戒**であり，**在家信者**はこれを守ることを課されていたが，**出家信者**(世俗の生活を離れ厳しい教団規則に従って修行する者)の場合はそれをはるかに上回る戒律を課されていた。五戒とは，**不妄語**(嘘をつかない)，**不偸盗**(ちゅうとう)(盗まない)，**不殺生**(殺さない)，**不飲酒**(酒を飲まない)，**不邪淫**(じゃいん)(みだらなことをしない)をいう。

①「ムハンマドが啓示を受ける以前のアラビア社会の宗教的伝統を遵守して暮らすよう……命じられている」という記述は，不適当。イスラームは**一神教**であるが，イスラーム以前のアラビア社会における信仰形態は**多神教**であった。②ヒンドゥー教では身分制度は否定されていないので，不適当。④**ユダヤ教**の**十戒**(**モーセの十戒**)には「救世主(メシア)を待望すべきこと」は含まれていないので，不適当。なお，「唯一神ヤハウェ以外の神々を崇拝してはならないこと」は，十戒に含まれる。

問2 [2] ④が正解。**老子**は，何ごとにも作為を働かせることなく(**無為自然**)，ありのままの自然に身をまかせる生き方を理想とした。そして，そのような生き方は，「村落共同体のような小さな国家」において可能となると考えた(**小国寡民**(しょうこくかみん))。

①**パリサイ派**(**ファリサイ派**)は，「律法によって人々の生活を厳格に規定しようとする態度」を求めた(**律法主義**)。したがって，そのような態度を「批判し」たという記述は，不適当。②「倫理的徳」を「**知性的徳**」に，「政治的生活」を「**観想的生活**(**テオーリア的生活**)」にそれぞれ直せば適当な記述となる。**アリストテレス**は，人間の生き方を，快楽を善と捉えてそれを追求する享楽的生活，名誉を追求する政治的生活，ひたすら真理を眺める観想的生活に分類し，そのうち観想的生活を最高の生き方であるとした。そして，観想的生活は知性的徳にそくした生活であるとした。③「農業従事者」を「**商業従事者**」に直せば適当な記述となる。**ジャイナ教**は，徹底した**苦行**と**不殺生**の戒めを説く宗教である。したがって，信者の多くが不殺生の戒めを遵守するために，商業関係に従事した。

問3　[3]　①が正解。

[a]　①・④のaが入る。①のaについては**資料**の第1文と第2文から，④のaについては**資料**の最終文から判断できる。

②のaは入らない。**資料**には「互いに悪口を言うものではない」とあるが，それは「信仰にはいった」あとのことを想定している。したがって，「不確かな根拠に基づいて」という記述は，不適当。③のaも入らない。**資料**には「憶測をできるだけ避けよ」とあるから，「限られた情報を頼りに」という記述は，不適当。

[b]　①と③のbが入る。①のbについては，イスラームの信者として欠くことのできない務め(**五行**)の一つに貧者の救済のための「**喜捨**」があることを想起しよう。③のbについては，イスラーム共同体(**ウンマ**)では信者が互いに平等な関係で結びついており，信者同士の同胞意識が強いことを想起しよう。

②のbは入らない。イスラームにおける「五行」の一つである「**礼拝**」は「エルサレム」ではなく**メッカ**に向かって行われる。④のbの「1日に5回，ムハンマドの肖像画を拝むこと」も入らない。イスラームでは**偶像崇拝が禁止されている**から，「ムハンマドの肖像画を拝むこと」は禁止されている。

問4　[4]　②が正解。

ア：正文。**イエス**は，神がすべての人に注ぐ**無差別無償の愛**(**アガペー**)にならって，人は**神への愛**と**隣人愛**を実践すべきことを説いた。そして，「**敵を愛し，迫害する者のために祈りなさい**」と語り，隣人愛とはせまい仲間うちの愛を越えたものであると説いた。

イ：正文。**墨子**に代表される**墨家**は，利他心の欠如が社会の混乱の原因であるとして，親疎の区別なく互いに愛すること(**兼愛**)によって，人々が互いに利益をもたらし合うこと(**交利**)がいかに大切かを説いた。そして，兼愛の精神に反する戦争を否定した(**非攻説**)。

ウ：誤文。ブッダは，自我を含めてあらゆるものは時とともに移り変わっていくのであって(**諸行無常**)，永遠・不変の実体をもつものは何もない(**諸法無我**)と説いた。**ウ**に出てくる「アートマン」とは，**ウパニシャッド哲学**のいう真実の自己(固定的な本質をもつ実体としての自己)のことであり，ブッダはそのようなアートマンの存在を否定した。

問5　[5]　⑧が正解。

ア：不適当。**ブッダ**は，生きとし生けるものの生涯は苦であるとした(**四苦八苦**)。したがって，「苦とも楽とも断定できないと説いた」は不適当。なお，「あらゆる生き物は絶えず変化してとどまることがない」という記述は，

諸行無常に関するものとして適当である。

イ：適当。**パウロ**は，イエスの十字架上の死の意味を，神が人間の**原罪**(アダムが神の言いつけに背いて以来，その子孫である人間が負っている根源的な罪)をあがなう(**贖罪**(しょくざい))ために，ひとり子であるイエスを人間のもとに送り，十字架にかけて「いけにえ」としたのだと説いた。

ウ：適当。**資料1**では，「既に生まれたものも，これから生まれようとするものも，全ての生き物は，幸せであれ」と述べられている。

エ：適当。**資料2**では，ユダヤ人とギリシア人のちがい，奴隷と自由人のちがい，男女のちがいに関わりなく「皆，キリスト・イエスにあって一つ」であると述べられている。

問6 6 ②が正解。**荀子**は，**孟子**の**性善説**を批判し，人間は生まれながらに利をむさぼり人を憎む傾向があり，自然のままにほうっておくと争いが生じてしまうから，規範としての礼によって人間の悪なる性質を善へと矯正する必要があると主張した(**礼治主義**)。したがって，②の前半は適当。**資料**では，「性」(「何かをせずとも自然とそうである」もの，「学んだり取り組んだりしても獲得できないもの」)と，「偽(作為)」(「思慮を積み重ね，能力を重ね修めて，……後に完成したもの」)を区別し，礼義は「聖人の偽から生じたもの」であり，「普通の人でも，禹〔中国古代の聖人〕のようになることができる」とされている。つまり，**礼義は後天的に習得可能**だとされている。したがって，②の後半も適当。

①欲望は「教育によって矯正し得ない」という趣旨の前半の記述は，不適当。②の解説でも見たように，荀子は人間の悪なる性質は善へと矯正できると考えた。後半の**資料**の内容についての記述は，適当。**資料**では「孟子は……性と偽の区別を理解していない」とされていることに注目しよう。③前半の記述は，適当。②の解説でも見たように，荀子は人間の悪なる性質は善へと矯正できると考えた。後半の**資料**の内容についての記述は，不適当。**資料**には孟子は「人が学問……するのはその性が善だからだ」と考えたとあるが，選択肢は孟子が善を「学問によって獲得できる」ものであると考えたという趣旨で書かれている。④人間は「善を身に付けることはできない」という前半の記述は，不適当。②の解説で見たように，荀子は悪を矯正することにより善を身に付けることができると考えた。後半の**資料**の内容についての記述も，不適当。**資料**では，孟子への批判を通じて，礼義は後天的に習得可能であるという趣旨のことが述べられている。これに対して，選択肢は，孟子が礼義を後天的に習得できるものと考えたという趣旨で書かれている。

問7　7　②が正解。

a　「人間の欲求」が入る。**資料1**では，**ソフィスト**は人間の「自然本性」を「他人より多く持とうと欲張ること」と捉え，それが「法によって力ずくで平等の尊重へと，脇へ逸らされている」と考えているということが述べられている。したがって，「平等の追求」は入らない。

b　「自己の利益」が入る。**資料2**では，自分の利益のために他人の利益を犠牲にすることは自然に反し，社会を崩壊させるということが述べられている。したがって，「社会の利益」は入らない。

c　「自然法思想」が入る。**ストア派**によれば，自然・宇宙は**ロゴス**(**理法**)によって貫かれており，人間もまたそのロゴスを種子として宿しているのですべての人間は平等である。この考えは，**自然法思想**の源流となったとされる。自然法とは，時と場所を問わず妥当する普遍的な法を意味する。「**功利主義**」は，たとえば**ベンサム**のように，自然法思想を確実な根拠がないとして批判するので，この空欄には入らない。

問8　8　④が正解。

a　②・④のaが入る。②のaについては，80ページの会話中のAの5回目の発言とそれを受けたBの5回目の発言がヒントになる。また，④のaについては，80ページの会話中のAの2回目の発言とそれを受けたBの2回目の発言がヒントになる。

①のaと③のaは，入らない。80ページの会話は異なる時代や社会における正義観の違いをめぐって交わされているから，時代や社会・文化に関係なく「絶対的な正義」や「特定の正義」が存在しているという趣旨の記述は，不適当。

b　①・④のbが入る。87ページの会話でのAの3回目の発言を見ると，「自分の都合に応じて事実を捉えたり，規範なんて人間同士の約束事にすぎないものだとしたりする風潮」に対して懐疑的な姿勢を見せている。それを受けたBの3回目の発言では，そうした風潮を乗り越え「本当の正義や真理の探求を続ける必要」が指摘されている。したがって，孟子が説いた王道政治の理想(①のb)と，プラトンが説いたイデア(会話中では「事物の真の姿」)の探求(④のb)は，こうした会話の文脈に合致する。

②のbは，真理は相対的なものであるとするプロタゴラスの考えを示したものであるから，会話の文脈に合致しない。③のbは，善悪や是非といった価値の違いは相対的なものにすぎないとする荘子の考えを示したものであるから，会話の文脈に合致しない。

2 「自然と人間」について

解答							
1	③	2	②	3	⑤	4	①
5	③	6	④	7	④	8	②

問1 [1] ③が正解。**大乗仏教**では，六つの実践徳目(**六波羅蜜**)が重視されるが，③に出てくる**布施**(他人に施しを与えること)はその一つである。そのほかの五つは，**持戒**(戒律を守ること)，**忍辱**(怒ることなく忍ぶこと)，**精進**(怠ることなく努力すること)，**禅定**(心を乱さないように精神を統一すること)，**智慧**(愚痴を離れて真理に生きること)である。

①「神々と無関係であるとする世界観」は，不適当。**ホメロス**は，古代ギリシアにおいて神話的な世界観が支配的であった時期に，叙事詩『イリアス』や『オデュッセイア』などを著し，人間の世界のあり方を**神々の世界に投影**して表そうとした。②「人間の徳は，生まれが社会的に高貴であるかどうかに基づいて成立する」は，不適当。**ソクラテス**は，人々が追い求める金銭・名誉・健康・美貌などはすべて，それ自体で幸福を生み出すのではなく，魂をすぐれたものにするよう努力することによって初めて幸福と結びつくとし，人々に対して**魂への配慮**を怠るべきではないと説いた。④「その連鎖から抜け出すことは不可能だと考えられた」は，不適当。**ウパニシャッド哲学**では，宇宙の諸現象の根底にあってそれ自身は決して変化することのない絶対的なもの(**ブラフマン／梵**)と，人間の根底に潜む真実の自己(**アートマン／我**)とが，もともと一体であること(**梵我一如**)を自覚するとき，人は**輪廻の苦しみから解き放たれ安らぎを得ることができる**と説かれる。

問2 [2] ②が正解。**プラトン**は，世界を感覚で捉えられる**現象界**と理性によってのみ捉えられる**イデア界**に分け，現象界において捉えられるものはすべて，**事物の本質・原型である真実在**としてのイデアの模像であるとした。そして，イデア界において，すべてのイデアを統一し，個々のイデアをイデアたらしめる最高のイデアを**善のイデア**と呼んだ。

①前半は，適当。しかし，**イスラーム**にも**最後の審判**という考えがあるので，後半は，不適当。③「理」と「気」の説明が逆になっているので，不適当。**朱子**(**朱熹**)は，宇宙から人間にいたる一切を貫く最高の規範原理である**理**と，あらゆる存在・現象を構成する物質的な存在である**気**の結合によって，万物は成り立つと説いた。④事物が「識」と「色」の二つの要素から構成されているという趣旨の記述は，不適当。大乗仏教の思想家である**無著**(**アサンガ**)と**世親**(**ヴァスバンドゥ**)は，あらゆる事物は実在するわけではなく，

人間の心の働きの所産にすぎないとする**唯識**の思想を説いた。なお，仏教では「色」は，選択肢にもあるように「物質」(形あるもの)を意味する。

問3　[3]　⑤が正解。

[a]　「最初に創造された人間」が入る。空欄の直前に出てくる**「創世記」**は**旧約聖書**の冒頭に収められた書で，そこには**神による天地創造や人類創造(アダムとイブの創造)**などについて記されている。したがって，「イエス」は入らない。

[b]　「人間も被造物の一員として，他の動植物の世話をする責任を負う」が入る。会話において，Aは，「創世記」にある「生き物全てを支配せよ」という言葉について，「自然に対する人間の支配を正当化しているように読める」としつつも，それとは異なる解釈もあるという趣旨のことを述べている。また，Aは下線部ⓒでフランチェスコの教えを説いているが，そこでは人間は「狼と正しい関係を結ぶことで獰猛(どうもう)な狼とも共存できる」と発言している。これらのことから，「他の動植物を人間の都合で利用してよい」や，人間は「他の動植物に隷属すべき存在である」という記述は入らない。

問4　[4]　①が正解。選択肢の前半の「自分のわがままを抑え，人の心を思いやること」という記述は**孔子**の説いた「**克己**」や「**恕**」を想定したものである。また，後半は**資料1**〈孔子の言葉〉と内容が合致する。

②孔子は，『**論語**』にある「**怪力乱神を語らず**」という言葉が示しているように，神秘的なことがらについて語ることを好まなかった。したがって，選択肢の前半は誤り。また，後半も誤りで，**資料1**〈孔子の言葉〉と内容が合致しない。③前半は**老子**の説いた**無為自然**の生き方についての記述として，適当。しかし，水について「誰もが嫌がる場所を避けて流れ行く」としている後半は，不適当。**資料2**〈老子の言葉〉では，水は「誰もが嫌がる低湿地に落ち着く」と述べている。④老子が「他人にへりくだることのない自然な生き方」を説いたとする前半は，不適当。老子は水のようにへりくだって他者と争わない態度(**柔弱謙下**)を重視した。後半は，**資料2**〈老子の言葉〉と内容が合致する。

問5　[5]　③が正解。**ピタゴラス(ピュタゴラス)**は，世界は**数的な比**に基づいて調和的な秩序が保たれていると主張した。彼は，①・②に出てくるヘラクレイトスなどとともに，**自然哲学**者と呼ばれる。

①「ヘラクレイトス」ではなく**パルメニデス**についての記述。**ヘラクレイトス**は，「**万物は流転する**」と唱え，**世界は絶えず変化**しながら，燃え盛る「火」が一つのまとまった形をとるように，調和した秩序を保っていると考えた。②世界には「いかなる秩序も存在しない」という記述は，不適当。ヘ

ラクレイトスは，①の解説でも見たように，世界は調和的な秩序を保っていると考えた。④「調和は見いだせない」は，不適当。ピタゴラス(ピュタゴラス)は，③の解説でも見たように，世界は調和的な秩序が保たれていると考えた。

問6　[6]　④が正解。

[a]　③・④のaが入る。仏教で説かれる**縁起**思想とは，いかなるものも必ず他のものに縁(よ)って成立しているのであって，それ自体で孤立して存在するものは何一つないという考えである。したがって，「他に縁って存在するから，固有の本性を持たない」が入り，①・②のa(「独立して存在するから，固有の本性を持つ」)は入らない。

[b]　④のbが入る。aの解説で見た縁起の思想の内容から判断すれば，「先生は，生徒など他のものに縁って先生たり得ているのであり，先生としての固有の本性を持たない」が入り，先生は先生としての固有の本性を持つとする②のbは入らないと判断できる。また，①と③のbに出てくる「宇宙の根本原理(ブラフマン)」は，仏教ではなくウパニシャッド哲学を想定したものであり，この空欄には入らない(ウパニシャッド哲学については，[1]④の解説を参照)。

問7　[7]　④が正解。**ムハンマド**は，当時メッカで広まっていた**多神教と偶像崇拝を否定**する一神教を説くとともに，貧富の格差が拡大する中で神の前での人々の平等を主張した。そのため，支配層から迫害を受けた。

①イスラームでは，キリスト教におけるイエスのような**「神の子」の存在は認められない**。ムハンマドは，モーセやイエスなどとともに預言者(神の言葉を伝える者)の一人であり，しかも「**最大かつ最後の預言者**」とされる。②「血縁的なつながりを重んじる部族社会を発展させるため」という記述は，不適当。ムハンマドが否定した多神教や偶像崇拝は，血縁を重んじる部族社会で広まっていた。③**アッラー**は「イエスの説いた神とは異なる」という記述は，不適当。イスラームでは，アッラーは，**モーセやイエスの説いた神と同じ**であるとされる。

問8　[8]　②が正解。[a]の前後にある，「人間という存在の独自性」「人間を他の自然物とは異なる存在であると考えた人もいた」という記述に注目することで，②が正解と判断できる。**トマス・アクィナス**は，理性に基づく真理の探究は神が創造した自然の秩序の探求にほかならないと考え，**理性と信仰の調和**を図ろうとした。また，彼は自然法(神の永遠の法を人間が理性によって捉えたもの)を人間社会の根本規範であるとした。

他の選択肢の記述自体は正しいが，人間も含むあらゆるものに共通することについて述べているので，本問では正解とはならない。①**タレス**は万物の根源(**アルケー**)は**水**であるとしたが，これはあらゆる生命の生成には水が重要な役割を果たしているという経験的事実から出発して論理的に導き出されたものである。③ブッダ没後に成立した**大乗仏教**では，生きとし生けるものは悟りの境地に達することができるという考え(「**一切衆生悉有仏性**」の考え)が生まれた。④**荘子**は，ありのままの自然の世界には善悪・美醜(びしゅう)・是非などの対立はなく，あらゆるものの価値は斉(ひと)しい(**万物斉同**)と説いた。

3 「生」を律する規範

解答

1	⑥	2	②	3	②	4	④
5	②	6	③	7	①	8	④
9	⑤						

問1 1 ⑥が正解。

a 「仁」が入る。**孔子**は，一切の行為を社会的な規範としての**礼**に合致させるべきであるとするとともに，それは内面規範としての**仁**が外に表れたものであると説いた。「恕(じょ)」は，仁の個別的な現れの一つではあるが，この文脈では正解とはならない。

b 「忠」が入る。孔子は，仁の個別的な表れとして**孝**(こう)・**悌**(てい)・**忠**(ちゅう)・**恕**・**信**(しん)を挙げたが，このうち**忠**は「**自分を欺かないこと**」を意味する。なお，孝は「親や祖先を敬うこと」，悌は「兄や年長者に従順であること」，恕は「他人を思いやること」，信は「他人を欺かないこと」を意味する。

c 「君子」が入る。「**君子**」とは，礼を体得した人のことをいう。「**真人**」は**荘子**が理想とした人間のあり方。

問2 2 ②が正解。**ア**：正文。**シャリーア**(**イスラーム法**)についての記述として正しい。**イ**：正文。シャリーアについての記述として正しい。**ウ**：誤文。**五行**とは，「アッラーのほかに神なし。ムハンマドはアッラーの使徒である」という**信仰告白**(シャハーダ)，日に5回のメッカに向かっての**礼拝**(サラート)，イスラーム暦9月(ラマダーン)の**断食**(サウム)，貧者の救済のための**喜捨**(ザカート)，メッカへの**巡礼**(ハッジ)である。したがって，「瞑想」が五行に含まれるという趣旨の記述は誤り。

問3 3 ②が正解。**ソクラテス**は，国家の認める神を認めず，青年たちに害毒を流したという理由で裁判にかけられ，そうした告発が不当であると主張したが，死刑を宣告された。友人たちのなかには脱獄を勧めるものもいたが，ソクラテスは，**脱獄は国法に背き，不正を犯すこと**であるとして拒み，刑を受け入れた。

①ソクラテスには，国家が人々の社会契約によって成立したという考えはない。③ソクラテスにとって重要なことは，**自分が考え抜いた上で，正しいと判断した生き方に従う**ことであり，それが「善く生きる」ことでもあった。したがって，「人々に正しいと思われること」が正義・善であるわけではない。④ソクラテスにとって，人間の幸福とは魂がすぐれたものになるように配慮すること(**魂への配慮**)によって実現されるものであった。したがって，「国家に配慮して生きること」により幸福が実現できるという趣旨の記述は誤り。

問4 [4] ④が正解。**生・老・病・死**の四苦に，**愛別離苦**(あいべつりく)(愛するものと別れる苦しみ)，**怨憎会苦**(おんぞうえく)(憎い者と出会う苦しみ)，**求不得苦**(ぐふとくく)(欲しいものが手に入らない苦しみ)，**五蘊盛苦**(ごうんじょうく)(心身の活動自体の苦しみ)を加えて八苦という。ここでいう「五蘊」とは，人間を構成する五つの要素をいい，具体的には，物質的要素としての**色**(肉体)，精神的要素としての**受**(感覚作用)，**想**(表象作用)，**行**(意志作用)，**識**(認識作用)を指す。

①「**無自性**」とは，「煩悩によって自分固有の本性を見いだせないでいる状態」ではなく，**あらゆるものには固定的な実体はない**(つまり，**あらゆるものには固有の本性はない**)ということである。②「四苦」は**生・老・病・死**の四つを指すが，このうち「生」は「生きること」ではなく**生まれること**(誕生)を指す。③「三帰」を「**三毒**」に直せば正しくなる。**三帰**とは，仏・法(仏の教え)・僧の三宝を頼みとして信仰すること。

問5 [5] ②が正解。資料文(キケロ『法律について』)では，法律は万物の根源である自然というものの表現であり，そうであるからこそ善悪・正邪を明確に区別することができるという趣旨で書かれている。これに合致するのは②である。

①資料文から，自然が太古以来，善人の総意によって管理されてきたという趣旨を読み取ることはできない。③④自然を範とする法律では善悪・正邪を区別することができないという趣旨の記述は，資料文とは相容れない。

問6 [6] ③が正解。『旧約聖書』の「出エジプト記」によれば，エジプトにおいて奴隷生活を強いられていたイスラエル人たちは，神の導きを受けた**モーセに率いられてエジプトを脱出**し，シナイ山でモーセを通じて神から律法が授けられた(**モーセの十戒**)。したがって，律法が「エジプトに移り住む際の心構えとして」授けられたという記述は誤り。

①は「**裁きの神**」としてのヤハウェについての記述として，②は**十戒**につ

いての記述として，それぞれ正しい。また，④は**選民思想**についての記述として正しい。

問7 [7] ①が正解。①で挙げられているイエスの言葉(**人にしてもらいたいと思うことは何でも，あなたがたも人にしなさい**)は黄金律と呼ばれ，キリスト教道徳の最高の教えを表すものとして尊重されるようになった。

②イエスは，律法の形式的な遵守ではなく，律法に含まれている神の意志に従うこと(信仰の内面化)を重視した。③「敵を愛し，迫害する者のために祈りなさい」という教えは，イエスのものであって，旧約聖書の根幹をなすものではない。④モーセの十戒の一つに，安息日における労働の禁止がある(「安息日を心に留め，これを聖別せよ」)。しかし，イエスは，これを形式的に遵守することは，必ずしも神の意志に忠実に従うことではないとして，「**安息日は人のためにあるもので，人が安息日のためにあるのではない**」と説いた。

問8 [8] ④が正解。

荘子は，ありのままの自然の世界には善悪・美醜・是非などの対立はなく，あらゆるものの価値は斉(ひと)しい(**万物斉同**)とし，そのようなありのままの自然の働きに身を任せ，絶対的な自由の境地に遊ぶこと(**逍遙遊**(しょうようゆう))を理想とした。

①「アリストテレス」ではなく**プロティノス**を祖とする**新プラトン主義**についての記述。プロティノスは，すべてのものの根源にはすべての善の原因である一者が存在し，いっさいのものはその一者から流出するとし，この一者を求めて生きようとすることが人間にとっての幸福であると説いた。②イスラーム教では神の姿を形にして崇拝することは禁止されている(**偶像崇拝の禁止**)。③「世親(ヴァスバンドゥ)」についての記述ではなく，**ウパニシャッド哲学**を想定した記述。ウパニシャッド哲学では，宇宙の究極原理である**ブラフマン**(梵)と真実の自己である**アートマン**(我)は本来一体である(**梵我一如**)ことを知り，厳しい修行をすれば輪廻の苦しみから解脱できると説かれる。

問9 [9] ⑤が正解。**ア**：誤文。荀子の思想とイスラーム教においては，「個々の生」に価値が認められていないという趣旨の記述は誤り。**イ**：正文。本文第3段落の前半，および最終段落の内容から，正しいと判断できる。**ウ**：正文。本文第3段落の後半，および最終段落の内容から，正しいと判断できる。なお，トーラーとは神の命令(律法)のことである。

4 模範としての他者の生き方

解答

1	②	2	③	3	④	4	②
5	④	6	①	7	①	8	④
9	②						

問1 [1] ②が正解。イスラーム教における**六信**(**神**，**天使**，**諸啓典**(しょけいてん)〔**聖典**〕，**預言者**，**来世**，**天命**)でいう「諸啓典〔聖典〕」には，ムハンマド以外の預言者(モーセやイエスなど)に神が与えた啓典(聖典)，例えばモーセへの「タウラー(律法の書)」，イエスへの「インジール(福音の書)」なども含まれるが，そのうちでもっとも重要なものがムハンマドに与えられたクルアーンである。そして，これがムスリム(イスラーム教徒)の生活全般を律している。

①**ブッダ**は釈迦族の王子として生まれながらも，29歳のときに**出家**した。このことからブッダが「自らの社会的身分に即して活動した」という記述は誤り。また，彼の言行をまとめた『**スッタニパータ**』は，**すべての生きとし生けるものに対する慈しみ**などを説いているから，「生まれつきの身分にふさわしい活動をするための模範とされている」という記述も誤り。③**ホメロス**の『**イリアス**』や『**オデュッセイア**』では，英雄たちの活躍とともに，人間のように怒り悲しむ神々の様子が描かれている。したがって，これらの著作は，「神話的世界観を批判し」たものではないし，「神々の登場しない人間の英雄たちの物語」を描いたものでもない。④ユダヤ教やキリスト教の聖書では，預言者**イザヤ**や**エレミア**などが当時の**社会や宗教のあり方を批判した**ことが描かれている。したがって，「預言者イザヤが当時の王国のあり方を賞賛し」という記述は誤り。

問2 [2] ③が正解。イスラーム教では，ムスリムの宗教的義務として**五行**が定められているが，その五行とは，この選択肢にある**喜捨**(ザカート)のほか，**信仰告白**(シャハーダ)，**礼拝**(サラート)，**断食**(サウム)，**巡礼**(ハッジ)である。

①クルアーンは「ヘブライ語」ではなく**アラビア語**で著された。②五行の一つである礼拝は，「エルサレム」ではなく，ムハンマドの生誕地でありカーバ神殿のある**メッカ**に向かって行われる。④イスラーム教では，**ユダヤ教徒**や**キリスト教徒**を「**啓典の民**」と称し，彼らが最も正しい啓典であるクルアーンを認めて正しい信仰の道に入れば，天国に行けるとされる。したがって，イスラーム教徒が自らを「啓典の民」と称するという趣旨の記述は誤り。

問3 3 ④が正解。資料文(荀子『荀子』)では，優れた君主であれ小人であれ，人間の性の善さは，後天的な作為によってもたらされたものであり，聖天子の堯(ぎょう)や禹(う)が尊重されるのは後天的な作為によって礼義を尽くすことができたからである，という趣旨のことが述べられている。したがって，④が正解。

①人にはあらかじめ礼義や作為が性にそなわっているという趣旨の記述は，資料文と相容れない。②優れた君主の性が小人とは異なっているという趣旨の記述は，資料文と相容れない。③資料文では，後天的な作為の結果として礼義をつくることができるという趣旨のことが述べられている。したがって，「生まれつきの性は変わり得ない」という記述は，資料文と相容れない。

問4 4 ②が正解。**アリストテレス**は，事物のあり方を，それに内在する普遍的な本質としての**形相**(**エイドス**)と，素材にあたる**質料**(**ヒュレー**)の結びつきによって説明しようとした。言い換えれば，事物の生成・変化は，質料のうちに**可能態**として潜んでいる形相が一定の条件の下で**現実態**として実現することとして捉えられる。ここから彼は，すべての事物の成り立ちを，自らに宿る**形相を実現するために成長・発展し，自己を完結させる**という動的な運動の観点から説明した。

①「質料に形相が与えられる」という記述も，「事物は質料の実現という目的に向かって生成・発展していく」という記述も誤り。③「質料に形相が与えられる」という記述も，「形相がもつ潜在性」により「偶然的」に生成・発展していくという趣旨の記述も誤り。④「質料がもつ潜在性」により「偶然的」に生成・発展していくという趣旨の記述は誤り。

問5 5 ④が正解。**大乗仏教**では，自己の悟りを目指す自利行だけでなく，他者の救済に励む利他行に励む者(**菩薩**)が理想とされた。

①孔子が「覇道政治」を唱えたという趣旨の記述は誤り。覇道政治とは，力によって民衆を支配する政治のあり方を指す。**孔子**は，道徳を修めた君子が為政者となり，自らの徳によって民衆を感化することで天下に秩序と調和がもたらされるとした(**徳治主義**)。②孔子は**仁**と**礼**をそなえた君子を理想としたから，仁が不要となる生き方を理想としたという趣旨の記述は誤り。③「修行者として悟りを得て，煩悩のない境地に達した**阿羅漢**」を理想としたのは，大乗仏教の側から，「劣った乗物」という批判的な意味をこめて「小乗」とも呼ばれた**上座部仏教**である。出家し自己の解脱のみをめざして厳しい修行を行う聖者が理想とされた。

問6 6 ①が正解。「八正道」の説明も，八正道の一つである「正業」の説明も正しい。仏教における**八正道**は，快楽と苦行の両極端を避けた修行の道(**中道**)を意味し，**正見**(真理を観ずること)，**正思**(怒りや貪りの心をもたないこと)，**正語**(嘘や中傷をいわないこと)，**正業**(殺生や盗みをしないこと)，**正命**(衣食住を貪らず正しい生活をおくること)，**正精進**(悪を抑え善をなすよう努めること)，**正念**(心身の真実のありように対し，常に気づきを保ち油断しないこと)，**正定**(精神を集中・統一すること)からなる。

②「正業」についての記述が誤っている。③④「**六波羅蜜**」とは，**大乗仏教における六つの実践徳目**であり，これに由来して八正道が説かれたわけではない。また④は，正業についての記述も誤っている。なお，六波羅蜜とは，**布施**(他人に施しを与えること)，**持戒**(戒律を守ること)，**忍辱**(怒ることなく忍ぶこと)，**精進**(怠ることなく努力すること)，**禅定**(心を乱さないように精神を統一すること)，**智慧**(愚痴を離れて真理に生きること)を指す。

問7　7　①が正解。**パウロ**は，「**自分の欲する善はおこなわず，欲しない悪をおこなってしまう**」という罪の意識に苦しんでいたが，イエスの声をきくという宗教的な体験を通して，そのような罪をもつ古い自分が滅び新たな自分に生まれかわるためにはイエスの愛以外に救いの道はないと確信したといわれる。そして彼は，イエスの十字架上の死の意味を，神が人類の罪をあがなう(**贖罪**)ために，「ひとり子」であるイエスを人類のもとに送り，十字架にかけて「いけにえ」としたのだと理解し，人間はみずからを犠牲にして人類を罪から救ったイエスの愛(**神の愛**)を信じ，**隣人愛**を実践すべきだと考えた。したがって，①が正解。

②パウロによればイエスは神の「ひとり子」であるから，キリストが神と契約を交わしたという趣旨の記述は誤り。またパウロは，**律法の厳格な遵守を説くユダヤ教を批判**し，神への信仰によってのみ義とされると考えたから，「律法を正しく遵守すべきである」という記述も適当でない。③パウロによれば，人間は生まれながらに自分ではどうすることもできない罪(**原罪**)を負っており，神への信仰によってのみ義とされる。したがって，「罪のない本来の自己を再発見」という記述は誤り。④パウロによれば，人間は自ら善を欲することができず，悪をおこなってしまうのであり，そのような自分が生まれかわるためには神の愛を信じるほかはない。したがって，「善行を積むことによって，神から義とされるよう努力すべきである」という記述は誤り。

問8　8　④が正解。ア：誤文。**ブッダ**は，人間の自我も含めて**あらゆるものはつねに変化する**とした。したがって，「自己という不変の存在」という記述は誤り。イ：正文。**プラトン**は，人間の魂を**理性・気概・欲望**の三つの部分に分け，欲望が理性と気概を支配すると不正な行為が生まれるとし，**理性がその他の二つの部分を統御**することで魂全体に秩序と調和がもたらされると説いた。ウ：正文。**朱熹**(**朱子**)は，人間の心の本体には万物をつらぬく根本原理としての**理**があるが，その発現は個々のものを成り立たせている**気**によって妨げられ，その結果，人間にはみにくい私欲が備わってしまっていると考えた。このような考えをもとに，彼は天理に従って物の理を窮めて己を律すること(**居敬窮理**)がいかに大切かを説いた。

問９ 9 ②が正解。本文の第２段落および第３段落の最後の部分から，②が正解と判断できる。

①本文の第２段落で取り上げられている思想は，模範となる生を体現した人物から善き生を学ぶことができる例として扱われている。したがって，本文で取り上げられている思想のすべてを想定して，「模範となる生が示されても，それに学ばず……」という記述は誤り。③本文第３段落で取り上げられている思想は，人間が欲望に深く囚われた存在であるとする考え方をもつ例として扱われている。したがって，本文で取り上げられている思想のすべてを想定して，「人間とはもともと欲望に囚われることのない存在であり」という記述は誤り。④人間には善き生へと導いてくれる模範は不要であるという趣旨の記述は，本文と相容れない。

第　3　章

日本思想

step 1

第1節 日本思想の原型

解答 1 ④ 2 ② 3 ③ 4 ②

問1 1 ④が正解。倫理学者の**和辻哲郎**(わつじてつろう)は，**風土**の類型として，気まぐれな自然のもとで受容的・忍従的な文化を形成する**モンスーン型**(東アジア，南アジアなど)，厳しい自然のもとで対抗的・戦闘的な文化を形成する**沙(砂)漠型**(西アジア，北アフリカ)，穏やかな自然のもとで自発的・合理的な文化を形成する**牧場型**(ヨーロッパ)を区別した。

問2 2 ②が正解。古代日本人にとって，神々は，豊かな恵みを与えてくれるとともに，災いももたらす存在であった。神々には定まった形がないが，風，雷など，自然のいたるところに宿っており，**不可思議な力**を発揮するとされた。

①『古事記』などにみられる日本神話では，天つ神(あまつかみ)と呼ばれる神々の住む**高天原**(たかまがはら)，国つ神(くにつかみ)と呼ばれる神々や人間の住む**葦原中国**(あしはらのなかつくに)，死者の住む**黄泉国**(よみのくに)が区別されている。人間が高天原に生まれ変わるという信仰はなく，人間も神も，**死ねば誰もが黄泉国に行く**と考えられていた。③古代日本人は「嘘(うそ)偽りのない心」(**清き明**(あか)**き心，清明心**)を重んじたが，神々と「契約」をするという発想はなかった。④古代日本人の信仰では，万物を創造する絶対的な神は想定されていない。

問3 3 ③が正解。日本神話で描かれている物語の内容と異なる。神話では，亡き妻**イザナミ**に会うために黄泉国に行った**イザナキ**がそこから逃げ帰り，川の水で死の穢(けが)れを落としたとされる(**禊**(みそぎ))。このとき，左目から誕生したのが**アマテラス**であり，鼻からは**スサノヲ**が誕生した。

①神話では，原初の神々がおのずから姿を現した後，イザナキとイザナミが登場し，日本の国土と多くの神々を産み出したとされる。②イザナミは多くの神々を産んだのちに命を落とし黄泉国へ赴いた。④アマテラスは，他界の神を祀るために，高天原の神々に機織りなどをさせている。こうしたことから，倫理学者の**和辻哲郎**は，アマテラスを**祀られる神**であるとともに他界の神を**祀**(まつ)**る神**であると特徴づけている。

問4 4 ②が正解。**祭祀**(さいし)とは，神々に供物を捧げたりして共同体に恵みをもたらそうとする儀式のことをいう。古代日本では，**祭祀は政治と一体化していた**ので，選択肢の記述は誤りである。

①は穢れを水で洗い清める**禊**，③は罪を取り除くために物品を献上したりする**祓え(祓い)**について述べている正文。④は，古代日本人が重んじた**清き明き心(清明心)**のこと。偽りのない純粋な心を重んじる古代の倫理観は，その後の日本人の考え方や思想に大きな影響を及ぼした。

第2節　仏教の受容と展開

2－1　仏教の受容と神仏習合

解答　5　⑤　6　②　7　③

問1　5　⑤が正解。

ア：誤　**憲法十七条(十七条憲法)**は，**聖徳太子**(厩戸皇子，厩戸王)が制定したと言われる。その第一条にある「**和をもって貴しとなし**」という言葉は，対立よりも調和を重んじる和の精神を，役人の心得として示したもの。「出家して仏教の真理を体得することで，共同体の調和が実現される」という意味ではない。

イ：正　憲法十七条の第二条では，「**篤く三宝を敬え。三宝は仏法僧なり**」と述べている。ここには，仏，法(仏の教え)，僧(仏の教えを学び修する人々)の三宝を敬わなければならないという考えが示されている。

ウ：誤　憲法十七条の第十条には「**我れ必ずしも聖にあらず，彼れ必ずしも愚にあらず，ともにこれ凡夫のみ**」という言葉がある。これは，自分を含めて誰もが**凡夫**(欲望にとらわれた無知の存在)だということを自覚して，独断によらず議論すべきだと説いたもの。「他に意見を求めることの無意味さ」を説いたのではない。

問2　6　②が正解。奈良時代の僧侶である**行基**は，諸国をまわって橋や道を造ったり，庶民に布教して慈悲の精神を広めたりした。朝廷から弾圧された時期もあったが，のちに**東大寺の大仏建立**にも関わった。

①**聖徳太子**についての説明。太子が制定したといわれる**憲法十七条**には，「**われ必ずしも聖にあらず，かれ必ずしも愚にあらず，ともにこれ凡夫のみ**」という文言がある。太子は，誰もが凡夫だという認識に立って謙虚に議論することを求めたのである。また，太子の遺言といわれる「**世間虚仮，唯仏是真**」(世間は空しく仮のものであり，ただ仏だけが真実である)という言葉は，太子が仏教の精神をよく理解していたことを伝えている。③仏教の受容に努

めた**聖武天皇**についての説明。④戒を授けるために唐から来日した**鑑真**(がんじん)についての説明。

問3 7 ③が正解。

ア：正 伝統的に，日本では，古来の文化の上に外来の様々な文化が受容されていき，様々な文化が重層的に保たれる傾向がある。仏教を受容して古来の神々への信仰と併存させたことは，その例である。

イ：誤 仏教が日本に定着していくなかで，神々への信仰と仏教とが融合する**神仏習合**が様々なかたちで展開された。その一つが平安時代に登場した**本地垂迹説**(ほんじすいじゃくせつ)である。これは，仏や菩薩が，苦しんでいる日本の人々を救うために，神という仮の姿(**権現**(ごんげん))で顕現したと考えるものである。したがって，「仏や菩薩」と「日本の神々」の位置付けが逆。

ウ：誤 初期の明治政府は，国学や復古神道の影響のもとに，神道を重視した政策を推し進めた(祭政一致)。1868年の**神仏分離令**では神仏習合を禁止し，神社から仏教の要素を取り除くことを命じた。したがって，「仏教を国教にするため」は，誤り。

2－2 平安仏教・浄土信仰

解答 8 ③ 9 ③ 10 ① 11 ①

問1 8 ③が正解。平安初期の僧侶である**最澄**(さいちょう)と**空海**(くうかい)は，唐で学んで帰国したのちに，それぞれ，日本天台宗と真言宗を開いた。最澄は，**生きとし生けるものはすべて仏性をそなえている**(**一切衆生悉有仏性**(いっさいしゅじょうしつうぶっしょう))という教えを強調し，誰もが悟りを得て仏になることができると説いた。この考え方を(**法華**)**一乗思想**という。他方，空海は，ブッダが聞き手の能力に応じてわかりやすく言葉で示した教え(**顕教**)と対比して，言葉では示すことのできない仏の深遠な教えを**密教**として重んじた。そして，手に印契を結び，口に真言を唱え，心を仏に集中するという**三密**の修行をすることで，宇宙の真理である**大日如来**と一体化し，生きているこの身このままで成仏できる(**即身成仏**)と説いた。

①最澄は一切衆生に等しく仏性(仏となる素質・可能性)がそなわっていると説いたが，仏となるために修行は必要だと考えており，「生まれながらに仏である」という記述は誤り。②選択肢の前半で述べているのは，最澄が批判した差別を認める考え方だから，誤り。④これも，同じ理由で，選択肢の前半の記述が誤り。また，「死に至るならば」という記述も，空海の即身成

仏の思想に反している。

問2　[9]　③が正解。

[a]　③・④のaが入る。**レポート**の記述を読むと，真言宗の開祖である**空海**のことを述べていると分かる。空海は，諸仏の力を引き出す呪文(**真言**)を唱えるなどの修行によって，宇宙の真理である**大日如来**と一体化し，この身のままで仏となることができる(**即身成仏**)と説いた。空海はまた，庶民のための学校である**綜芸種智院**(しゅげいしゅちいん)を設立した。①・②の「**行基**」は奈良時代の僧侶。彼は，朝廷から許可を得ずに僧侶となった**私度僧**の集団を率いて庶民のために社会事業を行い，朝廷から弾圧を受けたが，のちには**東大寺の大仏造立**(ぞうりゅう)にも加わった。⑤・⑥の「**空也**」は，諸国を遊行して浄土信仰を広めた平安時代の僧侶。

[b]　①・③・⑤のbが入る。空海は，雨乞いや疫病(やくびょう)除(よ)けといった**加持祈禱**(かじきとう)を行った(加持は仏の慈悲心が衆生の信心と一体となること，祈禱は災厄を取り除くために祈ること)。②・④・⑥のbは，行基を想定した記述。

問3　[10]　①が正解。

[a]　①・②のaが入る。**ノート**の「**調べた結果**」の記述から，この絵が**阿弥陀仏**の力で**極楽浄土**に往生することを願う**浄土信仰**をモチーフとしていることが分かる。したがって，この空欄には①・②のaが入り，阿弥陀仏に「現世利益」を期待するという趣旨の③・④のaは入らない。

[b]　①・③のbが入る。浄土信仰が広まった背景には，**末法思想**がある。これは，ブッダの入滅後，**正法**(しょうぼう)(仏の教え，正しい修行，悟りの三つがともにある時代)，**像法**(ぞうぼう)(仏の教えと正しい修行はあるが，悟りがない時代)，**末法**(まっぽう)(仏の教えだけがあり，正しい修行も悟りもない時代)へと衰退していくという歴史観である。したがって，この空欄には①・③のbが入る。②・④のbは像法についての説明。

問4　[11]　①が正解。**源信**は，浄土信仰を広めた平安時代の僧侶。彼は『往生要集』のなかで，**厭離穢土**(おんりえど)，**欣求浄土**(ごんぐじょうど)(この穢れた世界を厭(いと)い捨て，極楽浄土に往生することを願い求めよ)と説いた。

②**聖徳太子**の遺言といわれる言葉で，世間は空しく仮のものであり，ただ仏だけが真実であるという意味。③山や川なども含めて，一切衆生には仏となる素質があるという意味の大乗仏教の言葉。④**禅宗**の考え方を示す言葉で，悟りは文字で教えられるものではなく，以心伝心で伝えられるものだということ。

2－3 鎌倉新仏教・仏教と日本文化

解答 12 ① 13 ② 14 ④ 15 ⑤

問1 12 ①が正解。浄土真宗の開祖である**親鸞**(しんらん)は，信心(信仰の心)をもつことも，念仏を唱えることも，自力でなしていることではなく，すべては阿弥陀仏のはからいであると説いた。この考えを**絶対他力**という。

②親鸞は阿弥陀仏の力にすがることを説いたから，「優れた徳をもつ人間の力にすがる」という記述は誤り。③親鸞の弟子である**唯円**(ゆいえん)は，師の教えとして，**善人**(自力を頼みにする人)ではなく**悪人**(自分の罪深さを自覚して阿弥陀仏を頼みにする人)こそが，阿弥陀仏が救おうとした本来の対象(正機)だという考えを伝えている(**悪人正機説**)。この点で，選択肢の「悪人こそ正機」という記述は正しいが，「阿弥陀仏に頼む必要がある」のは「悪人」なので，誤り。④親鸞の絶対他力の思想とは異なる。

問2 13 ②が正解。

a **ア**が入る。曹洞宗の開祖である**道元**(どうげん)は，ただひたすら坐禅に打ち込み(**只管打坐**(しかんたざ))，心身の執着から解き放たれた自在の境地(**身心脱落**)に達することを説いた。**イ**の「**南都六宗**(なんとりくしゅう)」は，奈良時代におこった六宗派(三論・成実・法相・倶舎・華厳・律)のことで，鎌倉新仏教の一つである曹洞宗はここには含まれないので，この空欄に入らない。**ウ**は，**自力の救済**を唱える道元の考え方に反する。

b **オ**が入る。道元の説いた「**修証一等**」とは，「修行とは悟りの手段ではなく，悟りそのものである」ということである。**エ**は，**三密**の修行によって**大日如来**と一体化するという**空海**の教え。

問3 14 ④が正解。**日蓮**は，『法華経』を真実の教えと見なしてこれを広めようとしたが，流罪になるなど数々の迫害を受けた。『法華経』のなかには，この教えを広めようとする者は迫害を受けるという予言が見られるため，ここから日蓮は，**法華経の行者**としての自らの使命を確信したという。

①日蓮は**末法思想を否定していない**ので，誤り。②「他宗を信仰していても必ず救われる」という記述が誤り。日蓮は，日本で疫病などの災いが絶えないのは間違った教えが広まっているからだと考えて，浄土宗や禅宗などを激しく非難した。③阿弥陀仏を信仰するのは浄土信仰であり，日蓮の立場とは異なる。日蓮が人々に勧めたのは，「**南無妙法蓮華経**」という**題目**を唱えること（**唱題**）である。

問4 15 ⑤が正解。

ア：**西行**についての説明。彼は，出家して各地を遊行しながら，人の世の無常を和歌に詠み，自らの寄る辺なさや不安を自然の風景に重ねて表現した歌を，歌集『山家集』に残した。

イ：**兼好**(**吉田兼好**，**兼好法師**)についての説明。彼は，随筆『徒然草』のなかで，「**世はさだめなきこそ，いみじけれ**(この世は無常であるからこそ味わいがある)」と述べた。ここには，無常を積極的に捉えて，ものごとが移り行くことのうちに美を見いだそうとする姿勢を見ることができる。

世阿弥は，能楽を大成した人物。能楽の理念として，言葉で言いつくすことのできない，ほのかな余韻や余情である**幽玄**の美を追求した。

第3節　近世日本の思想

3－1　儒学の展開

解答　16 ②　17 ①　18 ②　19 ③

問1　16　②が正解。

a　①・②のaが入る。空欄の前後を読むと，**林羅山**のことを述べていると分かる。林羅山は，徳川家の将軍に仕えて，朱子学の立場から，私利私欲を厳しくいましめて己の心を正す**存心持敬**について説いた。③・④の**荻生徂徠**は，朱子学や陽明学の注釈を頼りにせずに中国の古典から直接学ぶことを重んじる，**古学**の立場に属する儒学者。古学派の代表的な儒学者には，彼のほかに，**山鹿素行**や**伊藤仁斎**がいる。荻生徂徠はとくに，古代中国の言語や制度や風俗などを踏まえて儒学の本来の精神を明らかにしようとする**古文辞学**の立場から，『論語』以前の「**六経**」を重んじた。そして，儒学の目的は，古代中国の理想の君主たちが制作した**先王の道**に基づいて，世を治め民を救うこと（**経世済民**）にあると説いた。

b　②・④のbが入る。林羅山は，天地自然と同じように人間社会には自然の理として身分秩序があり，それは法度や礼儀という形で具現化されていると説いた(**上下定分の理**)。彼の著した『春鑑抄』には，「**天は尊く地は卑し，天は高く地は低し，上下差別あるごとく，人にも又君は尊く，臣は卑しきぞ**」という言葉が見られる。①・③のbは，荻生徂徠の考え方。

問2　17　①が正解。選択肢の前半は，①・④が正しい。朱子学者の**山崎闇斎**は，一つひとつの行いを厳格につつしむことが「**敬**」だとして，その実践を強く求めた。彼はまた，朱子学と神道を結び付けて，神人合一を説く独自の**垂加神道**を創始した。②「独自の神道理論からなる**復古神道**を唱えた」のは，**平田篤胤**（ひらたあつたね）である。③「**誠**を修養の根本に据え，**仁愛**の実現を説いた」のは，**伊藤仁斎**である。

選択肢の後半は，①・②・③が正しい。それぞれ，「『敬』とは……身心に関わる徳目であると……おっしゃった」，「『大学』の『修身』までを内……とおっしゃった」，「内は心とだけ言ってしまうと，仏見になってしまう……とおっしゃった」という**資料**の内容に合致する。④の後半は，「『義』とは外で，我が身より外のことに関わる徳目であるとおっしゃった」という**資料**の内容に合致しない。

問3 18 ②が正解。**中江藤樹**（とうじゅ）は，日本の陽明学の祖とされる儒学者。彼は，すべての人間関係や天地自然を貫いている原理は**孝**であると主張した。

①古学派の儒学者である**山鹿素行**についての記述。彼は，儒学の観点から武士の存在意義を捉え直し，武士は農工商の道徳的指導者でなければならないという**士道**を説いた。③平易な言葉で**心学**を教えた**石田梅岩**（ばいがん）についての記述。彼は，「**商人の買利**（ばいり）**は士の禄**（ろく）**に同じ**」と述べて，商業活動やそれによって利益を得ることを正当化するとともに，商人が重んじるべき徳目として**正直**と**倹約**をあげた。④封建的な身分制度を批判した**安藤昌益**（あんどうしょうえき）についての記述。

問4 19 ③が正解。「六経に記された先王の道を学ぶべき」だとしたのは，**荻生徂徠**である（六経は，『詩経』『書経』『易経』『春秋』『礼記』『楽経』のこと）。**山鹿素行**は，周公や孔子の精神に立ち返ることを説くとともに，武士は農工商の道徳的指導者でなければならないと主張した儒学者。

①**雨森芳洲**（あめのもりほうしゅう）は，対馬藩で朝鮮外交にたずさわった朱子学者であり，外交の姿勢として**誠心の交わり**を重んじた。②**新井白石**は，正徳の治で知られる朱子学者。宣教師シドッチを尋問して著した『西洋紀聞』では，西洋には地理学など優れた学問があると評価する一方で，キリスト教については批判的な態度をとった。④**伊藤仁斎**は**古義学**を唱え，日常的な交わりのなかで**忠**（自分を偽らないこと）・**信**（他人を欺かないこと）を実践して**仁愛**を実現することを求めた。

3－2 国学

解答 20 ④ 21 ④

問 1 20 ④が正解。**賀茂真淵**(かものまぶち)は，古典を実証的に研究する**荻生徂徠**の方法論から影響を受け，国学を展開した。賀茂真淵はまた，『万葉集』の歌風を男性的でおおらかな「**ますらをぶり**」として捉え，素朴で力強くありのままを重んじる「**高く直き心**」をもった古代の人々のうちに日本人の理想的精神を見いだした。

①・②「古学派の方法を排除」は誤り。①・③の後半は，**本居宣長**(もとおりのりなが)についての説明。賀茂真淵から影響を受けて国学を大成した本居宣長は，『古今集』や『源氏物語』などに見られる女性的でやさしい歌風である「**たをやめぶり**」の心を日本人の理想とした。

問 2 21 ④が正解。**平田篤胤**は，本居宣長の没後の弟子を名乗った国学者。彼は，儒教や仏教の影響を受けていない古来の神道の姿を求めて，**復古神道**を大成した。また，『霊の真柱(たまのみはしら)』では，死後の霊魂は黄泉国に赴くのではなく，この世にとどまって人々を見守り続けるという，独自の霊魂観を示した。

①「ますらをぶり」や「高く直き心」という語句から，**賀茂真淵**とわかる。②**富永仲基**(とみながなかもと)についての説明。彼は，思想の成立や変遷について研究した町人学者であり，後代の思想は前代の思想に新たなものを付け加えて成立するという**加上説**(かじょうせつ)を主張した。③**誠**を尽くすことを説いて幕末の志士たちに影響を与えた尊王思想家である，**吉田松陰**(しょういん)についての説明。

3－3 民衆の思想・幕末の思想

解答 22 ③ 23 ①

問 1 22 ③が正解。

ア：誤 **石田梅岩**は，神道，仏教，儒学，老荘思想などを独学で学び，平易な講話を通じて，**正直**や**倹約**といった実践的な道徳を説いた人物。その教えは(**石門**)**心学**と呼ばれて，町人に広く受け入れられた。彼は，武士・農民・町人という身分は職業の別による社会的分業であるという考えのもとに，「**商人の買利(ばいり)は士の禄(ろく)に同じ**」と述べて，商人の営利活動を正当化した。したがって，「町人の営利追求を賤しいものとして否定」は誤り。

イ：正 江戸時代の身分制のもとで町人は低く位置付けられていたが，やがて町人はその経済力を背景として，武士とは異なる価値観や思想を持つようになっていった。例えば，**井原西鶴**(いはらさいかく)は，恋や富を追求して享楽的に生きる町人たちの姿を，**浮世草子**のうちに共感をもって描き出した。また，**近松門左衛門**(ちかまつもんざえもん)は，**義理**と**人情**の葛藤に苦しむ男女の姿を浄瑠璃で描き出し，大きな評判を呼んだ。

問2　23　①が正解。**吉田松陰**は，**松下村塾**(しょうかそんじゅく)をひらいて伊藤博文などの弟子を育てた尊王思想家。彼は，純粋な心情に徹して**誠**を尽くすことが天道にかなった生き方であると説き，日本の君主である天皇のために忠誠を尽くすべきだという**一君万民論**(いっくんばんみんろん)を唱えた。

②**和合**の関係を儒学の理想として説いた，**伊藤仁斎**の立場。③**万人直耕**の**自然世**を理想とし，差別にみちた現実の**法世**を批判した，**安藤昌益**の立場。④農政家として活躍した**二宮尊徳**(にのみやそんとく)の立場。彼は，農業は，天地自然の営みである**天道**と，人の営みである**人道**が調和するときに成り立つと考えた。そして，人道の根本として，節度のある生活設計をたてること(**分度**)と，それによって生じた余剰は将来への備えとして貯蓄したり他のために譲ったりすること(**推譲**)を説いた。また，徳を身につけて天地，先祖，親などに恩返しするという**報徳思想**を唱えた。

第4節　西洋思想の受容と近代日本の思想

4－1　文明開化と啓蒙思想

解答　24　④　　25　③

問1　24　④が正解。明治期に，**福沢諭吉**(ふくざわゆきち)などの**啓蒙思想家**(けいもう)たちは，西洋の思想や文化を積極的に紹介し，日本を文明化の方向に導こうとした。福沢は，西洋から学ぶべきものとして，「**有形において数理学と，無形において独立心**」の二つをあげた。独立心は，個人としての自由や平等を自覚し，他に頼らないで生きようとする**独立自尊**の精神であり，これを身につけるためには，西洋の合理的・実証的な科学(数理学)や読み書きなどの**実学**を学ぶことが大切であるという。以上から，④の組合せが適当。

①「**民本主義**」は，大正デモクラシーの時期の思想家である**吉野作造**が用いた言葉。②「東洋道徳」は，例えば，幕末の思想家である**佐久間象山**(さくましょうざん)の「**東洋道徳，西洋芸術**」というフレーズで知られる言葉。この佐久間象山のフレーズには，東洋の思想を維持しながら，西洋の優れた技術を摂取しようという考えが示されている。福沢は，日本人は思想の面でも西洋を模範として変わらなければならないと考えたので，「東洋道徳」は空欄に入らない。③「忠孝心」は，主君への忠義と親孝行の心を意味する言葉。儒学の影響が

色濃くみられる**教育勅語**(ちょくご)が発布されて以降，日本の教育政策で重んじられた観念であるが，福沢は儒学に対して批判的であったから，空欄に入らない。

問 2　25　③が正解。**中江兆民**(ちょうみん)は，自由民権運動の理論的指導者として活躍した思想家。ルソーの『社会契約論』を翻訳した『民約訳解』を発表し，「東洋のルソー」とも呼ばれた。彼は，為政者が上から恵み与える**恩賜的民権**(おんし)と，人民が下から自らの手で獲得する**恢復**(かいふく)**(回復)的民権**とを区別し，日本の現状を考えると，**恩賜的民権を育てて恢復的民権へと移行させる**のがよいと考えた。

①この記述は，恩賜的民権を「大切に守り」それを変えないということであるから，兆民の考えとは異なる。②「為政者が人民に権利を恵み与えることはありえない」という記述が，兆民の考えと異なる。④兆民はフランスの急進的な民主主義を学んだ人物であって**国家主義者ではない**ので，誤り。

4－2　キリスト教・社会主義・国家主義

解答　26　⑥　　27　④　　28　③

問 1　26　⑥が正解。

ア：**内村鑑三**(うちむらかんぞう)についての説明。彼は，伝統的な「武士道」の精神はキリスト教信仰が根付く素地になるとして，自らの立場を「**武士道の上に接ぎ木されたるキリスト教**」と表現した。そして，**イエス**(Jesus)と**日本**(Japan)という「**二つの J**」に人生を捧げて，日本を神の義にかなう国にしようと努めた。

イ：**井上哲次郎**についての説明。彼は，**教育勅語**の解説書も著した国家主義者。**不敬事件**(第一高等中学校の講師を務めていた内村鑑三が，教育勅語に記された天皇の署名に深く礼をしなかったことを批判され，退職を余儀なくされた事件)をきっかけとして，キリスト教を反国家的宗教であるとして攻撃した。

西村茂樹(にしむらしげき)は，『日本道徳論』を著し，儒学を基盤としつつ西洋思想の長所を取り入れた**国民道徳**の確立を訴えた人物。啓蒙思想家の団体である**明六社**にも参加した。

問 2　27　④が正解。**幸徳秋水**(こうとくしゅうすい)は，中江兆民の弟子として自由民権の思想を学び，やがて急進的な社会主義者となった人物。彼は，『廿世紀之怪物帝国主義』において，帝国主義を，「**いわゆる愛国心を経**(たていと)**とし，いわゆる軍国主義を緯**(よこいと)**とする**」ものとして批判した。

①自由民権の思想家である**植木枝盛**(うえきえもり)についての記述。彼は，主権在民や抵

抗権などの内容をもつ私擬憲法『東洋大日本国国憲按』を起草した。②日本の公害の原点といわれる**足尾銅山鉱毒事件**において政府や企業の責任を追及した**田中正造**(しょうぞう)についての記述。③実学を重んじた**福沢諭吉**についての記述。

問3　28　③が正解。**三宅雪嶺**(みやけせつれい)は，志賀重昂(しがしげたか)とともに政教社を設立し，雑誌『日本人』を発行して活動した評論家。彼は，政府の欧化主義を批判し，近代化を進めるにあたっては日本の伝統の美点を保ちながら西洋文明を取捨選択するべきだという**国粋主義**(**国粋保存主義**)を唱えた。

①教育勅語の解説書を著した天皇制国家主義者である**井上哲次郎**についての記述。②夏目漱石(なつめそうせき)の門下生である**阿部次郎**についての記述。彼は，自己の内面的な成長に価値を置く人格主義の立場から，東西の古典を読むことを勧めた。④**超国家主義**の立場で知られる**北一輝**(きたいっき)についての記述。北は，『日本改造法案大綱』のなかで，天皇を奉じてクーデターを起こし，既存の財閥や元老などを倒して国家改造をなしとげるべきだと提案した。

4－3　近代的自我の形成

解答　29　①　30　④　31　②　32　①

問1　29　①が正解。文学者の**夏目漱石**は，講演「私の個人主義」のなかで，自らの体験をふまえながら，**自己本位**の生き方を提唱した。それは，他人に迎合するのをやめて自分の内面的要求に従って生きることであるが，利己主義(エゴイズム)とは異なり，**他人の生き方や個性も尊重する**ものであった。

残りの選択肢②・③・④の記述は，どれも漱石のいう自己本位とは異なっており，正解とならない。④は，文学史上の**自然主義**を想定した記述。自然主義は，心のなかの醜さをも含めて，人間や社会の実相をありのままに捉えようとする立場であり，部落差別の問題を主題として取りあげた**島崎藤村**(しまざきとうそん)の『破戒』などが代表例。

問2　30　④が正解。**武者小路実篤**(むしゃのこうじさねあつ)は，**白樺派**の文学者。彼も含めて，志賀直哉，有島武郎(ありしまたけお)などの白樺派の文学者たちは，個性を自由に伸ばすことが人類の発展につながるという理想主義・人道主義の立場をとった。武者小路実篤は，「**新しき村**」を建設して理想の共同体の実現に努めたことでも知られる。

①人格主義を唱えた**阿部次郎**についての記述。②『堕落論』を著した**坂口安吾**(あんご)についての記述。彼は，第二次世界大戦後の日本人の精神状況を前にして同書を発表し，既存の道徳に安住するのではなく，「**堕ちる道を堕ちきる**」

ことによって，偽りのない自己を取り戻すことができると説いた。③『様々なる意匠』を著した**小林秀雄**についての記述。彼は，思想や理論を流行の**意匠**(趣向)としてもてあそぶだけの日本の思想状況を批判し，**批評**という独自の思想スタイルを創造した。

問3 31 ②が正解。女性解放運動家である**平塚らいてう**は，女性たちに自立の自覚を促した。彼女は，文芸誌『**青鞜**(せいとう)』の巻頭言で「**元始，女性は実に太陽であった**」と述べて，本来の輝きを取り戻し，他に依存することなく自立的に生きることを女性たちに呼びかけたのである。残りの選択肢の記述は，平塚らいてうの考えとは異なる。

問4 32 ①が正解。**吉野作造**は，大正デモクラシーの時期の思想家。彼の唱えた**民本主義**は，**主権の所在がどうであれ，政治は人民の福利のために行うものである**という考え方のこと。こうした主張をすることで，彼は，大日本帝国憲法の天皇主権の体制を直接的に否定することなく，普通選挙などを実施して人民の意向を政治に取り入れるように求めたのである。

②の「民定憲法の制定」や，③の「国民が政治的に中立の立場を貫くことが民本主義にとって重要」，「中道勢力による政党政治の実現」は，彼の考え方とは異なる。また，彼は**国民主権の確立を直接的に唱えたわけではない**ので，④も誤り。

4－4 近代日本の哲学・民俗学・現代日本の課題

解答 33 ①　34 ④　35 ④　36 ⑤

問1 33 ①が正解。哲学者の**西田幾多郎**(きたろう)は，『善の研究』において**純粋経験**という概念を示した。純粋経験は，認識する主体である自己と，認識の対象(客体)とが分かれておらず混然一体となった**主客未分**の状態のことで，この直接的な経験において，真の自己はあらわれるのだという。西田はこうした主張によって，主体と対象を区別し対立させる，近代西洋哲学の**二元論的な発想を批判した**のである。

この点をふまえて選択肢の例をみると，②・③・④では，主体と対象が混然一体となっており，いずれも純粋経験の例として適当である。これに対して，①のＡさんは，「自分」が「長年憧れていた歌手の歌」をいま聴いているということを反省的に考えており，Ａさんの意識のなかで，主体としての「自分」と対象としての「歌」が明確に区別されている。したがって，①は純粋経験の例とはいえない。

問2　34　④が正解。**和辻哲郎**は，近代西洋の個人主義的な人間観を批判し，人間は**間柄的存在**であると説いた倫理学者。彼によると，**個人と社会は人間の二つの側面であり，どちらもそれ自体で存在するものではない**。そして，人間の倫理は，社会のなかに埋没しない**個人としての自己を自覚**しながらも，その**自己を否定して社会のなかに投げ入れる**ことを繰り返すところにある。こうした個人と社会との動的な関係が失われてどちらかに偏ってしまうと，個人主義や全体主義が起こるのだという。

①「人間はもともと個人として存在する」という記述が誤り。②「社会はそれ自体で存在する」という記述が誤り。③「社会に埋没したあり方を否定して，個人としての存在を確立することこそ，人間にとって最も望ましい」とあるが，これは和辻が批判した近代西洋の個人主義の発想であるから，誤り。

問3　35　④が正解。**南方熊楠**(みなかたくまぐす)は，明治政府が神社合祀令(じんじゃごうし)を出したとき，**鎮守の森**が失われることを憂い，反対運動を起こした。

①**植木枝盛**についての説明。彼は，自由民権運動の理論的指導者であり，主権在民や抵抗権といった急進的な内容を含む私擬憲法「東洋大日本国国憲按」を著した。②**柳田国男**(やなぎたくにお)についての説明。彼は，名もなき普通の人々(**常民**)の生活様式や信仰や伝承などに焦点をあてる**民俗学**を創始した。『先祖の話』では，祖霊が山々から子孫を見守っており盆や正月には帰ってくるという，常民の祖霊信仰について考察した。③**田中正造**についての説明。彼は，**足尾銅山鉱毒事件**において反対運動を展開し，帝国議会での演説では「**民を殺すは国家を殺すなり**」と訴えた。

問4　36　⑤が正解。

ア：**丸山真男**(まさお)についての説明。彼は，日本では近代的な市民社会を担う主体的な個人が育っておらず，そのことが「**無責任の体系**」に基づく超国家主義が成立した背景にあると考えた。また，日本では様々な思想が真剣な対決を避けて，仲間集団のうちに閉じこもり，**雑居**しているだけだと指摘し，こうした状況から脱しなければならないと訴えた。

イ：**小林秀雄**についての説明。彼は，思想や理論を流行の**意匠**(趣向)のようにもてはやす知識人の軽薄さを批判し，**批評**は自己自身を自覚することであるという考えのもとに，近代批評の確立を目指した。

ウ：**吉本隆明**についての説明。彼は，**共同幻想**という独自の観点から国家や社会組織の本質を考察するとともに，大衆の日々の生活に根ざした「**自立**」の思想の確立を目指した。

step 2

1　「問い」を立てること

解答							
1	③	2	④	3	④	4	②
5	①	6	②	7	③	8	①

問 1　1　③が正解。

ア：誤　この記述とは反対に，**最澄**は，生きとし生けるすべてのものに等しく仏性が備わっている(**一切衆生悉有仏性**)と主張した。「**法華経**に基づき」という部分は正しい。

イ：正　諸国を巡って**阿弥陀仏**への信仰(**浄土信仰**)を広めた**空也**についての正しい説明。

問 2　2　④が正解。日本神話には，**スサノヲ**が，**高天原**を奪おうとしているのではないかと**アマテラス**から疑いをかけられ，自分に**清き明き心**があることを証明する場面がある。

①『古事記』によれば，**イザナキ**と**イザナミ**は，より上位の神々の命をうけて，日本の国土を生んだので誤り。②**天つ神**とは，イザナキ，イザナミ，アマテラスなど，高天原に住んでいる神々や，その子孫である神々のことだが，「最上位の人格神」として「全てを自分自身の判断で決定した」わけではない。③「その尊貴さを否定した」は誤り。**和辻哲郎**によれば，イザナキ，イザナミ，アマテラス，スサノヲなどは，「**祀るとともに祀られる神**」であり，そのような神々が尊貴とされていることに日本神話の特徴がある。

問 3　3　④が正解。

a　①・④のａ，②・⑤のａが入る。**資料**の冒頭で，念仏僧が，「南無阿弥陀仏と一声となえれば極楽往生できると信じ，南無阿弥陀仏ととなえて，この名号札を受け取ってください」と述べていることから判断できる。③・⑥のａは不適当。**資料**の念仏僧が勧めているのは，阿弥陀仏や極楽を心に思い浮かべる**観想念仏**ではなく，南無阿弥陀仏と口にとなえる**称名念仏**(**口称念仏**)である。

b　④・⑤・⑥のｂが入る。**資料**の念仏僧が南無阿弥陀仏と書かれた名号札(**念仏札**)を配っていることから，この念仏僧は**一遍**だと分かる。**法然**も阿弥陀仏への信仰を説いた僧侶だが，名号札を配ったという説明に当てはまらない。

c　①・④のｃが入る。**資料**の最後の４行から，信心があろうとなかろうと，南無阿弥陀仏と名号をとなえるだけで誰でも往生できるという主張が読み取れる。②・⑤のｃ，③・⑥のｃは，これに反する内容なので不適当。

問４　[4]　②が正解。古学派の儒学者である**伊藤仁斎**は，人々が日常生活において互いに親しみ合い愛し合うことこそ儒学の理想だと考え，「**我よく人を愛すれば，人また我を愛す**」と述べた。そして，**仁愛**に満たされた日常を実現するためには，うそ偽りのない**誠**（**真実無偽**の心）が大切であると説いた。この選択肢の内容は，こうした仁斎の考え方に合致している。

残りは，①礼儀により外面を整えること，③私利私欲を厳しくつつしみ欲望から完全に脱すること，④厳格に上下関係の秩序に従うことを重視しており，仁斎が批判した朱子学の考え方である。

問５　[5]　①が正解。

[a]　①・②のａが入る。**吉田松陰**は，行動の原理として，純粋な心情に徹する**誠**を重視し（①のａ），すべての民衆が藩の枠をこえて一体となり，天皇に忠誠をつくすべきだという**一君万民論**を唱えた（②のａ）。③のａは，武士のあり方として**士道**を唱えた**山鹿素行**についての説明。④のａは，**山本常朝**（やまもとじょうちょう）についての説明。彼の『葉隠』には「**武士道といふは死ぬ事と見付けたり**」という言葉があるが，これは，武士は日々死を覚悟して主君のために奉公すべきだという考えを示したもの。

[b]　①・③のｂが入る。**資料**では，「いま我々は囚人となり，また世間に出て陽の目を見ることも望めない」が，「人と生まれて人の道を知らず……士と生まれて士の道を知らないのは，恥の最たるものではないか」と述べており，ここから判断できる。**資料**では，「囚人となり」「陽の目を見ることも望めない」境遇の下でも道を知るべきだと説いているので，②のｂは不適当。また，**資料**では，書物を読んで「道を学ぶ」ことの意義を説いているのであって，④のｂのように「書物の世界に没頭し，囚人という境遇から自由になる」ことを説いているのではない。

問６　[6]　②が正解。

ア：**森有礼**（もりありのり）についての説明。彼は，封建的な一夫多妻を野蛮だと批判し，対等の権利を持つ男女の合意に基づく婚姻形態（**一夫一婦制**）を唱えた。

イ：**西村茂樹**についての説明。彼は，行き過ぎた西洋化を批判し，儒学を基盤としつつ西洋思想の長所を取り入れた**国民道徳**を確立することを主張した。

加藤弘之は，当初は天賦人権論を唱えていたが，後に**スペンサー**の**社会進化論**から影響を受けて天賦人権論を批判した人物。加藤も啓蒙思想家の団体である**明六社**の一員だが，**ア**・**イ**には該当しない。

問７　[7]　③が正解。**西田幾多郎**は，近代の西洋哲学が主観と客観の対立を前提として展開されてきたのに対して，主観と客観が分かれていない直接的な経験を問題にし，それを**純粋経験**と名付けた。しかし，やがて，西田は，こうした自分の考えが主観的な性格を十分に脱していないということを反省し，「**無の場所**」という考えにたどり着いた。ここでいう「無の場所」とは，**あらゆる主観のはたらきの根底にあって，あらゆるものを包み込み，成り立たせている根拠**のことであり，いかなる限定も超えたものなので，**絶対無**とも呼ばれる。西田はこのような考えのもとに，現実の世界の根源的なあり方として，絶対的に対立するものは，**矛盾（むじゅん）しながらも同一性を保っている**と説いた(**絶対矛盾的自己同一**)。

①西田の思想は「主観と客観の対立から出発」するものではないし，「純粋な客観的世界」を想定するものでもない。②「場所」は，「主観的なものを一切含まない，純粋な客観的世界」ではない。④「歴史の進歩に伴い，様々な矛盾は乗り越えられる」という記述は，「絶対矛盾的自己同一」の説明として誤り。

問 8 8 ①が正解。

a ①・③のaが入る。**日記**には，「これまで問いは……他者に問うものだと思っていた。でも……自分自身への問いも，正真正銘の問いだ」とあり，①のaはこれに合致する。**日記**にはまた，「私が日記でしている自問自答も，西田の問いに通じるところがあるのかな？」「西田幾多郎の自分自身への問いも，私の自問自答も，問いであるという点では同じなんだ」とあり，③のaはこれに合致する。**日記**では，「自分自身への問いも，正真正銘の問いだ」と述べているので，②のaは不適当。また，**日記**では，「西田幾多郎の自分自身への問いも，私の自問自答も，問いであるという点では同じなんだ」と述べているので，④のaも不適当。

b ①・②のbが入る。どちらも，「問から答へ，答は更に問を生み，問答は限りなく進展してゆく」という**資料**の内容に合致する。③のbは不適当。「自分が問を発することは実は著者が自分に問を掛けてくること」であり，「自分に問題がなければ著者も自分に問を掛けてこない」という**資料**の内容に合致しない。④のbも不適当。**資料**では，「自分が勝手な問いを発するのではなく」と述べている。

2 「道」とは何か

解答							
1	②	2	①	3	④	4	②
5	①	6	③	7	③	8	④

問1 [1] ②が正解。**折口信夫**(おりくちしのぶ)は，日本における神の原型は，海の彼方(かなた)にある**常世国**(とこよのくに)から訪れる「**まれびと**」であると説いた。そして，「まれびと」である神と人々との交流のうちに，日本の文学や芸能の源があると考えた。したがって，**ア**は正しい。**イ**は，「まれびと」を「神事などを見物するために……やってきた観客」としている点で誤り。

問2 [2] ①が正解。

[a] ①・②のaが入る。**森鷗外**(もりおうがい)は，自己と社会との矛盾を統一する道を，俗世間に順応しながらそこに埋没しないという**諦念**(**レジグナチオン**)の境地に求めた。**自己本位**は，**夏目漱石**が「私の個人主義」において提唱した生き方で，他者の個性を尊重しながら自己の内面的要求に基づいて生きるというもの。

[b] ①・③のbが入る。**柳宗悦**(やなぎむねよし)は，人々が日常的に用いる実用的な雑器に「用の美」を見いだし，**民芸**(民衆的工芸)の再発見を目指す**民芸運動**を展開した。**岡倉天心**(おかくらてんしん)は，日本の文化や芸術の優秀性を訴えた人物。英文で書かれた著書『東洋の理想』で「**アジアは一つ**」と主張し，西洋に対抗するアジアの覚醒を唱えた。

問3 [3] ④が正解。古代の日本の人々は，太陽や風や雷など自然の現象や事物を神々として捉え，畏怖や崇拝の対象とした。

①「復古神道において仏教と習合した」は誤り。**復古神道**は，仏教や儒学の影響を排除して日本古来の精神に立ち返ることを目指すもので，江戸時代に**平田篤胤**が大成した。②「祀られる対象とはならない」は誤り。日本神話でアマテラスは，他の神々に供物を捧げて祀る神としても描かれており，**和辻哲郎**によれば，「**祀るとともに祀られる神**」である。③疫病や飢饉(ききん)のような災厄をもたらす神々も，祀られる対象とされたので誤り。

問4 [4] ②が正解。『みだれ髪』で知られる**与謝野晶子**は，感性の解放，自我や個性の尊重を主張する**ロマン主義**の文学者である。ロマン主義の代表的な文学者には，彼女のほかに，内面的な「**想世界**」を重視した**北村透谷**(きたむらとうこく)がいる。

①「下からの文明化」を目指す**平民主義**は，**徳富蘇峰**(とくとみそほう)が唱えたもの。彼は，雑誌『国民之友』で政府の欧化政策を批判し，民衆による下からの文明化を

主張した。しかし，日清戦争後は排外的な**国家主義**へと立場を転じた。③キリスト教的人道主義・博愛主義の立場から下層民の救済を主張したのは，社会主義者の**片山潜**（かたやません），**安部磯雄**（あべいそお）など。④与謝野晶子（よさのあきこ）は，「自己の内面の醜さを含め，人間をありのままに表現しようとする**自然主義**」の文学者ではない。

問5　[5]　①が正解。**中江藤樹**は，朱子学を外面的形式にとらわれているとして批判し，「**孝**」を道徳の中心に据えた。「孝」は，親子だけでなくあらゆる人間関係を貫き，さらには宇宙のあらゆる事象や事物をも貫く原理であると言う。したがって，[a]には①・②のaが入り，[b]には①・③のbが入る。

問6　[6]　③が正解。

ア：正　**栄西**（えいさい）は，宋に渡って学んだ後に日本で**臨済宗**を開いた僧侶。茶の製法や薬効を示した『喫茶養生記』を著したことでも知られる。

イ：誤　「広く種々の学問を学ぶことのできる，庶民のための学校である**綜芸種智院**を設立した」のは，**空海**である。**最澄**が**日本天台宗**の開祖であるという点は正しい。

ウ：誤　「『般若経』」を「『法華経』」に替えると正文となる。日蓮は，『**法華経**(**妙法蓮華経**)』こそがブッダの教えを正しく述べた最高のものであるとし，人々に「**南無妙法蓮華経**」と**題目**を唱えること(**唱題**)を勧めた。そして日蓮は，日本で災難が頻発するのは，誤った教えが広まっているからだと考えて，『法華経』が興隆することで国も民も安泰となると説いた。

問7　[7]　③が正解。**手島堵庵**（てじまとあん）は，**石田梅岩**の弟子。梅岩の開いた**心学**は儒学や仏教などの教えを取り入れて道徳を説くものだったから，「儒学の考え方も仏道の考え方も，ともに批判」は不適当。

残りは全て正しい。①**富永仲基**は，後代の思想は前代の思想に新たなものを付け加えて展開されるという**加上説**の立場から，仏典を批判的に研究した。②**山片蟠桃**（ばんとう）は，神や霊魂の存在を否定する**無鬼論**（むきろん）を展開した。④**安藤昌益**は，誰もが田畑を耕す平等な「**自然世**」と，差別や偏見に満ちた「**法世**」を対比し，儒学や神道や仏教が「法世」を作り出したと批判した。

問8　[8]　④が正解。**資料**では，「きまり」「かた」を，「人間生活の不断の転変を貫ぬいて常住不変なるもの」として特徴付けている。

①・②**資料**では，「きまり」「かた」は「人々がそこを通り行く道」であり，「人倫における五常とはまさにこのような秩序あるいは道」だと述べている。したがって，「道とは言えない」，「五常とは，どのような場合にも対立する」は誤り。③「人間共同態は本来かくのごとき秩序にもとづくがゆえに可能なのである」という**資料**の内容と相容（あいい）れないので，誤り。

3　人間と自然との関わり

解答							
1	③	2	④	3	②	4	②
5	⑥	6	②	7	④	8	③

問1　1　③が正解。

a　「読経」が入る。**読経**とは，声をあげて経典(お経)を読むことをいう。日本に仏教が定着する過程では，「神に対する信仰」と「仏に対する信仰」の融合(**神仏習合**)が進んだが，神前での読経はそうした動きの一つである。**祓い**(**祓え**)は，罪を解き除くための日本古来の儀式であり，文脈的に空欄に入らない。

b　「権現思想」が入る。平安時代には，日本の神は仏が衆生を救うために姿を現したものだと考える**本地垂迹説**が登場し，これに基づいて，神は仏の権現(仮の姿)であるという**権現思想**が広まった。**御霊信仰**は，(菅原道真など)非業の死をとげた死者の霊が祟りを起こすことをおそれてその霊を祀る信仰のこと。

問2　2　④が正解。平安時代の僧侶である**源信**は，「極楽浄土や地獄について述べた書物」である『往生要集』を著し，阿弥陀仏の姿や極楽浄土を心に思い描く**観想念仏**を勧めた。

①平安時代の僧侶である**空也**の説明。空也は各地を遊行して，南無阿弥陀仏と唱える**口称念仏**(**称名念仏**)を民衆のあいだに広め，**阿弥陀聖**・**市聖**と呼ばれた。鉦をならして念仏を唱えながら踊る**踊念仏**をはじめた人物といわれている。②平安中期の文人である慶滋保胤の説明。彼は，極楽に往生した人々の伝記である『日本往生極楽記』を著した。③**捨聖**と呼ばれた鎌倉時代の僧侶である**一遍**の説明。

問3　3　②が正解。

ア：正　**吉田兼好**は，『徒然草』を著した鎌倉末期から南北朝期にかけての歌人・随筆家。彼は，物事があるがままに移りゆくことのうちに美を見いだし，世の中は**無常**であるがゆえに「あはれ」があると述べた。

イ：正　**世阿弥**は，室町時代に能楽を大成した人物。彼は，『風姿花伝』(『花伝書』)において，能楽の理念として**幽玄**を強調した。また，「**秘すれば花なり，秘せずば花なるべからず**」と述べて，花に譬えながら演技者の心得を説いた。

ウ：誤　**千利休**は，安土桃山時代に茶道を大成した人物。彼が**わびの精神**を重んじたという点は正しいが，わびの精神は，簡素や枯淡のうちに情趣を感じる美意識であるから，「華麗なものにも」美を見いだすという説明は誤り。

問 4 [4] ②が正解。江戸時代の農政家である**二宮尊徳**は，**分度**(自らの経済力に応じた節度のある生活設計をたてること)と，**推譲**(生じた余剰は将来への備えとして貯蓄したり他のために譲ったりすること)という二つの徳目を重視した。

①二宮尊徳は，徳を身につけて天地の恩，先祖の恩，親の恩に報いるという**報徳思想**を説いたから，「天地の恩ではなく」という記述は誤り。③二宮尊徳は，農業は**天道**(天地自然の営み)と**人道**(人の営み)が調和することで成り立つと主張した。彼は，農業が成り立つためには人が雑草を抜いたりして**自然の営みを制御する**必要があると考えており，「雑草を含めたすべての生命を慈しみ尊重すべき」とは説いていない。④二宮尊徳は，「常に自らの願望を満たす」生き方は説いていない。

問 5 [5] ⑥が正解。

ア：**鈴木正三**(しょうさん)の説明。彼は，それまでの仏教の隠遁(いんとん)的傾向を批判して，世俗の職業に励むことは仏道の修行だという教えを説いた江戸初期の禅僧であり，この考え方に立って商業を肯定した。

イ：**熊沢蕃山**(ばんざん)の説明。彼は，**中江藤樹**のもとで陽明学を学んだ儒学者。岡山藩に仕えて，「治国平天下」という儒学の理念を，治山治水(植林によって土砂の流出を制御したり，河川を整備して水害を防止したりすること)にいかした。

ウ：**石田梅岩**の説明。彼は，町人に**心学**を教えた人物。彼は，商業による利益の追求を正当化し，徳目として**正直**と**倹約**を強調した。

問 6 [6] ②が正解。**南方熊楠**(みなかたくまぐす)は，民俗学者・生物学者として活躍した人物。明治政府が全国の神社を整理する**神社合祀令**を出したときには，神社の**鎮守の森**が失われることを憂(うれ)い，反対運動を起こした。

①**民俗学**を創始した**柳田国男**の説明。柳田は，村落共同体を生きる無名の人々(**常民**)について研究し，選択肢にあるような祖霊信仰を明らかにした。③民俗学者・国文学者である**折口信夫**の説明。④足尾銅山鉱毒事件のときに反対運動を起こした**田中正造**の説明。

問 7 [7] ④が正解。資料文では，寒さへの対処という例をあげながら，「我々はこれらのいわゆる『自然の暴威』とのかかわりにおいてまず迅速にそれを防ぐ**共同の手段に入り込んで行く**。風土における**自己了解**はまさしく**かかる手段の発見としてあらわれる**のであって，『主観』を理解することではない」と述べている。選択肢の記述は，こうした資料文の考え方に合致している。

①「自らの身を犠牲にして間柄的存在として振舞うことを学ぶ」，②「忍従的かつ受容的な存在であることを了解する」，③「自然を客観的に捉えることを学ぶ」ということは，いずれも資料文から読み取れない内容である。

問8 [8] ③が正解。本文では，日本の伝統的自然観には自然への敬いの気持ちがあったが，明治時代になると「自然に対する敬意は薄れていった」と述べられている。それをうけて最終段落では，「現在の自然観の問題点について考え，今後どのように自然と関わっていくべきか，問い直してみてはどうだろうか」と提案されている。選択肢の記述は，こうした本文の趣旨に合致している。

①・②・④は，いずれも本文から読み取れない内容であり，本文の趣旨と異なる。

4　他者とともに生きる

解答

1	①	2	④	3	④	4	③
5	③	6	④	7	④		

問1 [1] ①が正解。日本臨済宗の開祖である**栄西**は，坐禅の修行を擁護し，戒律を守り坐禅に打ち込むことは国家のためになると説いた。

②浄土真宗の開祖である**親鸞**の思想。彼は，阿弥陀仏が救済しようとした本来の対象は「自らの煩悩を自覚し，阿弥陀仏の他力をたのむ人」(＝悪人)であるとし，「自ら善行ができると思う人」(＝善人)以上に，悪人の往生は疑いえないと説いた(**悪人正機説**)。③日本曹洞宗の開祖である**道元**の思想。彼は，ひたすら坐禅をすること(**只管打坐**)を説き，すべてを尽くして座りぬくとき，あらゆる束縛から解放された**身心脱落**の境地に達すると説いた。④日蓮宗の開祖である**日蓮**の思想。

問2 [2] ④が正解。「近世儒学の祖」とされるのは**藤原惺窩**である。彼は，僧侶であったが出世間(世俗を超越した境地)を説く仏教に満足できず，還俗して儒学者となった。弟子に林羅山がいる。

①**西川如見**は，「ただこの町人こそ楽しけれ」と述べて，町人生活を積極的に肯定した『町人嚢』で知られる天文学者。②**室鳩巣**は，幕府に仕えた儒学者。赤穂浪士の討ち入り事件が起きたときには，主君の仇討ちをした浪士の行動は義挙であるから赦すべきだと提言した。③**木下順庵**は，江戸時代前期の朱子学者。彼の門下に，新井白石，室鳩巣，雨森芳洲などがいる。

問3 [3] ④が正解。国学者の**平田篤胤**は，天皇を中心とした日本古来の道を求めて，**復古神道**を大成した。また，死後の霊魂は黄泉国に赴くのではなく，この世にとどまり，人々を見守っているという独自の霊魂観を示した。

残りの選択肢は，①国学の祖とされる**契沖**（けいちゅう），②ありのままの心（**真心**）を重んじた**本居宣長**，③**高く直き心**を理想とした**賀茂真淵**の思想の説明である。

問4 [4] ③が正解。資料文の趣旨は，日本の開化は本来あるべき内発的なものではなく，外発的であり「**皮相上滑りの開化**」であるが，それは**事実やむをえない**，ということである。つまり，資料文は，理想と現状とのどうしようもない落差を指摘しているから，選択肢の記述は資料文に合致している。

①「日本の開化は…主体的で内発的な近代化でなければならないし，それは可能である」という記述は不適当。資料文では，外発的な開化という現状について，「事実やむをえない，涙を呑（の）んで上滑りに滑って行かなければならない」と述べている。②第1文・第2文ともに，資料文から読み取れない内容。④「このままでは日本は西洋に追いつくことはできない」という考えは，資料文から読み取れない。

問5 [5] ③が正解。

ア：正　**超国家主義**の立場で知られる**北一輝**の正しい説明。

イ：誤　前半はロマン主義の歌人である**与謝野晶子**の正しい説明であるが，「**元始，女性は実に太陽であった**」と述べて女性の解放運動を展開したのは，**平塚らいてう**である。

ウ：正　経済学者の**河上肇**（はじめ）の正しい説明。彼は，『貧乏物語』で人道主義の考えに立って貧困問題を論じ，やがて**マルクス主義**に傾斜していった。

問6 [6] ④が正解。

[a]　「丸山真男」が入る。政治学者・政治思想史家の**丸山真男**は，敗戦後，「超国家主義の論理と心理」を発表し，誰も責任をとらない**無責任の体系**が，超国家主義を生み出した日本の精神風土であると指摘した。**小林秀雄**は，昭和期の文芸批評家。

[b]　「近代的主体」が入る。丸山真男は，日本人はいまだ責任ある**近代的主体**を確立できていないと指摘し，戦後の社会において，近代的主体を確立して民主的な市民社会を形成することを呼びかけた。

[c]　「堕落」が入る。文学者の**坂口安吾**は，「人間本来の姿に戻ること」を逆説的に**堕落**と呼び，偽善的な道徳のうちに安住するのではなく，「**堕ちる道を堕ちきる**」ことによって，偽りのない自己を取り戻すべきだと主張した。**諦念**(レジグナチオン)は，明治期の文学者である**森鷗外**が重んじ

たもので，**俗世間のうちに安んじながらも，そこに埋没しない境地**のこと。鷗外は，自我の欲求と社会との矛盾に苦悩し，その解決を諦念の境地のうちに見いだしたという。

問7　[7]　④が正解。本文の第三段落の内容に合致している。

①本文では，近代の啓蒙思想家が「国家の繁栄を優先し，個人の権利は国家の繁栄のためにのみ行使されるべきだと主張した」とは述べていない。②国学者が「外来思想と積極的に共存する開かれた日本文化の確立を主張した」という記述は，本文の第三段落の内容に合致しない。③本文の第二段落では，仏教が「自己の救済と他者の救済は結び付いているという教え」をもたらし，「自他の救済という課題」が鎌倉新仏教にも引き継がれていったとは述べているが，仏教者が「まず個を捨てて，他者と一体化することが必要であると主張した」とは述べていない。

第　4　章

西洋近現代思想

step 1

第1節 個人の自覚と人間性の探究

1－1 ルネサンスと宗教改革

解答 [1] ① [2] ① [3] ① [4] ③

問1 [1] ①が正解。**ボッカチオ**は，その主著**『デカメロン』**において，当時の人々が欲望に駆られて生きる姿を風刺的に描いた。

②「偉大さと悲惨さとの間を揺れ動く中間的存在」という記述は，人間は「**考える葦**(あし)」であるとした**パスカル**を想定したもの。**マキャヴェリ**は，その主著**『君主論』**において，道徳的に優れていることで人々に愛される君主よりも，統治にとって必要とあればいかなる手段をも用いることができる君主の方が，君主の名に値すると説いた思想家。③ミケランジェロの代表作「最後の審判」ではなく，**レオナルド・ダ・ヴィンチ**の代表作「**最後の晩餐**(ばんさん)」についての記述。「最後の審判」は，世界の終末において神が人類の罪に対して審判を下す場面を描いたもの。④エラスムスの主著『愚神礼讃(ぐしんらいさん)』ではなく，**トマス・モア**の主著**『ユートピア』**についての記述。**エラスムス**は，カトリック教会の偽善を痛烈に批判し，神の摂理に対し人間の自由意志を強調した思想家である。

問2 [2] ①が正解。

[a] アが入る。**カルヴァン**によれば，誰が救われるかは神によってあらかじめ定められており，人はみな自分が救われるかどうかを知ることができない。このような考えは**予定説**と呼ばれる。したがって，「誰が救済されるかは，あらかじめ決まっている」が入り，「誰が救済されるかは，まだ決まっていない」(**イ**)は入らない。

[b] ウが入る。カルヴァンの予定説に基づけば，人が救いを確信するには，神から与えられた世俗の職業にひたすら励んで世俗の世界において神の栄光を高めるほかはないということになる(**職業召命観**)。したがって，「神の栄光」が入り，「人間の救済」(**エ**)は入らない。

[c] オが入る。**ウェーバー**は，上でみた職業召命観に見られる世俗の世界における禁欲的な職業的営為と内面的な信仰との結びつきに注目し，**『プロテスタンティズムの倫理と資本主義の精神』**において，カルヴァン派の倫理(**カルヴィニズム**)と富の蓄積を追求する資本主義の精神の親近性を指

摘した。したがって，「救済の確信を得るために仕事に励み，禁欲的な生活を送ったから」が入り，「享楽的な生活を送るために仕事に励み，その結果として」(**カ**)は入らない。

問 3 [3] ①が正解。①は，**ルター**の思想の根本にある**万人司祭説**や**聖書中心主義**についての記述として正しい。

②**カルヴァン**の思想の根本にある**予定説**や**職業召命観**についての記述。③**スコラ哲学**の大成者とも言われる**トマス・アクィナス**についての記述。④前半は，ルターの『**キリスト者の自由**』の一節で，すべての人は信仰において神とともにあるということを意味している。したがって，前半の記述はルターの思想の説明として正しい。しかし，彼は**農民の暴徒化については批判的な立場をとった**から，後半の記述は誤り。

問 4 [4] ③が正解。**エラスムス**は，『**愚神礼讃**』において，カトリック教会の偽善を痛烈に批判する一方，**自由意志を否定するルターと対立**した。

①「ルター」ではなく**カルヴァン**についての記述。②「ルターやカルヴァンらの宗教改革に影響を受けて」という記述は誤り。**ウィクリフ**は，ルターやカルヴァンよりも早い時期にローマ・カトリック教会への批判に着手し，宗教改革の先駆者とも言われる思想家。④**イグナティウス・ロヨラ**がイエズス会を創設して教会の改革を行ったという趣旨の記述は正しいが，「教皇などの特権的な身分を認めない立場から」は誤り。宗教改革運動に前後して，カトリック教会内部での改革・刷新運動(**対抗宗教改革**)が興ったが，ロヨラはその運動の担い手の一人で，厳格な規則を守り通す修道会**イエズス会**を組織し，その初代総長となったことで知られる。

1－2 モラリスト

解答 [5] ④　[6] ①

問 1 [5] ④が正解。**モンテーニュ**は，「**私は何を知るか**(**ク・セ・ジュ**)」という自己への問いかけをモットーとして，自分の無知を自覚して思想の絶対化を否定し，謙虚さと他者への寛容の精神の重要性を説いた人物として知られる。したがって，④の前半は適当である。また，**資料**では，人間という哀れで貧相な被造物は根拠もなく他の被造物よりも優越していると思い込んでおり，また自分自身すら支配できないのに，滑稽(こっけい)にも宇宙を支配する力を持っていると勘違いしてしまっているといった趣旨のことが述べられている。したがって，後半も適当である。

①前半は，自己の価値観を信頼すべきであるという趣旨で書かれているから，モンテーニュの思想として不適当。後半は，**資料**の内容説明として適当。②前半は，モンテーニュの思想として適当。後半は，人間は自己も宇宙も支配できる力を持っているという趣旨で書かれているから，**資料**の内容説明として不適当。③前半は，モンテーニュの思想として適当。後半については，人間は他の被造物に対する優越性を否定しているという趣旨で書かれているから，**資料**の内容説明として不適当。

問2　[6]　①が正解。**パスカル**は，**『パンセ』**において，人間を無力で悲惨な存在(無限小の存在)であるとともに，その悲惨さを知っている(考えることができる)という点で偉大な存在(無限大の存在)であるとした。つまり，彼によれば，人間は**悲惨と偉大との中間者**，**無限小と無限大との中間者**である。したがって，①が正解。

②パスカルは人間を自然の中で最も弱いものと捉えた。したがって，人間を「自然の支配者」としているのは誤り。③**三木清**(みききよし)が『パスカルに於ける人間の研究』において主張したことを想定した記述。④宗教改革期の**カルヴァン**などが説いた**職業召命観**を想定した記述。

第2節　科学技術と近代哲学

2－1　科学革命

解答　[7]　③　　[8]　③

問1　[7]　③が正解。**ガリレイ**は，慣性の法則など力学上重要な法則を発見した。また，自分で作製した望遠鏡で天体を観測したことでも知られる。

①**ケプラー**は，太陽を中心に天体が回っているとする天文学説(**太陽中心説／地動説**)を唱えた。したがって，「地球を中心に天体が回っているとする天文学説」(**地球中心説／天動説**)を唱えたという記述は誤り。天動説は，古代のアリストテレスやプトレマイオスなどによって唱えられ，その後中世においても支配的であった。②**ベーコン**は，観察や実験によって得られた事実を土台として，それらに共通する一般的法則を導き出す方法(**帰納法**(きのうほう))を提唱した。「普遍的原理から出発して自然現象を数学的に説明する方法」とは**デカルト**が提唱した**演繹法**(えんえきほう)を想定したもの。④**コペルニクス**は，惑星が「楕円(だえん)軌道」ではなく**円軌道**を描いて運動していると考えていた。惑星の楕円軌道

を唱えたのは，①の解説で触れたケプラーである。また，**万有引力の法則**を発見したのはコペルニクスではなく**ニュートン**である。

問2 [8] ③が正解。**ケプラー**，**ガリレイ**，**ニュートン**などは，アリストテレス的な**目的論的自然観**(自然は何らかの目的によって規定されているとする自然観)に対して，**機械論的自然観**(自然は数量的な法則性によって捉えられるとする自然観)を唱えた。

①「ピコ・デラ・ミランドラ」を**コペルニクス**に直せば，**天動説から地動説への転換**に関する記述として正しくなる。②「レオナルド・ダ・ヴィンチ」を**ブルーノ**に直せば正しくなる。ブルーノは，宇宙の無限というビジョンを唱えたことで知られる。④「デカルト」をベーコンに直せば，**帰納法**に基づく自然支配に関する記述として正しくなる。

2－2 経験論

解答 [9] ⑥ [10] ④ [11] ③

問1 [9] ⑥が正解。**ベーコン**は，正しい知識を得るためには**イドラ**(先入見・偏見)を排除しなければならないとして，四つのイドラ(種族のイドラ，洞窟のイドラ，市場のイドラ，劇場のイドラ)を挙げている。本問は，それぞれの内容を正誤判定させる問題。**ア**:「種族のイドラ」ではなく**市場のイドラ**についての記述であり，誤り。**イ**：**劇場のイドラ**についての記述として正しい。**ウ**:「洞窟のイドラ」ではなく**種族のイドラ**についての記述であり，誤り。**エ**:「市場のイドラ」ではなく**洞窟のイドラ**についての記述であり，誤り。

問2 [10] ④が正解。空欄の直前にある著作(『人間知性論』)や，空欄の前後に人間の心を「白紙」に喩(たと)えたという趣旨の記述があることに注目しよう。**ロック**は，人間の心は，生まれたときは白紙(**タブラ・ラサ**)であるとして**生得**(せいとく)**観念を否定**し，観念や知識は感覚という外的な経験と反省という内的な経験によって形成されると主張した。このことから，ロックが人間には生まれつき観念がそなわっていると考えたという趣旨で書かれている②は，誤り。

なお，ロックと同じく**イギリス経験論**に属する思想家にバークリーとヒュームがおり，①と③はこれらの思想家を想定しているが，本問では正解とはならない。①**ヒューム**は，人間の精神は「**知覚の束**」にすぎないとしたことで知られる。この「知覚の束」という言葉が選択肢で取り上げられている。③「ヒューム」ではなく「バークリー」についての記述。**バークリー**は，

「**存在するとは知覚されることである**」と主張したことで知られる。この言葉が選択肢で取り上げられている。

問3 11 ③が正解。**ヒューム**は，**経験論**に属する哲学者であるが，**懐疑論**の性格が色濃い思想を展開したことで知られる。ヒュームによれば，経験上，原因と結果の関係にあると考えられる二つの対象がある場合，この二つの対象の間に必然的な因果関係があると思いがちであるが，そのような必然性は**主観的な確信にすぎない**とされる。

①アリストテレスとほぼ同時代の懐疑論者であるピュロンを想定した記述。なお，「判断の停止」(**エポケー**)は，現代の哲学潮流の一つである**現象学**でも重要な意味を持つ概念。②**ソクラテス**が真理探究の出発点とした「**無知の知**」を想定した記述。④真理は絶対的なものではなく，相対的なものにすぎないという立場をとった**ソフィスト**を想定した記述。

2－3 合理論

解答 12 ② 13 ③ 14 ④

問1 12 ②が正解。知的な思考法を代表するものには，**ベーコン**が主張した**帰納法**と，**デカルト**が重んじた**演繹法**がある。このうち演繹法は，確実な原理に基づいて理性の推論によって個別の結果を論証するものである。②の場合，確実な原理にあたるのは「スネオ」と「ノビタ」のどちらかが嘘をついているということであり，したがって「ノビタ」が嘘をついていないのなら，嘘つきは「スネオ」以外にはありえない，という結論を導き出している。

これに対して，帰納法は個々の経験的事実から共通する事柄を取り出し，そこから一般法則を導き出すもので，③がこれにあたる。

問2 13 ③が正解。**デカルト**は，**思考**(**思惟**)を本質的な属性とする**精神**と，**延長**(空間的な広がり)を本質的な属性とする**物体**は，それぞれ他の存在を必要としない独立した実体であるとする**物心二元論**を説いた。

①**精神分析学**の創始者である**フロイト**を想定した記述。彼によれば，人間の心は本能的な衝動である**イド**(**エス**)，その衝動を現実に適応できるように調整する**エゴ**(**自我**)，両親の教育などによって刻み込まれた社会的規範の領域(良心)である**スーパーエゴ**(**超自我**)の三層からなっている。②デカルトは，「**良識はこの世で最も公平に配分されている**」と述べ，誰でも，その良識(理性)によって確実な認識に到達することができると説いた。したがって，良識は「信仰に応じて各人に配分」されるものであるという趣旨の記述は誤り。

④デカルトは，人間の精神は情念によって曇らされてしまうことがあるとし，それを防ぐためには**理性によって情念を抑制**しなければならないと説いた。このような気高い心のことを，彼は**高邁（こうまい）の心**(**高邁の精神**)と呼んだ。したがって，情念が精神と何の関係ももたずに存在するという趣旨の記述は誤り。

問3　14　④が正解。**スピノザ**は，自然は神そのものであるとする**神即自然**の考えや，自然の必然性を永遠の相のもとに認識すること，すなわち**神への知的愛**の中に人間の自由があるとする考えを説いた。

①**デカルト**が説いた**物心二元論**についての記述。②**ライプニッツ**が説いた**モナド論**についての記述。この2人の思想家は，スピノザとともに，**大陸合理論**に属する。③ルネサンス期の思想家である**ピコ・デラ・ミランドラ**が演説草稿「**人間の尊厳について**」の中で述べたことを要約したもの。

第3節　市民社会の倫理

3－1　社会契約説と啓蒙主義

解答　15　⑤　16　②　17　②　18　③

問1　15　⑤が正解。

ア：**ホッブズ**の思想についての説明。ホッブズによれば，自然状態においては各人が**自己保存の権利**を無制限に行使するため，死の恐怖にさらされた「**万人の万人に対する闘争**」が生じる。そして，ホッブズは，このような状況を脱するためには，「平和を求めよ」という理性の声に従って各人が社会契約を結んで自己保存の権利を一人の人間あるいは合議体に譲渡し，国家を形成しなければならないと説いた。

イ：**ルソー**の思想についての説明。ルソーは，私有財産制の成立によって自然状態における各人の自由と平等が失われたとし，不平等の解消のためには，社会契約を結んで，公共の利益の実現を目指す全人民の普遍的な意志(**一般意志**)に基づく国家を形成しなければならないと説いた。

問2　16　②が正解。**ロック**は，『**統治論**(**市民政府論**)』において，自然状態を，自然法が支配する基本的に平和な状態としている。

①二重に誤っている。まず，「一般意志」を重視している著作は『リヴァイアサン』(ホッブズ)ではなく，『**社会契約論**』(**ルソー**)である。また**一般意志**は，自然状態で成立するものではなく，それが失われた後に形成される

新たな共同社会において成立するものである。③『**人間不平等起源論**』(ルソー)では，自然状態は，この選択肢の説明とは逆に，各人が自由と平等を享受する理想的な状態であるとされている。④著作名を『**リヴァイアサン**』に直せば，**ホッブズ**による自然状態(**万人の万人に対する闘争**の状態)の説明として正しくなる。

問３ 17 ②が正解。まず，**百科全書派**の思想と**資料**の内容について確認しておこう。18 世紀のヨーロッパでは，自然の光(理性)によって真理を見いだし，無知や偏見から脱しようとする思想運動(**啓蒙主義**)が起こった。そして，その集大成ともいわれるのが『**百科全書**』で，それに関わった思想家たちは百科全書派と呼ばれる。その代表的な思想家に，『百科全書』の編集の中心となった**ディドロ**，『**哲学書簡**』においてイギリスの社会制度や思想を紹介した**ヴォルテール**，『**法の精神**』において三権分立を主張した**モンテスキュー**などがいる。また，**資料**では，人間性は全ての人間に対して向けられる慈愛の感情であり，他者の痛みやそれを和らげる必要を感じるとき隷属・迷信・悪徳などを廃絶しようとするものであるという趣旨のことが述べられている。

これらのことから，**ア**と**エ**は適当。**イ**については，ヴォルテールが『百科全書』を編集したという趣旨の説明をしている点でも，『百科全書』が伝統的な知識・学問などを集成したものであるという趣旨の説明をしている点でも，不適当である。**ウ**については，人間性が全人類に対して向けられる感情ではないという趣旨の説明をしており，不適当である。

問４ 18 ③が正解。**ヴォルテール**は，その著作『**哲学書簡**』においてイギリスの政治制度を紹介し，フランスの封建的なあり方を批判した。

①「ディドロ」ではなく，**モンテスキュー**を想定した記述。**三権分立**の重要性を唱えたという趣旨の記述がヒントとなる。②「モンテスキュー」ではなく，**ディドロ**を想定した記述。「様々な学問や技術を集大成した著作」とは『**百科全書**』を想定している。④「パスカル」ではなく，**ルソー**を想定した記述。文明の発達に伴い，自然な感情である「憐(あわ)れみの情」が失われていく(つまり，自然状態が失われていく)という趣旨の記述がヒントになる。

３－２ 功利主義

解答 19 ② 20 ① 21 ③

問 1 19 ②が正解。

ア：正文。**ベンサム**は，個人の快楽追求と「**最大多数の最大幸福**」との調和を重視するが，そうした調和が自然にもたらされるとは考えてはいない。むしろ，個人による快楽追求が利己的になることを防ぐ力，言い換えれば個人の快楽追求を最大多数の最大幸福に一致させるようにはたらく力(**制裁**)が想定されている。この点では，ミルも同様である。ただし，どのような制裁を重視するかという点では，大きな違いがある。ベンサムは，**政治的制裁**(**法律による制裁**)を重視した。これに対して，ミルは，精神的な快楽を重視する立場から，**良心の内的制裁**を重視した。

イ：誤文。**ミル**は，個人の行為が他者に危害を加えない場合には，その行為に干渉してはならないという原則(**他者危害の原則**)を説いた。したがって，「他者を害さないとしても，強制的に止めるべきだ」という記述は誤り。

問 2 20 ①が正解。**J.S.ミル**は，ベンサムが快楽をすべて量で捉えられるものとしたことを批判し，**精神的な快楽**をより質の高いものとして尊重した。また彼は，自分の行為が他人や社会の役に立つことの中に幸福を見いだした。

②「社会は構成員の相互的な愛情や親切心に頼らなくても十分成り立つ」という記述は誤り。③**ベンサム**についての記述。④**マルクス**の思想を想定した記述。

問 3 21 ③が正解。資料文(J.S.ミル『**自由論**』からの引用)には，**他人に危害を与える場合を除き**，各人の行動に規制を加えてはならないという趣旨のことが書かれている(このような原則を「**他者危害の原則**」という)。

①②④は，いずれも，他者に危害を加えるというケースとは異なる。

3－3 ドイツ観念論

解答 22 ④　23 ④　24 ②　25 ③

問 1 22 ④が正解。

a「感性」が入る。b「悟性」が入る。**カント**は，人間の理性を，認識に関わる能力としての**理論理性**と，意志決定の能力としての**実践理性**に分け，それぞれの特徴を吟味したが，この二つの空欄は理論理性に関わるものである。カントによれば，認識は，時間・空間という形式をもつ**感性**(視覚・聴覚など)を通じて与えられた経験的素材を，量・質・関係・様相という形式をもつ**悟性**によって秩序付けることによって成立する。つまり，認識するということは，対象をそのまま模写することではなく，対象を理性が秩序付け，再構成することである。

c 「自由」が入る。この空欄は，実践理性に関わるものである。カントによれば，実践理性は人間がいついかなる時も誰でも従うべき普遍的な行為準則(**道徳法則**)に自らすすんで従うことを命じており，人間の自由はこの道徳法則に自律的に従うところに成立する。つまり，カントは，人間にとっての自由とは自然の因果法則に支配されて本能や欲求のままに生きることにあるのではないと説いたのである。

問2 23 ④が正解。**カント**は，人間の認識は，視覚や聴覚など(感性)によって得られる**経験的な素材を，人間の理性に先天的に備わっている認識能力(悟性)が整理し秩序付ける**ことによって成立するとした。

①合理論と経験論の立場を総合したという前半の記述は正しい。しかし，「物自体を理性によって認識できると論じた」という後半の記述は誤り。彼は，人間には**理論理性**(自然法則を対象とする理性)が備わっているが，その理論理性は現象を超えてその背後にあるもの(**物自体**)を認識することはできないとした。②カントは，科学的認識の基礎にある因果律の存在さえ疑うヒュームの主張にふれて「独断のまどろみ」から覚まされ，自らの哲学を形成した。しかし，カントは，**ヒュームの懐疑論をそのまま受け入れたのではなく**，ヒュームがそのような懐疑論に陥るのは認識が成り立つ条件を解明していないからであるとし，人間の認識能力が及ぶ範囲を明らかにしようとした。③カントは，霊魂や神など人間の経験を超えたものについては，理論的にはあるともないとも言えず，判断を差し控えるべきであるとした。したがって，「人間が経験できる範囲を超えた対象については，その存在を否定できると論じた」という記述は誤り。

問3 24 ②が正解。

ヘーゲルの説いた**弁証法**とは，事物の生成・発展の論理で，あらゆる事物はそれに内在する対立・矛盾(むじゅん)を契機に，より高い次元へと**止揚(アウフヘーベン)**され発展していくというものである。ここでいう「止揚」という言葉は，**否定と保存という二つの意味**を併せ持っており，**対立・矛盾するものをそれぞれ活かしながら統一すること**を表す。また彼は，社会や歴史の発展も弁証法によって捉えようとした。例えば，彼によれば，歴史は自由を本質とする理性的な精神(**絶対精神**)が人間の自由な活動を媒介として，自己の本質である自由を実現していく過程である。

ア：正文。上で見たように，ヘーゲルによれば，弁証法は事物の生成・発展の論理であり，社会や歴史の発展についても当てはまる。

イ：誤文。第一文は正しい。しかし，止揚について「対立・矛盾する二つのもののうち，真理に近い方を保存し，他方を廃棄して，矛盾を解消すること」としている第二文は誤り。止揚とは，上で見たように，対立・矛盾するものをそれぞれ活かしながら統一することである。

問 4 [25] ③が正解。**ヘーゲル**は，**人倫**(主観的な道徳性と客観的な法の統一態)を**家族**，**市民社会**，**国家**の三段階で捉え，国家を人倫の完成の場であるとした。

①ヘーゲルにとって，家族は婚姻によって成立し，愛情によって結合する共同体である。したがって，婚姻を「愛情における本質的要素ではない」としているのは誤り。②ヘーゲルは市民社会を「**欲望の体系**」と呼んだ。しかし，それは「無秩序状態」とは異なる。④**カント**の著作『**永遠平和のために**』を想定した記述。

3－4 実証主義と進化論

解答 [26] ② [27] ① [28] ④

問 1 [26] ②が正解。**コント**は，知識の発展段階を，**神学的段階**，**形而上学的段階**(けいじじょうがく)，**実証的段階**の三つに分け，実証的段階において最高の段階に至ると説いた。言い換えれば，コントは，真の知識は検証可能なものに限られる，という立場に立っている。このことから，②が正解。

①「合理的思考のみによって得られるものに限られる」という記述，③「純粋に事柄を見る態度に基づくものに限られる」という記述は，いずれも誤り。コントは，観察を通じて経験的に検証可能な知識を重視した。④**プラグマティズム**の哲学者の一人である**ジェームズ**を想定した記述。

問 2 [27] ①が正解。**ダーウィン**によれば，生物は，環境によりよく適応した個体のみが生存することを通じて，長期的には生物種の形質が置き換わっていくこと(**自然選択**)によって進化するとされる。また，この進化は，良性の遺伝子変異が保存・蓄積されるという形で行われるとされる。

②**コント**や**スペンサー**の**社会有機体説**を想定した記述。進化論とまったく関係がないというわけではないが，ダーウィン自身の思想とはいえない。③ダーウィンの進化論では，「自然選択」による系統変化が重視されるから，生物が「突然の創造によって誕生した」という記述は，誤り。④**優生思想**を想定した記述。これは，断種，隔離，優秀な人間同士の結婚などを通じて，優秀な遺伝的形質を増やしたり，劣ると考えられる遺伝的形質を減らそうと

する思想。ダーウィンの進化論を社会進化に適用した**社会ダーウィニズム**の一形態ではあるが，ダーウィン自身が説いたものではない。

問３ 28 ④が正解。**スペンサー**は，生物進化の考えを，社会の進化に適用した思想家として知られる。

①「**人間の知識と力は合一する**」(**知は力なり**)という言葉とともに有名な**ベーコン**についての記述。選択文中の「先入見や偏見」は，彼が正しい知識を獲得するために排除しようとした先入見(**イドラ**)のこと。②「**われ思う，ゆえにわれあり**」という言葉から**デカルト**についての記述と分かる。③**コント**による知識発展の**三段階説**を想定した記述。彼は，人間の知識は**神学的段階**，**形而上学的段階**を経て**実証的段階**に至ることで最高度に発達すると説いた。

第４節 人間性の回復と主体性の確立

４－１ 実存主義

解答 29 ⑤ 30 ① 31 ⑥ 32 ①

問１ 29 ⑤が正解。**キルケゴール**は，ヘーゲルの説いたような客観的真理ではなく，「いまここに生きている，この私」にとっての**主体的真理**を追い求めた。それは，「わたくしにとっての真理であるような真理を発見し，わたくしがそのために生き，そして死にたいと思うようなイデーを発見することが必要なのだ」という言葉にも表れている。

30 ①が正解。**サルトル**によれば，人間は，人間が製作したものとは異なり，あらかじめ本質を定められておらず，自らの自由な選択によって自分のあり方を創造していく存在である。

そのほかの選択肢も重要な思想家についての記述であるが，本問では正解とはならない。②世界を無数の**モナド**(単子)からなる調和的体系と捉えた**ライプニッツ**についての記述。③すべての生命あるものに対する愛と畏敬(いけい)の心をもつこと，すなわち「**生命への畏敬**」を説いた**シュヴァイツァー**についての記述。④人が神から罪を赦されるのはただ**信仰のみ**によるとする**信仰義認説**を説いた**ルター**についての記述。

問２ 31 ⑥が正解。**ハイデッガー**によれば，人間が本来の自己のあり方として引き受けなければならないのは死ぬということであり，その意味で人間は「**死への存在**」である。しかし，たいていの場合，人間は**死への不安**から逃避して日常性に埋没している。彼は，このような人間の非本来的なあり方を「**ダス・マン**(世人，**ひと**)」と呼び，人間が本来のあり方へと至るためには，自己の死の可能性を直視する必要があると説いた。したがって，[a]には「ダス・マン」，[b]には「不安」が入る。また彼は，科学技術の時代に生きる現代人は，あらゆるものを技術の対象とみなして利用することに奔走し，その根底にあるものを忘れ去っているとし(**存在忘却**)，こうした状態を「**故郷の喪失**」と呼んだ。したがって，[c]には「故郷」が入る。

問3 [32] ①が正解。**ニーチェ**は，キリスト教的な道徳について，強者に対する弱者の**ルサンチマン**(怨恨(えんこん))から生まれた**奴隷道徳**であり，それがヨーロッパ世界の頽廃(たいはい)をもたらしたとし，「**神は死んだ**」と宣言した。そして，世界は意味も目的もない繰り返しにすぎないとし(**永遠回帰**)，それを運命として引き受け(**運命愛**)，本源的な生命力(**力への意志**)に従ってたくましく生きる人間(**超人**)に，キリスト教的な価値に代わる新たな価値の創造の担い手を見いだした。したがって，①は正解で，「運命愛」を「キリスト教道徳を真理として肯定する」ものと説明している②は不適当。

③④は**ベルクソン**についての説明として不適当。ベルクソンは，生命の進化を，根源的な力が**無目的なままに**多様な方向に拡散する運動と考え，その力を「**生命の躍動(エラン・ヴィタール)**」と呼んだ。そして，人間の社会もまた，「生命の躍動」に導かれて，**自分たちが属する共同体の習慣や道徳を重視する社会**(排他的な義務が支配する**閉じられた社会**)から，**全人類を対象とする社会**(普遍的な愛・道徳に基づく**開かれた社会**)へと向かうと説いた。③は，ベルクソンが生命のうちに「目的に向かって直線的に進む目的論的な運動」を見いだしたという趣旨で書かれているので，不適当。④の「万人が自らの属する共同体の義務や道徳を堅持する社会」は，ベルクソンの言う創造すべき社会(開かれた社会)ではなく，彼が脱すべきとした社会(閉じられた社会)についての説明である。

4－2 社会主義とプラグマティズム

解答 [33] ⑥ [34] ① [35] ① [36] ①

問1 [33] ⑥が正解。

ア－B **オーウェン**は，アメリカでニューハーモニー村という**共同所有・共同生活**の村をつくり，すべての構成員が平等な社会を建設するための実験を行ったことで知られる。

イ－D　サン・シモンは，**産業者**(資本家・労働者・科学者)によって自主的に管理される社会を理想としたことで知られる。

ウ－A　フーリエは商業の欺瞞性を厳しく批判するとともに，農業を基礎として生産と分配が合理的に行われる生活共同体(ファランジュ)を構想したことで知られる。

エ－C　ウェッブ(ウェブ)夫妻は議会活動を通じて利潤の公平な配分や主要産業の国有化，福祉政策の充実などを行うことによって**資本主義の弊害を漸進的に改良**しようとしたことで知られる。

問2　[34]　①が正解。**マルクス**によれば，人間は本来，労働を通じて他人との結びつきを実現する存在(**類的存在**)であり，相互に連帯する関係にある。しかし，資本主義社会では，そうした結びつきが失われるという。したがって，①が適当でないものとして正解。

マルクスは，労働は本来，人間にとって創造の喜びを伴うはずの活動であるが，資本主義のもとでは人間の肉体的・精神的能力としての**労働力さえもが商品として売買**され，労働の成果としての富が資本家に搾取され，**労働が苦役と化している**と批判した(③は，このことを想定した記述)。また彼は，資本主義社会においては，人間相互の関係が商品(労働力を含む)と貨幣との関係に変質し，**交換可能な価値として数量化**されるとし，それによって商品や貨幣そのものが人間から独立した価値をもつものとして崇拝されるようになると批判した(②④は，このことを想定した記述)。

問3　[35]　①が正解。アメリカ固有の哲学**プラグマティズム**は，イギリス経験論の影響を受けながら成立したもので，知識・観念が真理か否かを実践を通して検証しようとするところに特徴がある。

②「大陸合理論を基盤として生まれ」たという記述は誤り。③「思弁的であり，実生活とは隔絶した思想」という記述は誤り。④プラグマティズムは，**科学的認識を獲得するために実用性という観点を取り入れた**のであって，「科学的認識よりも実用性を優先」したわけではない。

問4　[36]　①が正解。

[a]　①・②のaが入る。**デューイ**は，人間の知性は真理の探究という働きだけでなく，生活において生じる問題の解決に導く能力としての**創造的知性**(実験的知性)でなければならないとし，この創造的知性の働きによって多様な価値観に基づく民主主義社会が実現されると説いた。③のaは入らない。プラグマティズムは，**唯一絶対の普遍的な価値というものはない**という立場をとる。したがって，「唯一絶対の普遍の価値に到達すること」を提唱

することはない。④のaも入らない。デューイは，上で見たように，創造的知性の働きを信頼していた。したがって，知性が衰退したという趣旨の記述は誤り。

b ①・③のbが入る。**資料**では，自然な衝動や願望が行動の出発点ではあるが，知的成長のためにはそれらを組み立て直したり，作り変えたりする必要があるということや，人は客観的な条件を観察したり，過去の出来事を思い出したりして考えることで衝動を統御できるということが述べられている。②・④のbは，「環境の制約や過去の記憶から自由でいられるようにする」ことが重要であるという趣旨で書かれているから，**資料**の内容とは相容(あいい)れない。

第5節 現代思想の課題

5－1 現代のヒューマニズム

解答 37 ① 38 ④ 39 ④

問1 37 ①が正解。**新島襄**(にいじまじょう)は，幕末にアメリカへ密出国して十年余りキリスト教信仰と勉学の生活を送ったのち帰国し，1875年，京都に同志社英学校を設立するなど，キリスト教精神に基づく教育を実践した。

②「イギリスの植民地支配に対してインドの独立と民族解放の運動」を行ったという部分は，**マザー・テレサ**ではなく**ガンディー**についての記述。③中国の革命家・政治家である**孫文**が説いた**三民主義**とは，「自由・平等・博愛」ではなく「**民族主義・民権主義・民生主義**」である。④**マーティン・ルーサー・キング**(**キング牧師**)は，1960年代のアメリカで，非暴力主義に基づき**黒人差別撤廃のための抵抗運動を指導**した。したがって，「力(パワー)を不必要なものとみなし，無抵抗主義を貫く」という記述は誤り。

問2 38 ④が正解。**ガンディー**は，インドのイギリスからの独立運動を指導する際に，暴力に屈することなく，暴力を用いない抵抗を続けることがいかに大切かを説いた。その背景には，**アヒンサー**(**不殺生**(ふせっしょう))の精神があった。これは，生きとし生けるものへの愛であり，すべてのものを傷つけず，殺さず，戦わないことを意味している。

①**キング牧師**についての記述。彼は，1960年代のアメリカにおいて，**非暴力直接行動**の考えに基づいて**黒人公民権運動**を指導した。②**シュヴァイ**

ツァーについての記述。彼は，人間性を回復するための根本原理を生きとし生けるものへの愛，すなわち**生命への畏敬**に見いだし，アフリカでの医療活動に従事したことで知られる。③**マザー・テレサ**についての記述。「この世の最大の不幸は，貧しさや病ではない。むしろそのことによって，見捨てられ，誰からも自分が必要とされていないと感じることである」という考えから，インドのカルカッタ(現コルカタ)などで「**死を待つ人の家**」などを開設したことで知られる。

問3　39　④が正解。**ア**は，**ユネスコ憲章**の有名な一節。**イ**は，**ヴァイツゼッカー**の演説「荒れ野の40年」の有名な一節。彼は東西ドイツ統一(1990年)後，最初の大統領で，この一節は**ナチズムに対する歴史認識**を述べたもの。**ウ**は，**ハンナ・アーレント**がその著作『**全体主義の起源**』で述べた内容。**エ**は，**レヴィナス**についての記述。彼は，**他者の異質性を重視**する立場を提唱した。彼によれば，「他者」の最も基本的な性格は，「私」とは根本的に同じではあり得ないということ(**他性**)であり，また「他者」は「私」の自己意識の中に取り込めないがゆえに圧倒的な重みをもつ存在である。このような観点から，彼は，自我を中心にすべてを説明しようとする思考(**全体性**)を生み出した近代哲学を批判し，倫理は自我からではなく，「私」が「他者」の重みを思い知ることからはじまると説いた。

5－2　近代的理性の批判的検討

解答　40　④　41　②　42　④　43　④　44　③

問1　40　④が正解。**フッサール**は，人間の意識を離れた実在を想定しがちな自然的態度を制御し，実在について**判断停止**(**エポケー**)を行うことで，人間が生きる世界とそこにおける意識現象を解明しようとした。

①**サルトル**についての記述。「**実存が本質に先立つ**」という有名な言葉を想起しよう。②**バークリー**についての記述。彼は，精神の外に事物が存在することを人間は確証することができないとし，**存在するとは知覚されること**であると主張した。③**ウィトゲンシュタイン**についての記述。彼は，経験的に真偽が検証できる科学的な命題と，検証不可能で科学的には意味のない命題を区別しなければならないとし，「**語り得ぬものについては，沈黙せねばならない**」と述べた。

問2　41　②が正解。**フーコー**は，理性的な主体としての人間という考えは，西洋近代がつくりだしたものにすぎないことを明らかにしようとした。

①**デリダ**についての記述。彼のいう「**脱構築**」とは，精神と自然，理性と狂気，男性と女性といった二項対立の構図を解体し，西洋哲学が隠蔽(いんぺい)してきたもの，排除してきたものを見極め，問い直すことを意味する。③**レヴィ＝ストロース**についての記述。彼は，西洋の理性的な思考と，未開社会の**野生の思考**の間には価値の優劣はないと主張し，西洋文明中心主義的な考え方を批判した。④**レヴィナス**についての記述。彼は，自己を中心に世界を全体的にまとめあげようとする思考(**全体性**)は，他者に対する抑圧を招くものであると批判し，この**全体性を突き崩す存在としての「他者」に注目**し，他者性が現れる場を「**顔**」という言葉で表現した。

問3 42 ④が正解。まず，**ハーバーマス**の思想と**資料**の内容を確認しよう。ハーバーマスによれば，現代では，政治制度や経済制度といったシステムが人間の生活世界(日常生活)を支配している結果，本来あるべき市民的公共性が浸食されており，こうした事態(**生活世界の植民地化**)から脱却することが必要である。そして，そのためには，効率的な成果の達成や支配秩序(**システム合理性**)を追求する理性(**道具的理性**)ではなく，人々が互いを尊重しあいながら，開かれたかたちで相互に批判を行い，ことばを尽くして互いの理解を深めて合意を形成しようとするときに働く理性(**対話的理性**)を重視する必要がある。一方，**資料**では，市民の文化はかつては私的な領域における生活の必要性から解放された議論を通じて形成され，そこに人間性という理念の成熟が見られたが，現代では人々が文化を群居的に消費し，人間性という理念を成熟させないレジャー活動になってしまっている，という趣旨のことが書かれている。したがって，④が正解となる。

①前半は，ハーバーマスが「道具的理性の意義」を説いたという趣旨であるから，不適当。後半は適当。②前半は，ハーバーマスが「システム合理性の意義」を説いたという趣旨であるから，不適当。後半も，不適当。**資料**では，「現代の群居的な文化の消費のあり方」が批判されている。③前半は適当。しかし，後半は，市民的文化を成立させていた議論が「生活の必要と結び付いた」ものであったという趣旨であるから，不適当。

問4 43 ④が正解。**ア：ボードリヤール**は，現代の消費社会では，**商品の間の差異を記号的に作りだす**ことを通じて，人々の消費への欲望が際限なく生産されていると主張した。**イ：ホルクハイマー**は，近代の理性は合理性の名の下に自然や人間を規格化し，それらを管理・操作の対象とする**道具的理性**であるとして批判した。**ウ：ウェーバー**は，近代の社会構造は，合理的な規制に基づく支配と上下関係の権限によって成り立つ**官僚制**(**ビューロクラシー**)に特徴づけられ，その下で人々は管理・操作の対象として人間性を奪われていくと主張した。

問5　44　③が正解。**ホルクハイマー**と**アドルノ**は，その共著『**啓蒙**（けいもう）**の弁証法**』において，近代的理性は人間を野蛮から解放する啓蒙的理性であるとともに，人間や自然を規格化し，操作・管理の対象とする**道具的理性**でもあるとした。③は，このことを想定した記述。

①**デリダ**は，「脱構築」を唱えた**ポスト構造主義**の哲学者として知られる。したがって，「構造主義を提唱した」という記述は誤り。②**フロイト**は，人間の心を本能的な衝動の領域である**エス**(**イド**)，衝動を現実に適応できるように調整する**エゴ**(**自我**)，両親の教育などによって刻み込まれた社会的規範の領域(良心)である**スーパーエゴ**(**超自我**)の三層構造で捉え，スーパーエゴ(超自我)がエゴ(自我)を監視し，エス(イド)を抑制するとした。したがって，「エスによって本能や衝動が抑圧される」という記述は誤り。④「仕事」を活動に，「活動」を労働に，それぞれ直せば，アーレントについての記述として正しくなる。**アーレント**は，第二次世界大戦の要因となった**全体主義を批判的に分析**し，どのような社会が構築されなければならないかを検討した思想家として知られる。彼女は，生命を維持するための「**労働**」と，生活用具や芸術作品を制作する「**仕事**」を区別するとともに，言語により人間同士の意思疎通がなされる「**活動**」を重視した。彼女によれば，「活動」によって公共的な空間が生み出されるが，経済機構が拡大した近代以降においては「労働」の領域が大きくなる結果，人々の公共性が失われていったとされる。

5－3　現代における倫理的課題

解答　45 ②　46 ④　47 ③　48 ①
49 ③

問1　45　②が正解。

ア－C　**サイード**は，西洋近代社会は，「東洋」を自分たちとは正反対の後進的な「他者」とみなすことで，逆に先進的で文明化された「自己」像を作り上げていったと主張し，このような思考方法を**オリエンタリズム**と呼んで批判した。

イ－A　**レヴィ＝ストロース**は，西洋の科学的思考と未開社会の**野生の思考**との間に価値の優劣はないと主張した。

ウ－B　**フーコー**は，西洋の近代社会について，非理性的なものや狂気を，社会の秩序から逸脱したものとして権力的に封じ込めてきたとして批判的に分析した。

問 2　[46]　④が正解。**ボーヴォワール**は，その主著『**第二の性**』の中で，「**人は女に生まれるのではない，女になるのだ**」と述べ，女性が歴史的・社会的・構造的に差別されていることを厳しく批判した。④は，このような批判をやや詳しく説明したものである。

①**平塚らいてう**が雑誌『**青鞜**（せいとう）』の創刊の辞で述べた次のような言葉を平明にしたものである。「**元始，女性は実に太陽であった。真正の人であった。**今，女性は月である。他に依（よ）って生き，他の光によって輝く，病人のような蒼白い顔の月である」。②③は，上で述べたようなボーヴォワールの考えを基準にすれば，明らかに誤りと判断できる。

問 3　[47]　③が正解。**ロールズ**は，社会契約説に基づきつつ，誰もが欲する**基本財**（自由・所得・地位など）の分配の正義を重視する思想家として知られる。

[48]　①が正解。**セン**は，人間の多様性（環境や能力の違いなど）を前提として，各人が自ら選ぶことのできる生き方の幅（潜在能力，**ケイパビリティ**）をできるかぎり広く保障することが重要であると説く思想家。

②**アダム・スミス**が説いた**共感**と**予定調和**の考えについての記述。④**ホッブズ**の社会契約説についての記述。⑤**自由放任主義**（**レッセフェール**）の考えに基づく 19 世紀的な**夜警国家観**についての記述。⑥「国際法の父」ともいわれ，国家間の関係は自然法によって律せられると説いた**グロティウス**についての記述。

問 4　[49]　③が正解。**資料**では，**ヴェイユ**が「自由」のみならず「服従」も「魂の糧」となると論じているとして，なぜヴェイユが服従も魂の欲求を満たすと考えるのかについて説明を加えている。その際の主要な論点は次の二つである。一つは，「勝手気ままに振る舞い，他人に命令を下せる地位」にいる人は，他人から指導を受ける機会や，他人と協働する機会を奪われることになるから，「魂を病んでしまう」ということである。もう一つは，「命令を下す人」と「従う人」が目標を共有している場合，そこでの「服従」は「自らの居場所や役割を他者との協働の中で持つ」ことであるから「魂の糧」となるということである。こうした趣旨に合致するのは，③である。

①命令に従う理由を「自分の地位が向上するから」としており，この選択肢は**資料**の趣旨と合致しない。②「嫌な命令」は，命令に従う人が命令を下す人と目標を共有していない場合に感じることであるから，この選択肢は**資料**の趣旨に合致しない。④命令への服従の理由を「迫害を逃れること」としており，この選択肢は**資料**の趣旨と合致しない。

step 2

1 「自由」について

解答							
1	④	2	②	3	⑤	4	③
5	④	6	③	7	①	8	①

問1 1 ④が正解。

ア：正文。**マキャヴェリ**は，人間は本性上，打算的・利己的であるとする現実認識の上に立って政治を考察し，君主は国家の維持・発展のためには，あえて非道徳的な手段をとることができなければならないと主張した。ここには，**政治と宗教・道徳との分離**を図ろうとする考えが表れている。

イ：誤文。「**ダヴィデ**」(**ダヴィデ像**)の作者は，「ラファエロ」ではなく「**ミケランジェロ**」である。**ラファエロ**は，絵画「**アテネの学堂**」の作者として知られる。

ウ：誤文。『**デカメロン**』の作者は，「ペトラルカ」ではなく「**ボッカチオ**」である。**ペトラルカ**は，抒情(じょじょう)詩集『**カンツォニエーレ**』の作者として知られる。

問2 2 ②が正解。**アダム・スミス**は，各人の**利己心**に基づく経済活動が，「**見えざる手**」に導かれて社会全体の利益を増進させると説いた。

①利己心に基づく経済活動は社会的に容認されないという趣旨の記述は，不適当。③と④は**マルクス**を想定した記述。マルクスは，次のように主張した。労働は本来，人間にとって創造の喜びを伴うはずの活動であり，人間は本来，労働を通じて他者との結び付きを実現する存在(**類的存在**)である。しかし，資本主義のもとでは労働者は生産手段をもたないがゆえに，資本家に労働力を売らざるを得ず，**労働が苦役と化し，自らが類的存在であるという連帯の意識が失われていく**。

問3 3 ⑤が正解。

ア：**ベンサム**についての説明。ベンサムは，個人の快楽追求を「**最大多数の最大幸福**」に一致させるようにはたらく力(**制裁**)として，四つの制裁を挙げた。その四つとは，**物理的制裁**，**法律的制裁**(**政治的制裁**)，**道徳的制裁**，**宗教的制裁**である。なお，これらのうちベンサムがとくに重視したのは，法律的制裁である。**モンテスキュー**は，国家権力を立法・行政・司法の三権に分け，それぞれを異なる機関に担わせる**三権分立**を説いた思想家。

イ：**ロック**についての説明。ロックは，その**社会契約説**において，市民は自然権を確保するための権力を政府に**信託**するが，政府がその信託に反して自然権を侵害する場合には，**抵抗権・革命権**を行使できると説いた。**ルソー**は，社会契約説を唱えた思想家で，私有財産制の成立によって失われた自由で平等な状態を回復するためには，社会契約を結んで，公共の利益の実現を目指す全人民の普遍的な意志(**一般意志**)に基づく新たな共同社会を形成しなければならないと説いた。

ウ：トマス・アクィナスについての説明。トマス・アクィナスは，世界を統治する**神の法**を人間の理性が捉えたものが**自然法**であるとし，神の法と自然法とは矛盾せず，調和するとした。**グロティウス**は，民族や時代の違いを超えて普遍的に妥当する法(**自然法**)があるとし，国家間の関係も自然法によって律せられると説いた法学者。

問 4 4 ③が正解。

a ②・③のaが入る。**カント**は，人間にとっての自由とは，自然の因果法則に支配されて本能や欲求のままに生きることにではなく，内なる理性によって打ち立てた**道徳法則**(いついかなる時も誰でも従うべき普遍的な行為準則)に自らすすんで従うことにあると説いた。

①のa(「感覚や知覚からなる経験から推論する」)は，上で見たカントの自由観から判断して，不適当。また，カントの認識論としても不適当。カントによれば，人間の認識は，視覚や聴覚などの感覚(**感性**)によって得られる経験的な素材を，**悟性**によって秩序付けることで成立すると説いた。④のa(「自然の必然的法則に従う」)も，上で見たカントの自由観から判断して，不適当。

b ①・③のbが入る。カントは，道徳法則に自らすすんで従う自律的自由の主体を「**人格**」と呼んだ。そして，そのような自律的自由の主体としての「人格」が互いに尊重し合う共同体を「**目的の王国**」と呼んで理想とした。また，カントによれば，道徳法則はいついかなる状況でも「～せよ」という無条件の命令(**定言命法**)のかたちをとる。カントはこのことについて，「君自身の人格および他のすべての人格に例外なく存在する人間性を，常に同時に目的として扱い，決して単に手段としてのみ扱わないように行為せよ」という言葉で表現している。

②のb(「自分だけに妥当する主観的な行動原則を目的として行動できる」)は，カントが理想とした「目的の王国」についての説明として，不適当。「主観的な行動原則」は**格率**と呼ばれ，道徳法則とは区別される。④のb(「公共の利益を目的として目指す普遍的な意志」)は，**ルソー**が説いた**一般意志**を想定したものである。

問5 [5] ④が正解。**パスカル**は，真理の探究には，推論と論証に基づく科学的な精神(**幾何学的精神**)だけでは不十分であり，細やかな心情によって物事の本質を直観的に把握する精神(**繊細の精神**)が必要であると説いた。したがって，選択肢の前半は適当。また，**資料**の冒頭で「人間の偉大さは，その惨めさからさえ引き出されるほど，明白である」と述べられていることから，後半も適当。

①パスカルによれば，人間は身体(物質)・精神・愛という**三つの秩序**に生きているが，真の生き方は神の愛を信じることにある。したがって，選択肢の前半は適当。しかし，人間は惨めにならずにすむという趣旨で書かれている後半は不適当。**資料**では，人間は偉大であるとともに惨めな存在であるということが述べられている。②パスカルによれば，人間は自分の悲惨さから目をそむけ，娯楽や社交などで「**気晴らし**」にふけようとする。しかし，人間がなすべきことは，神を信じ，神の愛のもとに自分の悲惨さを見つめることである。したがって，信仰を自分の惨めさから目をそむけるための「気晴らし」にすぎないとしている選択肢の前半は不適当。ただし，後半は適当。**資料**の最終文に「惨めさは偉大さから結論され」とあることに注目しよう。③パスカルは，人間を虚無(悲惨)と無限(偉大)との**中間者**であると説いた。したがって，選択肢の前半は適当。しかし，人間は惨めさの中に偉大さを見いだすことができないという趣旨で書かれている後半は，不適当。**資料**の最終文に「偉大さは惨めさから結論される」とあることに注目しよう。

問6 [6] ③が正解。**レヴィナス**によれば，「他者」の最も基本的な性格は，「私」とは根本的に同じではあり得ないということ(**他性**)であり，また「他者」は「私」の自己意識の中に取り込めないがゆえに圧倒的な重みをもつ存在である。そして，「他性」は単なる観念ではなく，「他者」のまなざし(**顔**)に現れ，その「顔」は「私」をつねに他者との関係に引きずり出す。このような観点から，レヴィナスは，自我を中心にすべてを説明しようとする思考(**全体性**)を生み出した近代哲学を批判し，倫理は自我からではなく，「私」が「他者」の重みを思い知ることからはじまると説いた。

①他者について「顔を持たない無個性な存在」としているのは，不適当。②他者と私との関係を「対等なものとして顔を合わせ」「自己同一的な人格として承認し合う」関係であるとしているのは，不適当。④私自身が公共空間に自らの「顔」を現して発言することで他者に出会うことができるという趣旨の記述は，不適当。

問7 [7] ①が正解。**資料**では，人間は「善と悪とに向かう自己運動の源泉を等しく自分の内に持つ」と述べられており，また善と悪の結び付きは「自由な結び付き」であり，「人間が何を選ぼうとも，それは人間がなしたことになる」と述べられている。

②人間は善よりも悪へ向かう傾向をより強くもつ存在であるという趣旨の記述は，**資料**の内容と相容れない。③人間は善と悪のいずれへ向かうかを自ら選び決断する力はないという趣旨の記述は，**資料**の内容と相容れない。④人間は善よりも悪へ向かう傾向をより強くもつ存在であるという趣旨の記述は，**資料**の内容と相容れない。

問8　[8]　①が正解。

[a]　①・②のaが入る。182ページの会話中のDの3回目・4回目の発言や，それぞれを受けたEの3回目・4回目の発言がヒントとなる。これらの発言では，規範や法は単なる制約ではなく他者との対立を調整する役割があり，自己決定を保障するものであるという趣旨のことが述べられている。

③・④のaは，自己決定にとって制約や規範は必要がないものであるという趣旨で書かれているので，182ページの会話の趣旨に合致せず，この空欄には入らない。

[b]　①・③のbが入る。この空欄は，その直前にある「自由を目の前にして自分の弱さや迷い，不安を感じることもある」という記述を受けていることに注意しよう。判断に際しては，186ページの会話中のFの2回目の発言(迷いや不安と向き合いつつも自由を手放さないことが重要だという趣旨の発言)が大きなヒントとなる。

②のbは，迷いや弱さをはねつける強さが重要だという趣旨で書かれているので，186ページの会話の趣旨に合致せず，この空欄には入らない。④のbは，186ページの会話中のEの発言を想定したものであるが，この発言からは「他者の自己決定を支援する」という内容は引き出すことができない。したがって，この空欄には入らない。

2　「良心の働き」について

解答	[1]	①	[2]	③	[3]	④	[4]	⑤
	[5]	⑥	[6]	②	[7]	①	[8]	③

問1　[1]　①が正解。資料文は，ルターの思想が後世に残した役割をいくつか挙げている。まず，個々人の良心が信仰においてのみならず，政治的・経済的・知的な意味においても，現実に向き合うことにアイデンティティを見いだそうとした人々に拠(よ)り所を与えたという役割を挙げている(したがって，

①は誤りで，②は正しい)。次に，各人に良心が備わっていることの強調が，平等，民主主義などの概念へとつながる道をつくりだしたという役割を挙げている(したがって，④は正しい)。そして，これらの概念がすべての人の尊厳と自由のための基礎となったという役割を挙げている(したがって，③は正しい)。

問2 2 ③が正解。**デカルト**の説いた**高邁の精神**とは，情念によって左右されることのない気高い精神である。

①**モラリスト**の**モンテーニュ**についての記述。彼は，「**私は何を知っているか（ク・セ・ジュ)**」をモットーとして自省的な態度がいかに重要かを説いた。②モラリストと呼ばれるのは①で触れたモンテーニュや**パスカル**であって，デカルトはこれに含まれない。④高邁の精神ではなく**理性**についてのデカルトの考えを説明したもの。彼は，ものごとを正しく判断し真偽を見分ける能力(理性)によって人間は絶対確実な真理を認識することができるとした。そして，ここから出発して個々の知識を論証する学問方法(**演繹法**)を提唱し，思惟を属性とする精神と空間的広がりを属性とする物体はそれぞれ独立して存在する実体であるとした。この**物心二元論**は，**機械論的自然観**を哲学的に基礎付けたといわれる。

問3 3 ④が正解。資料文では，良心は社会的通念という敵に直面すると，逃げ出すか，押し黙り，最後には何も語らなくなってしまうということ，そして，そうやって良心を無視し続けていると，持っていたはずの良心を呼び戻すことは難しくなるということが述べられている。したがって，④の事例が正しい。

①「社会の通念への反発」から良心の働きがいっそう強くなるという趣旨の記述は，資料文の内容と合致しない。②良心は世間の常識という敵に逆らうものだという趣旨の記述は，資料文の内容と合致しない。③良心は世の中のモラルが生み出したものだという趣旨の記述は，資料文の内容と合致しない。

問4 4 ⑤が正解。**キルケゴール**は，人間の生き方には**美的実存**，**倫理的実存**，**宗教的実存**の三つの段階があるとした。そのうえで，欲望に従って享楽的に生きる美的実存の段階においても，善悪の判断を行う倫理的実存の段階においても絶望に陥ってしまうとし，この絶望の果てに，神の前に**単独者**として立つ宗教的実存の段階に至ることで真実の自己を回復することができると主張した。

アは倫理的実存の段階，**イ**は宗教的実存の段階，**ウ**は美的実存の段階に該当する。したがって，⑤の組合せが正解。

問5 [5] ⑥が正解。**オーウェン**，**サン=シモン**，**フーリエ**の三人は，人道主義的な見地から，資本主義的経済や私有財産制度を批判し，それに代わる理想社会を構想したが，**マルクス**やその盟友である**エンゲルス**は，これら三者の考えを，現実社会の科学的分析を欠いたために社会主義実現への具体的手段を提示できなかったと批判して，**空想的社会主義**と呼んだ。

[a] には「オーウェン」，[b] には「空想的社会主義」が入る。したがって，⑥が正解。

問6 [6] ②が正解。

ア：**フッサール**についての記述として正しい。彼は，意識とその外部とを分けて考えてしまっている通常のものの見方(**自然的態度**)をいったん括弧に入れて停止し(**エポケー**)，ものごとが意識に現れてくるようすをありのままに捉えるべきこと(「**事象そのものへ**」向かうべきこと)を説いた。

イ：フッサールではなく**ヘーゲル**についての記述。ヘーゲルによれば，人間にとっての自覚あるいは自己意識は，自分の内側にあるものを，自分以外のほかの何ものかに表現することを介して成立し，人間は，このように自己を外にあらわすこと(**自己外化**)によって，他者と関わり自分のあり方をかたちづくってゆくことにより自由を獲得することができる。

問7 [7] ①が正解。

[a] **ア**の「自分はそうでなく行動することも出来たのに――，と考える」が入る。この空欄を含むUの発言の前後にあるRの発言が解答のヒントとなる。Rはその一回目の発言において，中学時代にいじめられていた子がいたが，そのいじめを止めに入らなかったことを後悔しているという趣旨のことを述べ，二回目の発言において，自分もいじめを止められたはずだという趣旨のことを述べている。

[b] **ウ**の「自分で自分を決定する力をもっている」が入る。Rの最後の発言が解答のヒントとなる。Rは，この発言において，次にいじめを見たら必ず止めるという決意を語っている。

問8 [8] ③が正解。会話文では，大問の冒頭の文章(190ページの文章)の第4段落2行目にある「良心の声はどこから聞こえてくるのか」をどのように考えたらいいのかという生徒の問いかけから始まっている。これに対して，先生は「良心」に対応する英語 conscience の語源的意味が「誰かと共に，知る」だとしたうえで，ここでいう「誰か」は他人に限られないということ，人を傷つけて痛みを感じるとき，その痛みを感じる本人も傷ついているということ，したがって良心の痛みは自分のことを大切にしなさいという合図でもあること，などを発言している。一方，大問冒頭の文章では，**デカルト**と

スピノザが意志や理性の力によって良心の呵責に囚われる可能性を排除できると考えたということ(第2段落)，**カント**が良心を「内なる法廷」になぞらえ，人間がいかなる場合にも正しく振る舞う可能性を追求したということ(第3段落)，さらに，**ハイデガー**が「良心の声はどこから聞こえてくるのか」という問いに対して，「良心の呼び声は，私の内から，しかも私を超えて訪れる」と答えているということ(第4段落)，などを紹介している。さらに，最終段落では，人を傷つける前のためらい，傷つけた後の後悔や苦しみの経験が，良心の声を聞くということでもあるとしている。こうした内容から，③が正解となる。

①「誰かと共に，知る」の「誰か」のうち最も重要なのは「各自の周りにいる人々」だとしているので，空欄には入らない。②「誰かと共に，知る」の「知る」働きこそが道徳や倫理を支える「唯一の根拠」であるとしており，「誰かと共に」いるということを「根拠」から排除しているので，空欄には入らない。④大問冒頭の文章の第4段落で，アーレントが人はしばしば「良心を自ら麻痺させてしまう」という趣旨のことを述べたとされている。したがって，この選択肢は空欄には入らない。

3 時間をめぐる西洋近現代思想の流れ

解答								
	1	①	2	③	3	①	4	②
	5	⑦	6	⑤	7	③	8	⑤
	9	④						

問1 1 ①が正解。①は，「ボッカチオ」ではなく**ペトラルカ**についての記述であり，これが適当でないものとして正解。**ボッカチオ**は，10人の男女が10話ずつ10日間に話した100の短編からなる『**デカメロン**』において，人間の欲望を肯定的に描いていたことで知られる。

②は**レオナルド・ダ・ヴィンチ**，③は**アルベルティ**，④は**ダンテ**についての，それぞれ正しい記述。

問2 2 ③が正解。**ガリレイ**は，**物体の落下の法則**を発見したことや，**地動説**を支持したことで宗教裁判にかけられたことで知られる。

①**ケプラー**についての記述。彼は，惑星が**楕円軌道**を描くという法則を発見したことなどで知られる。②**ニュートン**についての記述。彼は，**万有引力の法則**を発見し，古典力学を完成したことなどで知られる。④**ブルーノ**についての記述。彼は，それまで有限と考えられていた**宇宙が無限である**と主張

し，コペルニクスの地動説を支持したため異端者として火刑に処せられたことで知られる。

問3 3 ①が正解。**ウェーバー**は，**官僚制**(巨大な組織を効率的に運営するためのメカニズム)が個人の個性・創造性を抑圧する危険性について指摘した。このような観点から，彼は官僚制を「隷従の容器」と呼んだ。

②**ホルクハイマー**と**アドルノ**による道具的理性批判についての記述。彼らによれば，近代の理性は人間を野蛮から解放する啓蒙的理性であるが，同時に，自然や人間を規格化し，効率的・合理的に管理・操作し支配する**道具的理性**でもあり，このことが人間を抑圧し，文化の野蛮化を促進したという。③**ハーバーマス**についての記述。彼は，貨幣と権力を中心とする経済や政治・行政システムによって，私たちの生活世界(家庭や学校，地域社会など)が支配されていると批判した。そして，こうした事態を「**生活世界の植民地化**」と呼び，これに対抗するためには，市民による自由で平等なコミュニケーション，すなわち**対話的理性**を発展させることが必要だと論じた。④**マルクス**についての記述。彼によれば，人間は本来，労働を通じて自己を実現し相互に連帯する存在であるが，資本主義社会では，そうした結びつきが失われるという。こうした状況を，彼は**労働の疎外**(**疎外された労働**)と呼んだ。

問4 4 ②が正解。**カント**によれば，認識は，視覚や聴覚などによって得られる経験的な素材を，人間の理性に先天的に備わっている認識能力が整理し秩序づけることによって成立する。このような，「**対象が認識に従う**」という考え方は，「認識が対象に従う」という従来の考え方を大きく転換させるものであった。

①「悟性」と「感性」を入れ替えれば，カントについての正しい記述となる。彼は，現象界における事物の認識は，時間・空間という形式をもつ**感性**と，量・質・関係・様相という形式をもつ**悟性**との協働により成立すると説いた。ここから，「内容なき思考は空虚」であり，「概念なき直観は盲目」であると述べた。③カントは，人間には**理論理性**(自然法則を対象とする理性)が備わっているが，その理論理性は現象を超えてその背後にあるもの(**物自体**)を認識することはできないとした。したがって，人間は「物自体についてまで」認識できるという趣旨の記述は誤り。④カントは，神の存在，自由，霊魂の不滅など，人間の経験を超えた事柄については，理論的にはあるともないとも，いずれの判断も差し控えるべきであるとしつつ，それらは意志決定の能力としての**実践理性**によって探究されるべきであると主張した。したがって，カントが神，自由，霊魂などの存在は否定されるべきであると考えたという趣旨の記述は誤り。

問5 [5] ⑦が正解。**ア：バークリー**についての記述。彼は，事物は人間の精神から独立した実体ではなく，人間が知覚する限りにおいて存在するとし，「**存在するとは知覚されることである**」と述べた。**イ：ロック**についての記述。彼は，人間の心は生まれたときは白紙(**タブラ・ラサ**)であるとして**生得観念を否定**し，あらゆる経験は後天的に形成されると主張した。**ウ：ヒューム**についての記述。彼は，経験上，原因と結果の関係にあると考えられる二つの対象がある場合，この二つの対象の間に必然的な因果関係があると思いがちであるが，そのような必然性は**主観的な確信や信念にすぎない**と主張した。また彼は，人間の精神は「**知覚の束**」にすぎないとし，物体のみならず精神も実体として存在するものではないと主張したことでも知られる。

なお，**ベーコン**は，上で見た3人の哲学者が属するイギリス経験論の祖といわれ，正しい学問の方法として，経験(観察や実験)を通じて一般的な法則を導き出す**帰納法**を提唱したことなどで知られる。

問6 [6] ⑤が正解。[a] には「永劫回帰」，[b] には「運命愛」，[c] には「力への意志」が入る。**ニーチェ**は，キリスト教道徳は強者に対する弱者の**ルサンチマン**(怨恨)から生まれた奴隷道徳であり，それがヨーロッパ世界の頽廃をもたらしたとし，現実の世界を，同じこと，無意味なことが永遠に繰り返される**永遠回帰**(**永劫回帰**)の世界(神なき無意味な世界)と捉えるとともに，人間はそれを運命として引き受け(**運命愛**)，本能的な生命力(**力への意志**)に従ってたくましく生きるべきであると説いた。そして，そのような力への意志を体現する**超人**こそが，キリスト教道徳に代わる新たな価値の創造の担い手であるとした。

なお「輪廻転生(りんねてんしょう)」は，人間を含むすべての生きものが，死後さまざまに生まれ変わり，生と死を無限に繰り返すことであり，古代インドのバラモン教などで説かれたもの。

問7 [7] ③が正解。資料文(ベルクソン『創造的進化』)では，私たちの人格は，過去を現在へと投影させつつ，時間という道を進みながら絶えず成熟・成長し，しかも，その各々の瞬間において新たなものが付け加わることで生の芸術的な創造性が育まれるということや，そうした芸術的な創造性は一瞬一瞬において生まれるものであって，過去を未来に投影することによって未来を予見することはできないということが述べられている。このような資料文の趣旨に合致するのは③である。

①「これまでに知覚したことのない事柄をも想起できるようになる」という記述は，資料文の内容に合致しない。②「過去を投影することによって，自らの未来を見通すことができる」という記述は，資料文の内容と合致しな

い。④「今までにない芸術作品を創造することができる」という記述は，資料文の内容に合致しない。資料文は，一瞬一瞬の生に創造性を見いだしているのであって，芸術作品を創造するという行為について取り上げているわけではない。

問8 [8] ⑤が正解。**ア**と**ウ**が**ハイデッガー**についての記述。彼は，人間はみずからの存在の意味を問うことのできる唯一の存在であるとし，そのような存在としての人間を**現存在**(**ダーザイン**)と呼んだ。また彼は，人間は世界のうちに投げ込まれ(**被投性**)，世界においてさまざまな他者や事物とかかわることで自己のあり方を規定されているとし，このような存在としての人間を**世界内存在**と呼んだ。ハイデッガーによれば，現存在は日常的に事物や，事物が形づくる世界にかかわり，世界のうちで他者と関係している存在であり，その意味でつねに世界内存在にほかならないという。

イは**サルトル**についての記述。彼は，事物がそれ自体で存在する**即自存在**であるのに対して，人間はつねに自己を意識し，未来の可能性に向かってみずからを投げかけること(**投企**)で新しい自己を形成しようとする**対自存在**であるとした。

問9 [9] ④が正解。本文の第3段落と第4段落で取り上げられている思想家(カント，ニーチェ，ベルクソン，ハイデガー)についての記述から判断して，④が正しい。

①本文第3・4段落は，カントが科学的な考え方の限界を，ニーチェが循環的な時間の中における超人としての生き方を，ベルクソンが二度と繰り返せない生を，そしてハイデッガーが不安に注目する時間論を，それぞれ展開したという趣旨で書かれている。したがって，西洋近代思想が人間の生き方を「予測を踏まえ統御」できるものと考えたという趣旨の選択肢の記述は誤り。②選択肢の後半は，西洋近代の思想家たちが時間をめぐる考察に際して，科学に基礎を求めるべきだと考えたという趣旨で書かれているので誤り。③選択肢の後半は，時間についての考察が「効率よく生きる」ことにつながるという趣旨で書かれているので誤り。

4 自然と人間をめぐる知の探究

解答

1	①	2	④	3	⑤	4	②
5	①	6	③	7	⑥	8	②
9	③						

問1 [1] ①が正解。**モンテーニュ**は,「**私は何を知っているか(ク・セ・ジュ)**」という内省的な態度を重視し,謙虚さと他者への寛容を説いた。

②**アダム・スミス**を想定した記述。彼は,人間の自然的本性に根ざす感情には,**利己心**だけでなく公平な観察者の**共感**を求める道徳感情が存在し,この道徳感情が利己心に基づく行動を内面において制御することにより,利己心と社会の利益との調和が実現すると説いた。③**パスカル**を想定した記述。彼によれば,人間は悲惨と偉大の間を揺れ動く「**中間者**」であり,そのような矛盾した存在である人間は自分の悲惨さから目を背け,娯楽や社交,競争や戦争といったもので気を紛らわせようとする。④「堕落した下等な被造物」という部分は,ルネサンスの思想家**ピコ・デラ・ミランドラ**を想定したもの。ただし,彼は,彼は「地上のすべての物は定められた法則にしばられている,しかし人間だけはみずからの自由な意志によって,自分の欲するところのものになる」と述べ,人間だけがみずからの意志で自己のあり方を自由に決定することができ,このことが人間の尊厳の根拠であると論じた。

問2 [2] ④が正解。**デカルト**は,幾何学の公理のような**明晰(めいせき)かつ判明な原理**に基づき理性の推論によって個々の知識を導き出す方法(**演繹法**)を提唱した。ここでいう「明晰」とは**決して疑うことができない**ということを意味し,「判明」とは**他のものからはっきり区別される**ということを意味する。

①**ベーコン**が正しい学問の方法であるとした**帰納法**についての記述。②**進化論**を提唱した**ダーウィン**についての記述。③**ロック**についての記述。彼は,人間の心は,生まれたときは白紙(**タブラ・ラサ**)であるとして**生得観念を否定**し,観念や知識は感覚という外的な経験と反省という内的な経験によって形成されると主張した。

問3 [3] ⑤が正解。ア:誤文。**サルトル**によれば,人間は自己の自由な選択を通じて未来に向けて自己をつくりだしていく**創造的自由**をもち,そのような選択を通じて社会をつくりかえていくことができるが,同時に,自己の選択の影響を被る人々に対して責任を負っているのであり,その範囲は全人類に及ぶ。こうした考えから,彼は,社会形成に参加すること(**アンガージュマン**)を重視した。したがって,「各自の利益と幸福を追求する」という記述は誤り。

イ：正文。**ルソー**は，自然状態では人間は互いに自由かつ平等であり「**自然的自由**」を享受していたが，私有財産制の成立とともに悪徳と不平等がはびこるようになったとした。そして，このような状態から脱して自由と平等を回復するためには，公共の利益の実現を目指す全人民の普遍的意志(**一般意志**)に基づく共同社会を形成し，自分たちが作った法に従わなければならないと主張した。そうすることで，人間は「**市民的(社会的)自由**」を保障される，と彼は考えた。

ウ：正文。**ホッブズ**によれば，各人は自然状態において自分の生命を維持するためにはどんなことでも行う自由(**自己保存権**)を有している。しかし，この権利が無制限に行使されることにより自然状態は「**万人の万人に対する闘争**」状態となってしまうため，これから脱して平和を回復するためには主権者に自然権を全面的に譲渡して強大な国家を作らなければならないとされる。

問4 [4] ②が正解。資料文(カント『実践理性批判』)では，人は道徳法則に反した行為を過失や不注意の結果であると取り繕うことがあるが，その際，同時に自らの自由を行使したことを意識している，という趣旨で書かれている。したがって，②が正解。

①人は自らの不正な行いについて自分には責任がないと自分や他人に表明できるという趣旨の記述は，資料文と相容れない。③人は遠い過去の不正な行いに限っては後悔の念を抱くことがあるという趣旨の記述は，資料文と相容れない。④不正な行いに対する非難から自分を守るために道徳法則に訴えるという趣旨の記述は，資料文と相容れない。道徳法則は，そもそも不正な行いについて自責の念を生み出す行為準則である。

問5 [5] ①が正解。**ア**：**トマス・モア**についての記述。彼は，その著作**『ユートピア』**において，当時のイギリス社会を批判し私有財産制のない理想社会を描いたことで知られる。**サン＝シモン**は，資本家・労働者・科学者によって自主的に管理され，それらの産業者が能力に応じてはたらきそれに応じて報酬を得るような社会を理想とした人物。

イ：**ボーヴォワール**についての記述。彼女は，その著作『**第二の性**』において「**人は女に生まれるのではない，女になるのだ**」と述べて，男性優位の文化や社会構造を批判したことで知られる。**シモーヌ・ヴェイユ**は，工場で働いた経験をもとに，労働者は代替可能な存在にすぎないとの考えを持つにいたり，労働者が一つの人格として扱われないような状況に目を向けるべきであると訴えた人物。

ウ：**ロールズ**についての記述。彼は，「**公正としての正義**」を構想する立場から，社会的・経済的不平等は，最も不遇な立場にある人々の便益を最大化するよう配慮する限りで容認されるという原理(格差原理)を主張したことで知られる。**サンデル**は，**コミュニタリアニズム**(**共同体主義**)の代表的な思想家。この思想潮流は，自由主義について自由で独立した個人を前提とすることで，各人が自らの意志によって生き方を自由に選択できる存在(「**負荷なき自我**」)であるかのように捉えていると批判し，現実の人間は，さまざまなコミュニティ(家族・地域社会・民族・宗派など)の価値観を内面化し，コミュニティそのものを成り立たせている**共通善**を学ぶことでみずからのアイデンティティを形成すると主張する。

問6 [6] ③が正解。**クーン**は，科学は観察の積み重ねによる新たな事実の発見によって直線的に進歩してきたのではなく，各時代の科学者たちが共有する理論的な枠組み(**パラダイム**)の転換によって進歩してきたと主張した。

①クーンの考え方からすると，科学の危機は新たに実験をやり直すことによってではなく，パラダイムの転換によって乗り越えられることになる。②**リオタール**を想定した記述。彼は，世界全体を大きな思想的枠組みで解釈する近代の哲学を「**大きな物語**」と呼んで批判し，多様な価値観が共存する現代の多元的世界では，具体的・個別的な状況で思索する「**小さな物語**」を中心に据えなければならないと主張した。④**クワイン**を想定した記述。彼は，科学について，理論の全体から個々の事実の意味がかたちづくられる側面を重視し，このような科学についての捉え方を**ホーリズム**(**知の全体論**)と呼んだ。

問7 [7] ⑥が正解。

[a] 「道具主義」が入る。**デューイ**は，知性を具体的な問題を解決する道具とみなした。このような立場を**道具主義**という。「**道具的理性**」は，**フランクフルト学派**の**ホルクハイマー**などが近代理性を批判して用いたもの。彼らは，近代の理性は人間を野蛮から解放する啓蒙的理性であるが，同時に，自然や人間を規格化し，効率的・合理的に管理・操作し支配する道具的理性でもあったと主張し，このことが人間を抑圧し，文化の野蛮化を促進していると批判した。

[b] 「創造的知性」が入る。デューイは，人間の知性は真理の探究という働きだけでなく，生活において生じる問題を解決し未来を展望する能力としての**創造的知性**でなければならないとし，この創造的知性の働きによって多様な価値観に基づく民主主義社会が実現されると説いた。「**投企**」は，実存主義の哲学者が用いた語。例えば，**ハイデッガー**は本来の自己に向かっ

て自己自身を投げ入れることを指すためにこの語を用いた。

[c] 「『民主主義と教育』」が入る。デューイは，この**『民主主義と教育』**などによって，教育思想にも多大な影響を与えた。「**『幼児期と社会』**」は，青年期の最も重要な発達課題をアイデンティティの確立であるとしたことで知られる**エリクソン**の著作。

問8 [8] ②が正解。**フッサール**は，世界が意識の外にあると信じる素朴な日常の判断を停止し(**エポケー**)，純粋な意識の内面に立ち返り，そこに現れる現象をありのままに記述する方法，すなわち**現象学**を提唱した。

①「メルロ＝ポンティ」ではなく，**ハイデッガー**についての記述。ハイデッガーによれば，人間は気がつけばこの世界にすでに投げ入れられてしまっており(**被投性**)，「存在」の意味も根拠もわからないまま，自分の存在の終わりを意味する「死」を自覚しつつ，周囲の存在するものとの関わりを気遣いながら自らを世界に投じていくほかない存在，すなわち「**死へとかかわる存在(死への存在)**」である。**メルロ＝ポンティ**は，デカルト以来の伝統になっている心と身体，主体と客体を対立させる考え方を克服しようとして，「生きられた身体」という観点から主体と客体を不可分のものと捉えようとした哲学者。③**カミュ**を想定した記述。彼によれば，人間は何の必然性もなくこの世に生まれ落ちる**不条理**の中にあるが，そのもとにある自己の存在を認めながら，それに立ち向かい，人生は生きるに値するかと問い続けるのが哲学である。④フッサールは，②で述べたような方法により**「厳密な学」としての哲学**を目指そうとした。したがって，「学問の絶対的確実性を否定」という選択肢の記述は誤り。

問9 [9] ③が正解。本文最終段落に述べられていることから判断して，③が正解。

①「最も確実な自然科学を模範として，精神や社会に関する学問を再編」すべきであるという趣旨の記述は，本文と相容れない。②「人間に対する考察の独自性を際立た」せるべきであるという趣旨の記述は，本文と相容れない。④「時代に左右されない人間の本質論が求められている」という趣旨のことは，本文には述べられていない。

●写真提供・協力

知恩院／京都国立博物館／産業医科大学／王子神社

24510